D1621168

PRIVER ou PRIVATISER la VIEILLESSE ?

Entre le domicile à tout prix et le placement à aucun prix

Dans la même collection
Sous la direction de Henri Dorvil et Robert Mayer

Le virage ambulatoire : défis et enjeux
Sous la direction de Guilhème Pérodeau et Denyse Côté
2002, ISBN 2-7605-1195-2, 216 pages, D-1195

Huit clés pour la prévention du suicide chez les jeunes
Marlène Falardeau
2002, ISBN 2-7605-1177-4, 202 pages, D-1177

La rue attractive
Parcours et pratiques identitaires des jeunes de la rue
Michel Parazelli
2002, ISBN 2-7605-1158-8, 378 pages, D-1158

Le jardin d'ombres
La poétique et la politique de la rééducation sociale
Michel Desjardins
2002, ISBN 2-7605-1157-X, 260 pages, D-1157

Problèmes sociaux
• Tome 1 – Théories et méthodologies
Sous la direction de Henri Dorvil et Robert Mayer
2001, ISBN 2-7605-1126-X, 622 pages, D-1126

Problèmes sociaux
• Tome 2 – Études de cas et interventions sociales
Sous la direction de Henri Dorvil et Robert Mayer
2001, ISBN 2-7605-1127-8, 700 pages, D-1127

PRESSES DE L'UNIVERSITÉ DU QUÉBEC
Le Delta I, 2875, boulevard Laurier, bureau 450
Sainte-Foy (Québec) G1V 2M2
Téléphone : (418) 657-4399 • Télécopieur : (418) 657-2096
Courriel : puq@puq.uquebec.ca • Internet : www.puq.uquebec.ca

Distribution :

CANADA et autres pays
DISTRIBUTION DE LIVRES UNIVERS S.E.N.C.
845, rue Marie-Victorin, Saint-Nicolas (Québec) G7A 3S8
Téléphone : (418) 831-7474 / 1-800-859-7474 • Télécopieur : (418) 831-4021

FRANCE
DIFFUSION DE L'ÉDITION QUÉBÉCOISE
30, rue Gay-Lussac, 75005 Paris, France
Téléphone : 33 1 43 54 49 02
Télécopieur : 33 1 43 54 39 15

SUISSE
SERVIDIS SA
5, rue des Chaudronniers, CH-1211 Genève 3, Suisse
Téléphone : 022 960 95 25
Télécopieur : 022 776 35 27

PRIVER ou PRIVATISER la VIEILLESSE ?

Entre le domicile à tout prix et le placement à aucun prix

MICHÈLE CHARPENTIER

Préface de FRÉDÉRIC LESEMANN

2002

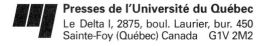

Presses de l'Université du Québec
Le Delta I, 2875, boul. Laurier, bur. 450
Sainte-Foy (Québec) Canada   G1V 2M2

Données de catalogage avant publication (Canada)

Charpentier, Michèle, 1960- .

Priver ou privatiser la vieillesse ? : entre le domicile à tout prix
et le placement à aucun prix

(Collection Problèmes sociaux & interventions sociales ; 7)
Comprend des réf. bibliogr.

ISBN 2-7605-1171-5

1. Foyers pour personnes âgées – Québec (Province). 2. Personnes âgées, Services aux –
Québec (Province). 3. Personnes âgées – Soins à domicile – Québec (Province). 4. Personnes
âgées – Politique gouvernementale – Québec (Province). 5. Privatisation – Québec (Province).
6. Désinstitutionnalisation – Québec (Province). I. Titre. II. Collection.

HV1454.2.C32Q8 2002   362.6'1'09714   C2002-941564-0

Nous reconnaissons l'aide financière du gouvernement du Canada
par l'entremise du Programme d'aide au développement
de l'industrie de l'édition (PADIÉ) pour nos activités d'édition.

Mise en pages : CARACTÉRA PRODUCTION GRAPHIQUE INC.
Couverture : Conception graphique : RICHARD HODGSON
          Illustration : ÉDOUARD VUILLARD (1868-1940).
          Madame Vuillard cousant, vers 1902.
          Huile sur toile, Musée Sainte-Croix, Poitiers.

1 2 3 4 5 6 7 8 9 PUQ 2002 9 8 7 6 5 4 3 2 1

Dépôt légal – 4ᵉ trimestre 2002
Bibliothèque nationale du Québec / Bibliothèque nationale du Canada
Imprimé au Canada

L'un des intérêts majeurs de l'ouvrage de Michèle Charpentier est de présenter une étude de cas bien documentée sur l'un des aspects de la question controversée de la privatisation des services publics. *Depuis maintenant plus de quinze ans, le Québec connaît un vif débat de société, surtout dans le secteur des services de santé et des services sociaux, à propos de la question suivante :* qui doit être le four-nisseur des services sociosanitaires à la population ? *L'État, de manière directe ? L'État, de manière indirecte, par exemple en mandatant certains organismes communautaires ou coopératifs pour dispenser certains types de services, tout en fixant et contrôlant le cadre réglementaire et financier de l'organisation des services ? L'entreprise et le marché privés, avec ou sans contrôle étatique direct ?*

De toute évidence, ce débat est alimenté, premièrement, par le constat, son-dage après sondage, d'une exceptionnelle fidélité de la population à l'endroit de l'État-providence du Québec, mais aussi d'une exigence d'efficacité ; deuxième-ment, par la proximité des États-Unis qui servent, pourrait-on dire, de repoussoir en la matière : on ne veut pas au Québec de privatisation des services « à l'amé-ricaine»; troisièmement, par des contraintes budgétaires de plus en plus pressantes, surtout dans le système sociosanitaire, à cause de la croissance fulgurante des coûts entraînés par les développements technologiques en matière d'équipements et de médicaments, bien plus, d'ailleurs, que par le vieillissement de la population qu'on invoque souvent, à tort.

Il semble qu'au cours des dernières années le gouvernement du Québec ait progressivement opté, dans de nombreux secteurs de services, pour une stratégie intermédiaire, pragmatique, qui le conduit à demeurer le pourvoyeur direct de services spécialisés, alors qu'il tend à sous-traiter toute une série de services moins spécialisés auprès d'organismes communautaires ou coopératifs, voire privés à but lucratif ou non, pour autant qu'il s'agisse d'entreprises de petite taille. Si cette tendance est maintenant bien ancrée, il faut souligner qu'elle tient compte le plus souvent du fait que ces services ont été développés au cours des trente dernières années par des organismes publics, tels que les Centres d'accueil ou les Centres d'hébergement et de soins de longue durée (CHSLD) dont on parle dans cet ouvrage. Ces centres sont généralement des établissements syndiqués dont il est, par conséquent, difficile de modifier le fonctionnement ou la vocation, entre autres, en matière de relations de travail. C'est pourquoi le gouvernement a tenté de réserver de plus en plus l'accès à ces ressources publiques spécialisées aux clientèles les plus dépendantes, en même temps qu'il n'a cessé de compter sur la contribution de ressources communautaires ou privées. C'est bien ce que relate et analyse finement l'étude présentée ici.

Cette stratégie pluraliste de fourniture des services pose inévitablement des questions relativement à l'accessibilité et à l'universalité des services, garanties par la Loi. Elle en pose autant et surtout en ce qui concerne la qualité et la surveillance de la qualité des soins et des services offerts par les différents types de fournisseurs. Mais la pratique de cette pluralité va créer à ce sujet une dynamique nouvelle que l'étude met bien en évidence, et c'est là une de ses contributions majeures : la qualité des services n'est pas nécessairement reliée à leur organisation et à leur dispensation par des organismes du secteur public et n'est pas garantie par cette origine publique ; à l'inverse, les services privés ne sont pas nécessairement de moindre qualité. Tout dépend... d'une série de facteurs que l'étude analyse avec intelligence et rigueur. Voilà qui complexifie de belle manière le débat sur la privatisation des services parce que fondé empiriquement.

On est heureusement loin, aujourd'hui, des débats essentiellement idéologiques qui ont prévalu il y a quelques années au Québec au sujet de la privatisation des services sociosanitaires. Les tenants d'un «tout au marché», recrutés parmi certains entrepreneurs ou promoteurs néolibéraux, se heurtaient à ceux d'un «tout à l'État» représentés principalement par les centrales syndicales, les corporations professionnelles, les organismes communautaires et certains intellectuels. Ce débat s'est déplacé sous l'influence des approches partenariales développées au cours des dernières années par le gouvernement du Québec qui a réussi à articuler de manière relativement harmonieuse – ce qui ne réduit en rien l'importance des conflits et des luttes que ces initiatives ont engendrés – initiatives gouvernementales et initiatives de la «société civile», dans le cadre de ses orientations social-démocrates et de son «modèle québécois».

Les initiatives de la «société civile» sont représentées par les multiples groupes, entre autres féministes, associations et ressources communautaires qui, dans des secteurs aussi divers que la santé mentale, la violence conjugale, l'enfance maltraitée, les droits des patients et des démunis, pour n'en mentionner que quelques-uns, n'ont cessé de se mobiliser et de lutter, souvent contre les intérêts organisés (des établissements et de leurs associations, des corporations professionnelles ou des syndicats) pour promouvoir des conditions de vie, de travail, de traitement de qualité, respectant l'autonomie et la dignité des personnes concernées et de leurs familles, dans un cadre de solidarité, *fondé sur des normes de* justice, *tel que les analyse adéquatement cette étude.*

Outre son apport au débat réel *sur la privatisation et le recadrage qu'elle permet à propos de cette question de société, cette étude contribue à documenter les questions relatives à l'approche partenariale qui semble de plus en plus prévaloir au Québec, dans les divers secteurs d'intervention gouvernementale. C'est par une telle approche que l'État et la société québécoise parviennent depuis quelques années à amorcer de manière relativement harmonieuse les nécessaires adaptations aux contraintes budgétaires certes, mais aussi démographiques, économiques, politiques et culturelles qui témoignent de l'inscription sans cesse accrue du Québec dans un contexte de mondialisation. Cette étude illustre de manière remarquable cette approche partenariale comme mode efficace de régulation. C'est du moins dans cette perspective qu'il m'est apparu stimulant de la lire.*

Frédéric Lesemann, professeur
Institut national de la recherche scientifique
INRS–Urbanisation, Culture et Société

CHAPITRE 2

LES ENJEUX SOCIAUX, ÉTHIQUES
ET JURIDIQUES RELIÉS AU DÉVELOPPEMENT
DES RÉSIDENCES PRIVÉES : le rôle régulateur de l'État 53

CHAPITRE 3

LE POINT DE VUE DES ACTEURS CONCERNÉS :
les résultats de l'enquête 87

CHAPITRE 4
LE DÉBAT SUR L'INTERVENTION DE L'ÉTAT

LISTE DES SIGLES

ACCQ	Association des CLSC et des CHSLD du Québec
AQDR	Association québécoise de défense des droits des retraités
ARRQ	Association des résidences pour retraités du Québec
CHSLD	Centre d'hébergement et de soins de longue durée
CDPDJ	Commission des droits de la personne et des droits de la jeunesse
CLSC	Centre local de services communautaires
FADOQ	Fédération de l'âge d'or du Québec
LSSS	Loi sur les services de santé et les services sociaux
MSSS	Ministère de la Santé et des Services sociaux
RI	Ressource intermédiaire
RRRQ	Regroupement des résidences pour retraités du Québec
RRSSS	Régie régionale de la santé et des services sociaux
RRSSSL	Régie régionale de la santé et des services sociaux de Laval
RRSSSMC	Régie régionale de la santé et des services sociaux de Montréal-Centre
RTF	Ressource de type familial
SCHL	Société canadienne d'hypothèque et de logement
SHQ	Société d'habitation du Québec

«Aimer un être, c'est accepter de vieillir avec lui.»

Albert CAMUS

Le champ des politiques sociales et de santé concernant les personnes âgées est en pleine mutation et en grands questionnements : qualité de vie, grand âge, transformation du rôle de l'État, privatisation des services, droit des personnes âgées, accès aux soins et éthique sociale. La façon dont la société va s'y prendre pour répondre aux besoins accrus et assurer le bien-être de ses citoyens âgés, surtout de ceux qui sont fragilisés à cause d'incapacités physiques ou cognitives, constitue l'un des plus grands défis de ce siècle. Ce défi interpelle tous les acteurs sociaux, particulièrement dans le contexte actuel de «régression du public» (Beauchemin, 1999). En effet, le Québec, comme la plupart des pays industrialisés, connaît des changements profonds dans l'organisation de ses services sociosanitaires, lesquels se caractérisent essentiellement par une réduction de certains services assumés jusque-là par l'État et une intensification du rôle des autres acteurs : la famille, les groupes communautaires et, de plus en plus, le secteur privé. Or l'augmentation du nombre de personnes très âgées et la privatisation des services qui leur sont offerts inquiètent. Et pour cause : le marché et le grand âge ne sont-ils pas tous deux perçus comme des problèmes sociaux ? Le premier, le secteur marchand, est associé d'emblée à la recherche effrénée de profits et éveille des sentiments de méfiance et même d'hostilité. Quant aux représentations sociales du grand âge, elles véhiculent une image de dépendance et alimentent l'obsession des coûts sociaux et économiques de sa prise en charge.

Au-delà de ces préjugés et autres idées préconçues, ce livre se propose d'élargir le débat sur la privatisation des services aux aînés et de discuter du rôle régulateur de l'État en analysant le contexte actuel et les principaux enjeux en présence. Les résidences privées pour personnes âgées constituent un cas type de ressources marchandes qui ont connu une expansion fulgurante au cours des dernières années. La volonté politique de diminuer le taux d'institutionnalisation des personnes âgées et de favoriser le maintien à domicile a grandement contribué à la prolifération de ces résidences privées non agréées[1]. Entre un maintien à domicile dans des conditions difficiles et souvent précaires pour les personnes âgées en perte d'autonomie et un « placement » institutionnel évité et perçu comme un dernier recours, le manque flagrant de services de soutien et d'alternatives résidentielles a été comblé par le secteur privé. Heureusement ou malheureusement ?

Dans quelles conditions de vie se retrouvent ces quelque 100 000 résidents âgés (Gouvernement du Québec, 2001, p. 20)[2], majoritairement des femmes de plus en plus âgées et en perte d'autonomie ? Qu'en est-il de leur autonomie décisionnelle et liberté de choix, de leur qualité de vie et accès aux soins et services requis ? L'État doit-il intervenir pour réguler ce secteur d'activité et protéger les citoyens âgés ? Qu'en pensent les principaux intéressés : les usagers, les gens du privé (propriétaires de résidences) et les gens du public (gestionnaires de services de santé et de services sociaux et travailleurs sociaux œuvrant dans l'orientation et le placement des personnes âgées) ?

Voilà quelques-unes des préoccupations qui ont guidé nos travaux de recherche et nous ont menée à la réalisation de ce projet de publication. Précisons que si le titre est quelque peu provocateur, pour susciter le débat et engager la réflexion, le contenu se veut beaucoup plus dialectique.

Nous vous proposons donc, en guise d'introduction, de situer brièvement la problématique, de présenter les objectifs visés par l'ouvrage puis d'exposer la démarche empruntée. Finalement, en toute simplicité et par souci de transparence, je passerai exceptionnellement du *nous* au *je* pour me situer personnellement et professionnellement par rapport à l'objet d'étude. S'inscrivant dans la tradition ethnographique, cette décision vise

---

1. Déjà en 1988, la Commission d'enquête sur les services de santé et les services sociaux notait que c'est dans le secteur de l'hébergement des personnes âgées que les pressions vers une privatisation accrue étaient les plus fortes (1988, p. 225).

2. Soulignons que le plus récent inventaire des résidences privées date de 1994 et avait dénombré 72 000 places (MSSS, 1994). Par la suite, les projections ont permis d'estimer le nombre de personnes âgées hébergées à 80 000 (Vaillancourt, 1997) puis, selon l'Association des résidences pour retraités du Québec, à 100 000 en 2001.

à permettre au lecteur de connaître mes a priori, de situer les rapports que j'ai la chance d'entretenir avec les personnes âgées et les secteurs publics, privés et communautaires et de se rendre compte de mes expériences d'intervention et de recherche auprès des personnes âgées dans le réseau de la santé et des services sociaux, dans les organismes communautaires vouées au troisième âge et en résidences privées.

LA PROBLÉMATIQUE

Ce livre s'intéresse à la privatisation des services aux personnes âgées, particulièrement à la marchandisation des services d'hébergement et de soins de longue durée dans un contexte de désinstitutionnalisation et de rareté des ressources publiques. Peu d'études ont porté sur ce phénomène social (Kendall, 2001; Vaillancourt, 1997). Les travaux réalisés à ce jour se sont surtout intéressés aux effets de ce qui est qualifié de «désengagement de l'État» sur la famille (Lesemann et Martin, 1993; McDaniel et Gee, 1993) et sur le secteur communautaire (White, 1994; Salomon, 1995; Shragge et Church, 1998; Skelton, 1998). Bien que notre analyse s'appuie sur le contexte québécois, les enjeux de la privatisation et la question des nouveaux rapports entre l'État et le secteur marchand revêtent un caractère national et même international.

Reconnaissons d'abord qu'il y a plusieurs formes de privatisation. Cette notion, qui fait référence à un transfert de responsabilités du secteur public vers le secteur privé, peut avoir différents objets: la prestation des services (sous-traitance, agences privées de soins et d'aide à domicile), le financement des services (désassurance de certains services tels les frais dentaires et d'optométrie, imposition d'un ticket modérateur) et parfois la gestion des services telle la comptabilité (Soderstrom, 1987; Forum national sur la santé, 1997; Conseil de la santé et du bien-être, 1997). Il importe aussi de distinguer entre une privatisation active (par délégation, comme pour l'agrément ou l'accréditation de ressources privées) et une privatisation passive, dans laquelle l'État n'intervient pas et laisse les lois du marché jouer librement. Or, dans le cas spécifique des résidences privées pour aînés, il s'agit d'une privatisation passive qui s'exerce aux trois niveaux: de la prestation, du financement et de la gestion de services. Cette forme de privatisation suscite un intérêt particulier par son ampleur et sa portée: elle touche le quotidien (jour et nuit) et toutes les sphères intimes de 10 % de la population âgée.

C'est depuis environ une quinzaine d'années qu'on assiste au Québec à la prolifération de résidences privées pour personnes âgées qui ne détiennent pas de permis du ministère de la Santé et des Services sociaux (MSSS) autorisant l'hébergement d'une clientèle en perte d'autonomie. Avec leurs quelque 100 000 places, ces ressources non agréées constituent d'ailleurs l'acteur principal de l'hébergement. Elles accueillent plus de personnes âgées que toutes les ressources agréées à titre de centres d'hébergement et de soins de longue durée (CHSLD), de ressources intermédiaires (RI) et de type familial (RTF) réunies. Si les résidences privées s'adressent en principe à une clientèle autonome ou semi-autonome, les études ont démontré qu'elles hébergent dans les faits des personnes de plus en plus âgées et en perte d'autonomie physique et cognitive (Bravo, Charpentier, Dubois *et al.*, 1997-1999). Cette situation s'explique notamment par l'augmentation de la population âgée, surtout celle des 75 ans et plus qui présentent un plus grand risque d'incapacités (Champagne, 1996 ; Rosenberg et Moore, 1997), et par le contexte de compressions qui sévit dans le réseau public, se traduisant par un manque de services de soutien à domicile et une rareté des places dans des milieux de vie dits substituts. Alors que les énoncés de politiques visaient une augmentation de 150 % du budget des services à domicile de 1990 à 1995 (Gouvernement du Québec, 1990, p. 26), les données révèlent une variation effective de 64 % entre 1986 et 1995 (MSSS, *Indicateurs sociosanitaires,* 1997, p. 86). Parallèlement, l'accès aux ressources d'hébergement intermédiaires (RI et RTF) demeure très restreint[3] et le nombre de places en institution (CHSLD) a connu une diminution de 6 000 lits entre 1991 et 2000 (Association des CLSC et des CHSLD du Québec, 2001, p. 10-11). L'institution publique s'est considérablement alourdie : on la réserve aux personnes en situation de très grande dépendance (MSSS, 2001). Pas étonnant dès lors que les proches, appelés désormais « aidants ou soignants naturels », s'épuisent, que les urgences des hôpitaux débordent et que les résidences privées connaissent un essor sans précédent, assurant le relais entre le domicile avec peu ou pas de services et l'institution de moins en moins accessible.

L'ampleur du phénomène de la privatisation des services d'hébergement et la vulnérabilité accrue des clientèles, conjugué à la quasi-absence de normes et de contrôle étatique, suscitent des inquiétudes quant au bien-être des personnes âgées concernées et à l'adéquation des services offerts (Brissette, 1992 a et b). En effet, il n'existe pas au Québec de loi régissant spécifiquement les résidences privées pour personnes âgées et établissant des normes minimales de qualité. Les rapports entre ces entreprises d'hébergement et leurs résidents locataires sont donc d'ordre privé et contractuel. S'il y a absence d'un cadre législatif pour régir les résidences privées, quelques

---

3. Selon les données administratives du MSSS, ces ressources non institutionnelles, privées mais agréées, hébergeaient 4 049 personnes âgées en 2002, ce qui est marginal comparé aux 100 000 places en résidences privées non agréées.

institutions publiques sont habilitées à intervenir, mais n'agissent que lorsqu'il y a dépôt d'une plainte formelle. C'est le cas de la Régie du logement, des Régies régionales de la santé et des services sociaux et de la Commission des droits de la personne dans les cas d'exploitation de personnes âgées et handicapées. Or on sait les limites de tels recours pour les citoyens âgés: méconnaissance des ressources, peur des représailles, etc. (Spencer, 1994). Il faut toutefois reconnaître que les centres d'hébergement agréés, même s'ils sont extrêmement réglementés, ne constituent pas pour autant un modèle de qualité. Selon les données récentes, les CHSLD publics ne répondraient qu'à 69 % des besoins de leur clientèle (ACCQ, 2001 ; Conseil des aînés, 2000).

La problématique d'ensemble soulève ainsi des enjeux sociaux et éthiques importants en ce qui a trait aux conditions de vie et au respect des droits des personnes âgées, surtout de celles rendues vulnérables par des déficits fonctionnels ou cognitifs et qui ne disposent que d'un faible revenu. Priver ou privatiser la vieillesse ? Sommes-nous à l'heure de choix si déchirants ?

LES OBJECTIFS

En amorçant ce projet de publication, nous avions en tête divers objectifs que nous tenons à partager avec vous. Voici ces objectifs qui ont guidé notre démarche et motivé nos travaux :

- Analyser un phénomène social d'actualité québécoise et internationale : l'expansion du secteur privé (marchand) dans la dispensation des services aux populations vulnérables, à savoir l'hébergement des personnes âgées.

- Proposer une démarche d'analyse et de réflexion qui intègre de multiples perspectives sociales, juridiques, cliniques et éthiques, et qui déborde des cadres théoriques usuels.

- Réfléchir sur les enjeux et défis que pose le nombre accru de personnes très âgées qui présentent des incapacités physiques et cognitives et sont confrontées aux limites du maintien à domicile.

- Au-delà des idées préconçues et des stéréotypes, appuyer l'argumentation et la démonstration sur des données issues d'une recherche auprès des acteurs concernés.

- Démontrer la richesse et la complémentarité des méthodologies de recherche qualitative et quantitative pour appréhender de nouveaux phénomènes sociaux complexes.

- Ouvrir le débat sur le rôle régulateur de l'État dans la marchandisation des services pour les clientèles vulnérables dans un contexte de redéfinition des rapports privé-public et de rareté des ressources publiques.

- Dégager des pistes d'intervention, remettre en question les pratiques auprès des personnes vieillissantes et émettre des recommandations pour les politiques sociales en devenir.

- Donner la parole aux acteurs concernés par la question et ainsi démocratiser le débat.

LA DÉMARCHE

La démarche empruntée pour analyser le contexte actuel s'inscrit dans une tradition scientifique, puisqu'elle s'appuie sur les résultats de recherches, principalement sur nos travaux de doctorat (Charpentier, 2001). Elle traduit aussi certains choix éthiques. L'effet des politiques sociales et des mesures régissant le secteur privé sera discuté au regard *a)* de la vulnérabilité des résidents âgés sur les plans physique, cognitif, psychosocial et économique ; et *b)* du respect des valeurs fondamentales de liberté individuelle, de qualité de vie, d'accès aux soins et de protection contre toute forme d'abus. Les concepts de vulnérabilité, de droits des personnes âgées et de régulation sont au cœur de la réflexion.

Mais avant d'exposer les enjeux de la privatisation et de débattre de la pertinence d'une régulation des résidences privées, il importe de situer la contribution du secteur privé et le développement des rapports privé-public dans une perspective sociohistorique. Voilà l'objet du premier chapitre, lequel insiste sur la situation de l'hébergement des personnes âgées depuis la dernière réforme de la santé (Gouvernement du Québec, 1990). Ce chapitre présente aussi la position des principaux groupes sociaux concernés, soit ceux représentant les gestionnaires et intervenants sociaux du réseau de la santé et des services sociaux (le secteur public), les propriétaires de résidences privées (le secteur privé) et, finalement, les personnes âgées. Afin de démocratiser et de dynamiser le débat, ces divers groupes sociaux ont été invités à participer à cette publication ; une place leur a donc été octroyée. Le lecteur trouvera en annexe, sous forme de lettre ouverte ou d'éditorial, leur opinion propre et leurs questionnements sur la place et le rôle du secteur privé et public. Merci à la Fédération de l'âge d'or du Québec, au Conseil des aînés et à l'Association des résidences pour retraités du Québec pour leur ouverture et leur participation.

Le deuxième chapitre s'intéresse aux enjeux sociaux, juridiques et éthiques que soulève la privatisation de l'hébergement compte tenu des risques auxquels sont exposés les résidents, lesquels découlent du grand âge, de la détérioration de la santé (sur les plans physique et cognitif), de l'isolement social et de la précarité financière. Il expose le cadre théorique et conceptuel sur lequel s'appuie notre analyse des rapports entre l'État et le secteur privé et qui tient compte des valeurs socialement reconnues. Pour ce faire, la recension des écrits a porté sur les dimensions conceptuelles pertinentes à l'objet d'étude, de même que sur les recherches descriptives, évaluatives et comparatives portant sur les résidences pour personnes âgées *(non-profit* et *for-profit nursing homes for the aged)* et sur leur régulation. Le contexte québécois a été étudié à travers les énoncés de politiques et les rapports des principaux organismes habilités à intervenir (MSSS, Commission des droits de la personne, etc.). L'examen de la composante juridique, soit l'évaluation de l'application des mesures actuelles, fut effectué à partir des sources traditionnelles du droit : loi, jurisprudence et doctrine. Finalement, l'analyse des dimensions théoriques s'appuie sur les ouvrages de base relatifs aux droits des personnes âgées, à l'éthique et à la philosophie du droit (Delpérée, 1991 ; Boitte, 1995 ; Rocher, 1996 ; Boisvert, 1999).

Il importe de rappeler que cet ouvrage ne remet pas en cause la légitimité d'un secteur privé dispensant des services aux personnes âgées, soit la présence des résidences privées, mais bien la définition du rôle de l'État, de son rôle régulateur (Day, 1996). Son cadre d'analyse repose sur la théorie de la justice sociale de John Rawls, qui reconnaît une tradition certaine pour les droits fondamentaux des personnes et les conditions de vie des groupes vulnérables (Rawls, 1987, 1997 ; Audard, 1988 ; Dworkin, 1997).

La rédaction de cet ouvrage repose aussi sur des données récentes recueillies auprès des principaux acteurs concernés : gestionnaires et intervenants du réseau public, propriétaires de résidences privées et personnes âgées hébergées. Le troisième chapitre présente les principaux résultats de nos études, permettant d'établir, de comparer et d'analyser leurs points de vue sur la vulnérabilité des résidents, sur le respect des droits des personnes âgées et sur la pertinence d'une intervention étatique. La collecte des données sur le terrain s'appuie sur une méthodologie de recherche mixte qui combine un volet qualitatif et un volet quantitatif. Les lecteurs trouveront d'ailleurs au début du chapitre une description du protocole de recherche et de ses limites méthodologiques. Les stratégies utilisées sont l'enquête sur les opinions et les groupes de discussion. Ce pluralisme méthodologique a été privilégié afin d'assurer une meilleure validité au devis, étant donné qu'il s'agit d'un champ encore peu investigué et qui fait appel à des choix de valeurs (Lefrançois, 1995).

Enfin, le quatrième et dernier chapitre porte sur notre analyse et notre interprétation des résultats. Nous y discutons les grands enjeux du développement d'un secteur marchand dans les services et soins aux personnes âgées – inégalités sociales et sanitaires, privatisation et privation de services – pour ensuite jeter les bases à d'éventuelles politiques sociales. Qui aider : les ressources privées ou les personnes âgées démunies? Quoi contrôler?

L'AUTEURE...

Il n'est certes pas usuel d'introduire un ouvrage en se situant personnellement et professionnellement. Pourtant, nos expériences et notre cadre de référence orientent notre lecture et compréhension des événements. Je m'impose donc d'être conséquente et j'ose m'investir, sans tomber dans l'énumération style curriculum vitae, ni l'anecdotique.

Cet ouvrage s'appuie sur huit années d'expérience en intervention sociale et organisation communautaire avec des personnes âgées vivant à domicile et en institution, et sur six années consacrées à la recherche sur l'hébergement et les droits des résidents âgés. Ma lecture des choses est teintée par mes études supérieures en service social (Ph.D.) et en droit de la santé (LL.M). Je crois que ces doubles «appartenances», sciences sociales et juridiques, univers cliniques et de recherche, teintent ma contribution et constituent des atouts dans l'analyse des politiques sociales et de santé concernant la vieillesse. J'aimerais faire mention aussi de l'influence qu'ont eue sur moi les centaines d'étudiantes et d'étudiants à qui j'ai eu le privilège depuis dix ans d'enseigner la gérontologie sociale dans diverses universités québécoises. Leurs formations multidisciplinaires et leurs expériences multiples, conjuguées à la pertinence de leurs réflexions et de leurs remises en' question, ont toujours été pour moi un réel enrichissement.

Permettez-moi de prendre quelques instants pour préciser certains éléments de cette trajectoire qui m'apparaissent plus déterminants.

La gérontologie, je ne suis pas tombée dedans quand j'étais petite. D'ailleurs, j'ai à peine connu mes grands-parents. Les personnes âgées sont arrivées dans ma vie par accident. Je l'avoue. Comme la plupart des étudiants en travail social, je voulais travailler avec les jeunes. À l'université, je militais d'ailleurs dans les associations et journaux étudiants, puis dans le mouvement provincial jeunesse. Cet engagement fut une véritable école d'action communautaire : course aux subventions, organisations de manifestations, prises de positions publiques, etc. Et les vieux dans tout ça ? Entre deux projets de création d'emplois, on m'offre par contact un poste d'intervenante dans un centre d'accueil pour personnes âgées afin de travailler avec le comité des bénéficiaires (des usagers), le service des bénévoles et de publier un journal interne. J'ai adoré ce job, particulièrement les relations avec les personnes âgées, et n'ai pas quitté le secteur troisième âge depuis. Je trouve que les personnes âgées, peut-être à cause de leur rapport au temps, savent aller à l'essentiel, aux vraies choses de la vie. Chaque instant que l'on passe avec elles semble précieux, nous fait sentir important. Est-ce la raréfaction ou le manque de contacts humains qui crée cette intensité ? Leur regard est accueillant et porteur d'espoir. J'aime aussi leur détachement, qui se traduit parfois par une douce et subtile délinquance ou par des commentaires quelque peu « *politically incorrect* » mais empreints de vérités. Marguerite Yourcenar disait justement « la possibilité de jeter le masque en toutes choses est l'un des rares avantages que je trouve à vieillir ».

Après quelques années, je laissai le réseau public et institutionnel pour revenir à l'organisation communautaire auprès des associations locales et provinciales d'aînés : groupes d'entraide et de revendication, comité de la condition féminine, etc. J'entrepris par la suite des études de maîtrise en droit de la santé, reflet de mon intérêt pour l'analyse juridique et de ma préoccupation pour les droits des personnes âgées. Ce choix m'a permis aussi de concilier pendant quelques années les contrats d'enseignement et de recherche en gérontologie avec la vie familiale, avant d'accepter un poste de chercheure associée et de professeure.

De ce parcours, je garde un parti pris pour la recherche appliquée et les approches communautaires ou mixtes. Il ne saurait y avoir une réponse simple et unique à des questions complexes. Je crois au potentiel des gens et des collectivités, à leur capacité de définir leur besoin et de s'organiser pour y répondre… à condition qu'on les soutienne et leur fournisse les ressources nécessaires. Je ne suis pas cynique à l'endroit du réseau public de la santé et des services sociaux. J'y ai œuvré avec enthousiasme et côtoyé des femmes et des hommes qui s'investissent avec cœur malgré les frustrations qu'engendre le manque de moyens pour bien soutenir les clientèles âgées de plus en plus lourdes et multiproblémátiques. Je ne suis pas non plus allergique au privé. Mes parents étaient propriétaires d'une petite épicerie dans la municipalité rurale où nous habitions. Ils étaient aussi engagés dans mille et une œuvres paroissiales et scolaires. Mes activités professionnelles et de recherche m'ont amenée à visiter et interviewer une centaine de propriétaires de résidences privées en région métropolitaine, urbaine et rurale. Ces acteurs du privé, bien que soucieux de la survie et de la réputation de leur entreprise, ne m'ont pas semblé obnubilés par l'appât du gain ou obsédés par le profit, ni dénués de valeurs humaines et sociales. Ainsi, n'appartenant à aucun de ces milieux mais les ayant tous fréquentés, j'essaie dans mes travaux de garder une saine distance, un sens critique. J'espère aussi préserver cette sensibilité aux réalités vécues par les personnes âgées et par ceux qui les entourent, qu'ils œuvrent dans la sphère publique, privée ou communautaire. Les gens âgés vous le diraient : l'habit ne fait pas toujours le moine !

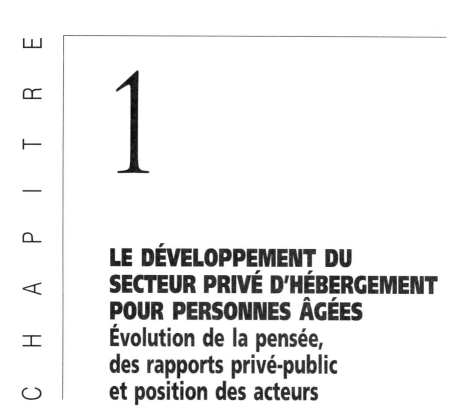

1

LE DÉVELOPPEMENT DU SECTEUR PRIVÉ D'HÉBERGEMENT POUR PERSONNES ÂGÉES
Évolution de la pensée, des rapports privé-public et position des acteurs

Comment s'est opéré ce mouvement de privatisation dans les services offerts aux personnes âgées, particulièrement marqué dans le domaine de l'hébergement? Quels sont les éléments de continuité et de rupture qui en caractérisent le développement? C'est en ayant en tête cet adage populaire, souvent cité par les personnes âgées d'ailleurs, que nous avons décidé d'intégrer au présent ouvrage une première partie d'analyse sociohistorique: «il faut savoir d'où l'on vient pour savoir où l'on va.»

La première partie de ce chapitre propose donc une lecture analytique et synthétique de l'évolution des ressources et services aux personnes âgées au XXᵉ siècle, en insistant sur les rôles qu'y ont exercés les secteurs privé et public, parallèlement aux changements survenus dans la conjoncture sociale et dans les perceptions de la vieillesse. La deuxième partie s'intéresse à la situation qui prévaut depuis la dernière réforme de la santé appelée «réforme Côté» (Gouvernement du Québec, Côté, 1990). Elle brosse un portrait actuel des deux principales catégories de ressources privées d'hébergement: les ressources agréées en vertu de la Loi sur les services de santé et services sociaux (LRQ, 1991, c. S-42) et celle qui ne le sont pas. Une attention particulière est portée aux rôles des diverses instances publiques qui interviennent auprès des résidences privées sans permis de même qu'à la position des principaux acteurs concernés : le ministère (MSSS), les travailleurs sociaux, les propriétaires de résidences privées et les personnes âgées.

1.1. MISE EN CONTEXTE SOCIO-HISTORIQUE

L'histoire de la vieillesse est jeune (Bourdelais, 1997 ; Blois, 1994). Ce qui peut sembler paradoxal s'explique par l'intérêt récent que la société porte au vieillissement ou plus particulièrement aux impacts sociaux et démographiques de l'augmentation du nombre de personnes âgées et très âgées dans la population. Cela dit, ce champ de l'histoire s'est rapidement enrichi, mais souffre, comme le relève Montigny (1997), d'un certain déséquilibre. L'auteur établit le constat que l'histoire de la vieillesse s'est presque exclusivement intéressée aux personnes âgées pauvres, dépendantes et/ou malades. Ce biais contribue à renforcer l'image d'une vieillesse qui ne serait que pauvreté et perte d'autonomie, alimentant ainsi le préjugé encore largement répandu que la majorité des personnes âgées vivent et ont vécu dans des institutions d'hébergement. Bien que nous nous intéressions particulièrement à l'évolution du secteur privé d'hébergement à travers le présent siècle, il nous apparaît important de reconnaître a priori que les situations de vie passées et actuelles des personnes âgées sont hétérogènes. L'avancement en âge ne conduit pas infailliblement à l'hospice, au centre d'accueil, au centre d'hébergement et de soins de longue durée ou, plus récemment, à la résidence privée pour personnes âgées.

Par ailleurs, l'existence de milieux d'hébergement tenus par des entreprises privées et philanthropiques, dont le clergé, n'est pas récente. Les asiles et hospices ont accueilli les personnes âgées pauvres et laissées pour compte jusqu'à l'avènement de l'État-providence. La création d'un véritable réseau d'institutions publiques, particulièrement fort dans l'hébergement, remonte à la Commission Castonguay-Nepveu (1966-1972). Entre les années 1900 et 1980, on assiste au passage de l'enfermement des indigents âgés dans les asiles et hospices issus d'initiatives privées à une institutionnalisation « massive » des personnes âgées dans les centres d'accueil publics (CAH). Puis, les années 1980 se caractérisent par la recherche d'un nouveau partage des responsabilités entre les secteurs privé et public et l'établissement d'une seconde réforme des services de santé, lesquels ont donné lieu à une poussée du secteur marchand dans le domaine de l'hébergement. Les tableaux 1 à 4 présentent une synthèse du contexte social, de la situation des personnes âgées et du type d'hébergement durant ces trois périodes : de 1900 à 1940, de 1940 à 1980 et de 1980 à aujourd'hui.

1.1.1.   DE 1900 À 1940 : LES SUITES DE L'ENFERMEMENT

C'est entre les années 1900 et 1940 que notre société entre définitivement dans l'ère de modernisation et d'industrialisation. Ce processus n'est pas sans entraîner de multiples problèmes sociaux, particulièrement chez la classe ouvrière dont la sous-scolarisation, les conditions précaires de travail et le chômage, l'insalubrité des logements et la pauvreté forment le lot quotidien. Bien que cette époque se caractérise par un mouvement d'urbanisation, d'exode vers les villes, le Québec demeure une société traditionnelle, encore largement agricole. La majorité des personnes âgées s'organisent par elles-mêmes ou vivent au sein de la famille dite élargie ou multigénérationnelle. La base de l'organisation sociale s'appuie sur ces échanges intergénérationnels où les plus âgés continuent de contribuer à l'avoir familial et à la survie quotidienne. L'idéologie de la charité privée et chrétienne domine ; la famille élargie et la paroisse (sous l'égide du clergé) sont les piliers de l'aide et de l'assistance aux plus vulnérables et aux nécessiteux. En fait, la vieillesse ne constitue pas une préoccupation ou un enjeu social à cette époque : c'est vers les pauvres que sont dirigées les mesures sociales durant les quatre premières décennies du XXe siècle.

Cette bienfaisance familiale et communautaire est complétée par la mise sur pied d'institutions d'assistance ou plutôt « d'enfermement » des indigents, parmi lesquels se trouvent des citoyens âgés sans ressources personnelles ou familiales. Durant cette période, l'adoption de la Loi sur l'assistance publique (1921), qui encadre et systématise le financement de ces asiles et hospices, attire l'attention, car elle représente la première forme d'intervention de l'État dans le domaine des institutions privées. Les établissements d'assistance issus d'initiatives privées, surtout des communautés religieuses, peuvent compter sur plusieurs sources de financement : les résidents et leur famille, les dons de charité et les subventions modestes de l'État (gouvernement provincial et municipalités). La loi provinciale ne supprime toutefois pas le caractère privé de l'assistance aux pauvres et les communautés religieuses conservent la pleine gestion des institutions. Comme le note Mayer dans son tout récent ouvrage traitant de l'évolution des pratiques et politiques sociales (2002) : « L'action gouvernementale à cette époque se résume à la législation sociale ou réglementaire protégeant certaines catégories de nécessiteux et à l'octroi de subventions aux institutions d'accueil. » Or, bien que financés en partie par l'État, les établissements de l'époque demeurent des milieux dont les caractéristiques physiques, l'environnement disciplinaire, les soins et les traitements dispensés reflètent le peu de considération pour ces résidents « pauvres et indignes », rejetés par la société (Benoit-Lapierre, Cevasco et Zafiropoulos, 1980 ; Snell, 1996). Les tribunaux ont d'ailleurs été saisis

Tableau 1
Contexte social, perception de la vieillesse et type de ressources au Québec durant les années 1900 à 1940

	L'ère de la charité privée et chrétienne *Famille et paroisse : piliers de l'aide aux démunis*
Contexte social	– Entrée dans la modernisation et l'industrialisation – Société traditionnelle, largement agricole – Problèmes sociaux chez la classe ouvrière : sous-scolarisation, pauvreté, etc. – Idéologie libérale : valeurs fondées sur la famille et la bienfaisance privée (Mayer, 2002) – Mesures sanitaires orientées vers la lutte contre les épidémies et la mortalité infantile – Mesures sociales orientées vers les indigents
	La vieillesse n'est pas un enjeu social.
Perception de la vieillesse	– Faible mortalité au-delà de 60-70 ans – Famille élargie, multigénérationnelle – Les personnes âgées n'existent pas comme groupe social (Blois, 1994 ; Snell, 1996) – Loi « catégorielle » sur les pensions – pour nécessiteux de 70 ans et plus (au fédéral, en 1927 ; au provincial, en 1936)
	L'hospice : ressource privée de type totalitaire pour personnes âgées pauvres et abandonnées
Type de ressources	– Début d'enfermement différencié (Snell, 1996) : 48 hôpitaux, 5 sanatoriums, 54 crèches, 6 asiles d'aliénés et 106 hospices, orphelinats et asiles (Stat. 1919) – Ressources gérées par le privé (surtout les communautés religieuses) – Financement varié (Loi d'assistance publique) – Sensibilisation aux conditions misérables de vie des résidents (Benoit-Lapierre, Cevasco et Zafiropoulos, 1980 ; Snell, 1996)

d' « histoires d'horreur » qui ont alerté l'opinion publique et contribué à établir de nouveaux standards (Snell, 1996, p. 57)[1]. Il est tentant ici de tracer un parallèle avec les pratiques abusives en contexte d'hébergement rapportées à la Commission des droits de la personne et des droits de la jeunesse (CDPJ) lors des audiences publiques sur l'exploitation des personnes âgées, tenues en 2001 (CDPDJ, 2001). Nous y reviendrons plus loin.

---

1. On constate, dans l'organigramme du ministère de la Santé créé à la fin de cette période, une division spéciale : « Inspection des hôpitaux et institutions » (Minville – Commission Rowell-Sirois, 1939, p. 90).

Le milieu et la fin des années 1930 marquent ainsi un changement d'attitudes envers les établissements privés d'hébergement de même qu'envers les personnes âgées. Ce virage n'est pas étranger à l'émergence de la rationalisation scientifique et du modèle médical qui caractérisera l'époque suivante.

1.1.2. DE 1940 À 1980 : LE MOUVEMENT D'INSTITUTIONNALISATION

La période de prospérité des années d'après-guerre, appelée les trente glorieuses (1945-1975), se caractérise par la mise en place graduelle de l'État-providence chargé d'assurer des protections contre les principaux risques sociaux. La société passe ainsi d'un libéralisme économique à une idéologie social-démocrate, d'une assistance privée aux pauvres à une étatisation/technocratisation des services, institutions et mesures de sécurité sociale. Le Québec est en pleine mutation : le nombre d'enfants par famille diminue, le clergé perd de son influence et de son pouvoir, le divorce apparaît comme une nouvelle réalité. Conséquence de l'amélioration des conditions d'hygiène, du développement scientifique et de l'accès aux services hospitaliers, l'espérance de vie augmente de façon significative. Les conditions de vie des personnes âgées mobilisent plusieurs débats qui aboutissent à l'adoption d'un régime universel de pensions de la vieillesse (Snell, 1996). En 1949, le gouvernement fédéral crée un comité sénatorial sur les personnes âgées qui se fera le promoteur d'un programme universel de prestations de la vieillesse. Bien que le régime implanté au début des années 1950 vise les aînés de 70 ans et plus, l'âge d'admissibilité sera progressivement abaissé de cinq ans entre 1965 et 1970.

Si le « problème » de la vieillesse ne se posait pas dans la période précédente, alors que les vieux et les vieilles étaient entretenus par leur famille ou pris en charge par les hospices dans les cas d'indigence, il se gère dorénavant « collectivement et impersonnellement » (Drulhe, 1981, p. 6). Dans ce nouveau contexte, l'obligation économique de « prendre en charge » ses vieux parents tend à s'estomper ; c'est à l'État d'intervenir. Apparaissent successivement des centres publics d'accueil et d'hébergement des pensionnés (CAH) avec leurs multiples agents professionnels, tandis que le gouvernement se porte acquéreur de la majorité des hospices et des asiles appartenant aux communautés religieuses. Il faut voir que l'instauration d'un système public de santé au Québec et au Canada était guidée par des objectifs d'universalité, d'accessibilité et de gratuité des services, mais aussi par une vive critique à l'endroit du secteur privé[2]. L'État québécois décrétera d'ailleurs un moratoire visant à bloquer l'expansion des ressources privées à but lucratif, lequel n'a jamais été officiellement levé (Vaillancourt, 1997, p. 158).

On peut parler d'une rupture avec la période précédente dans la mesure où il y a déqualification des soins familiaux au profit d'une plus grande spécialisation et professionnalisation des soins (Saillant, 1998). Fait marquant, cette vague d'institutionnalisation touchait aussi des personnes relativement autonomes. Certains lecteurs se souviendront sûrement de cette époque où les personnes âgées entraient dans les centres d'accueil la valise à la main, souvent en compagnie de leur conjoint puisqu'on ne séparait pas les vieux couples.

> Dans les années 1960 et au début des années 1970, il était normal pour une personne âgée d'aspirer à finir ses jours dans une résidence où à la fois des services de base seraient disponibles et la sécurité assurée, et où on trouverait des activités socioculturelles stimulantes. C'était le modèle idéal [...] (Commission d'enquête sur les services de santé et services sociaux, 1988, p. 220)

Mais institutionnalisation signifie aussi dépersonnalisation et homogénéisation des résidents. Dès l'admission en centre d'accueil, tout ce qui marque la singularité de la personne âgée, devenue « bénéficiaire », disparaît : son histoire, ses habitudes de vie, ses biens et objets personnels accumulés avec les années (Benoit-Lapierre *et al.*, 1980, p. 71). Progressivement, un changement de philosophie s'opère : on considère que l'autonomie des personnes âgées et la santé des finances publiques seraient préservées en maintenant les gens à domicile. Dès 1975, le système d'admission en centre d'accueil se régionalise, limitant l'accès aux clientèles plus lourdes évaluées suivant la grille CTMSP et étiquetées « A-3, A-4 ».

L'espace des « indigents » et des « pauvres », devenu lieu d'accueil et d'hébergement des « personnes âgées pensionnées », se voit muté en espace des « incurables ». Le diagnostic médical se substitue au diagnostic social. « Cette nouvelle inscription dans le registre de la fatalité biologique (incurabilité, irréversibilité du processus) efface les traces de l'origine sociale de l'exclusion » (Benoit-Lapierre *et al.*, 1980, p. 15). Se prépare alors la période suivante que nous connaissons aujourd'hui, celle de la désinstitutionnalisation et du maintien à domicile (première politique publiée en 1979) qui s'appuie à nouveau sur la famille et qui entraîne, en parallèle, l'essor des résidences privées pour personnes âgées. Auparavant, le tableau 2 reprend les principaux éléments de cette période 1940-1980.

---

2. Voir les travaux de la Commission royale d'enquête sur les services de santé (Commission Hall), Ottawa, 1964, et, au Québec, de la Commission d'enquête sur la santé et le bien-être social (Commission Castonguay-Nepveu) dont plus particulièrement *Les établissements à but lucratif*, vol. VII, tome II, 1967 (p. 43 et suivantes).

Tableau 2
Contexte social, perception de la vieillesse et type de ressources au Québec durant les années 1940-1980

De 1940 à 1980 : le mouvement d'institutionnalisation

L'ère de l'État-providence
Étatisation des services et institutions

Contexte social
– Remise en question de l'idéologie libérale
– Société et famille en mutation : ↓ naissances,
– ↓ influence du clergé, etc. : Révolution tranquille
– Idéologie social-démocrate, du « *welfare* »
– Adoption de plusieurs lois de protection sociale au fédéral (1940-1960) puis au provincial (1960-)

La vieillesse, reconnue socialement,
est « gérée collectivement et impersonnellement ».

Perception de la vieillesse
– ↑ espérance de vie, accès aux soins, ↑ cond. vie
– Famille nucléaire, ↑ recours au placement
– Sensibilité au sort des aînés considérés comme un groupe social
– Fondation de la FADOQ (1970) et de l'AQDR (1979)
– Universalité des pensions (1950) ; ne sont plus une mesure de charité mais un droit social

Le centre d'accueil : institution publique
d'homogénéisation des personnes âgées

Type de ressources
– Période massive d'institutionnalisation : au total 60 000 lits, admission de personnes âgées autonomes (Commission Rochon, 1988)
– Création d'un réseau public d'institutions
– Acquisition des asiles et hospices par l'État
– Moratoire sur le développement des résidences privées lucratives (Vaillancourt, 1997)
– Professionnalisation et médicalisation

1.1.3.   DE 1980 À 2000 : LE MAINTIEN À DOMICILE, LA DÉSINSTITUTIONNALISATION ET LA POUSSÉE DE LA PRIVATISATION

Le début des années 1980 est directement associé à la crise économique. Mais, au-delà de l'épineuse question des finances publiques, c'est la légitimité même de l'État et de son modèle de gestion qui sont interpellés. L'universalité des programmes sociaux est mise en cause, tandis que les critères d'admissibilité se resserrent. L'État se désengage et fait appel à la fois à la responsabilité individuelle (tendance néolibérale) et à la solidarité communautaire (tendance sociocommunautaire).

Le Québec, comme la plupart des sociétés postindustrielles, connaît une croissance accélérée de sa population âgée, surtout celle du quatrième âge. Alors que les personnes de 65 ans et plus représentaient 6,7 % de la population québécoise en 1941, elles en forment maintenant plus de 12 %, taux qui atteindra vraisemblablement 20 % en 2031 (Champagne, 1996). Or, comme il a été clairement démontré que l'augmentation de l'espérance de vie ne s'accompagne pas d'une augmentation comparable de l'espérance de vie en bonne santé (Champagne, 1996 ; Rosenberg et Moore, 1997), le discours centré sur les coûts engendrés par la population vieillissante est de nature alarmiste. On parle de moins en moins des personnes âgées qui contribuent à une société plus humaine et solidaire, mais de plus en plus de celles qui sont en perte d'autonomie et dépendantes (Lesemann, 2000). La vieillesse, désormais reconnue socialement, se définit principalement comme un problème, une déchéance, voire une maladie... celle de la dépendance (Dherby, Pitaud et Vercauteren, 1996 ; Drulhe, 1981). Cette obsession de la vulnérabilité physique (de la perte d'autonomie) n'est-elle pas intimement associée à une autre, celle du déficit zéro ?

Le système de santé, de soins et d'hébergement surgit au cœur des débats. Il coûte cher ! Les rapports et énoncés de politiques se succèdent[3], soulignant que les Québécois âgés « drainent une part des dépenses publiques de santé » nettement supérieure à leurs homologues américains et ontariens, et ce, en raison de leur haut taux d'institutionnalisation (Lavoie-Roux, 1989, p. 42-43 ; Côté, 1990, p. 24). Les années 1990 s'ouvrent ainsi sur une seconde réforme des services de santé et services sociaux, « axée sur le citoyen », mais soumise à des impératifs économiques. Les stratégies mises de l'avant pour faire fléchir le taux d'institutionnalisation des personnes âgées tablent sur une augmentation des services de maintien à domicile[4] et le resserrement des critères d'admission à l'institution publique. Les centres d'accueil sont transformés en centres d'hébergement et de soins de longue durée (CHSLD) ; l'établissement public est réservé aux personnes plus malades et dépendantes. Alors qu'en 1985, les personnes âgées hébergées en centre d'accueil requéraient en moyenne 1,85 heure de soins et d'assistance par jour (Côté, p. 25), rares actuellement sont les personnes nécessitant moins de 3,5 heures de soins[5] qui sont admises en CHSLD public (MSSS, 1997 ;

---

3. Les plus déterminants sont par ordre chronologique : la Commission d'enquête sur les services de santé et services sociaux (Commission Rochon, 1986-1989) et les énoncés de politique du gouvernement du Québec : *Pour améliorer la santé et le bien-être. Orientations* (Lavoie-Roux, 1989), *Une réforme axée sur le citoyen* (Côté, 1990) et, finalement, *La politique de santé et de bien-être* (Côté, 1992).

4. Alors que les énoncés de politiques visaient une augmentation de 150 % du budget des services à domicile de 1990 à 1995 (Côté, 1990, p. 26), les données récentes révèlent une variation effective de 64 % des dépenses allouées au maintien à domicile entre 1986 et 1995 (MSSS, *Indicateurs socio-sanitaires*, 1997, p. 86). Précisons qu'il s'agit du secteur qui a connu la plus forte progression dans l'ensemble des dépenses consacrées au domaine de la santé durant cette période.

5. Notons que ce « barème » peut varier d'une région à l'autre selon la disponibilité des ressources.

Conseil des aînés 2000). Ce témoignage du CHSLD Horace-Boivin, présenté lors des audiences publiques sur l'exploitation des personnes âgées, illustre bien le phénomène d'alourdissement des clientèles hébergées et l'état de la situation des services.

> Le CHSLD Horace-Boivin est né de la fusion de trois (3) établissements en 1992. À l'époque, nous avions un budget de près de 9 M. Avec ce budget de fonctionnement, nous avions à répondre aux besoins de 184 clients nécessitant plus ou moins 3,5 heures/soin par jour. Notre taux de satisfaction se situait autour de 72 %. En janvier 2000, nous avons un budget de fonctionnement de 8 M, nos heures soin se situent autour de 4,4 et nous offrons des services à près de 200 clients. Notre taux de réponse aux besoins des personnes hébergées frise dangereusement 64 %-65 %. « Faire plus avec moins », nous disons : UTOPIE. (Commission des droits de la personne et des droits de la jeunesse, 2001, p. 23)

Il y a émergence d'une double problématique au niveau de l'hébergement et des soins de longue durée : celle de la qualité des soins et de l'accès aux services. Même si les projections ministérielles se basaient sur une diminution optimiste de 33 % du taux d'institutionnalisation, elles laissaient présager un déficit de 9 000 places en 2001 et de 27 000 en 2011 (Côté, 1990, p. 26). Pour combler ce manque de places, le ministre recommandait l'ajout de 7 000 lits publics en soins de longue durée pour l'an 2000 (1990, p. 27) et comptait sur le développement et la diversification des ressources privées agréées[6]. La prochaine section examinera la manière dont ces objectifs se sont traduits dans la réalité quelques années plus tard.

Or, parallèlement à l'augmentation des besoins des personnes très âgées, l'accès aux ressources institutionnelles devient limité tandis que le manque de services à domicile se fait sentir. Il en résulte que la famille et les groupes communautaires d'entraide et de bénévolat sont de plus en plus sollicités et les femmes deviennent des « aidantes naturelles ». Ce sont elles, à nouveau, qui doivent porter le fardeau de l'assistance et des soins à leurs parents âgés et proches dépendants (Lavoie, 2000 ; Guberman, Maheu et Maillé, 1991 ; Lesemann et Martin, 1993). Survient dès lors, avec la complicité « officieuse » des gouvernements, une poussée sans précédent de privatisation des ressources d'hébergement dans notre histoire. Les résidences privées non agréées viennent ainsi prendre le relais de l'hébergement public en même temps que s'observe un alourdissement de leur clientèle. Pourtant, dans le discours politique et institutionnel, on persiste à soutenir qu'il s'agit de résidences privées pour personnes autonomes ou semi-autonomes (MSSS, 1995) ! Les médias québécois et l'opinion publique

---

6. La Loi sur les services de santé et services sociaux, modifiée et sanctionnée en 1991, vient préciser et définir le cadre d'opération de ces divers types de ressources privées d'hébergement, lequel sera présenté dans la prochaine section.

Tableau 3
Contexte social, perception de la vieillesse et type de ressources au Québec durant les années 1980-2000

De 1980 à 2000 : le maintien à domicile, la désinstitutionnalisation et la poussée de la privatisation

L'ère de transformation de l'État
Partage des responsabilités privé-public

Contexte social	– Remise en question du modèle étatique (Mayer, 2002)
	– Mondialisation des marchés et libre-échange
	– Récessions économiques, crise des finances publiques, chômage chronique (OCDE, 1996)
	– Pluralisme économique
	– Idéologie néolibérale et tendance sociocommunautaire
	– Valorisation de l'entreprise privée et du bénévolat
	– Universalité des programmes sociaux mise en cause

La vieillesse devient un enjeu social qui se définit
de plus en plus comme un problème… celui de la dépendance.

Perception de la vieillesse	– Boom 3ᵉ âge, ↑ population âgée de 75 ans et plus (Champagne, 1996)
	– Rôle accru de la famille : notion d'aidants naturels et familiaux (Lesemann et Martin, 1993)
	– Discours axé sur la perte d'autonomie, la dépendance des aînés (Attias-Donfut, 1997)
	– ↑ recherche en gérontologie et gériatrie
	– Tentatives de désindexation et de réforme des pensions de vieillesse

La résidence privée : ressource à but lucratif en pleine expansion
et en marge du réseau public

Type de ressources	– ↑ du taux d'institutionnalisation : CHSLD pour clientèle lourde
	– Politique de maintien à domicile et virage ambulatoire
	– Essor du secteur marchand : plus de 2 200 résidences privées, 100 000 personnes âgées (Vaillancourt, 1997 et 1998 ; MSSS, 1994)
	– Reconnaissance de la nécessité de développer de nouvelles ressources : RI, RTF partenariat de type étatique ou sociocommunautaire ? (MSSS, 1997)

sont particulièrement critiques à l'endroit des résidences privées, désignées comme des « foyers illicites » ou « clandestins ». À titre d'exemple, voici quelques titres d'articles : « Prolifération des foyers clandestins » (*La Presse*, 1993), « Pénurie de places dans les centres d'hébergement. Recours aux foyers sans permis » (*Le Soleil*, 1993) et « Débordés, les travailleurs sociaux envisagent de placer les vieux en foyers illicites » (*La Presse*, mai 1994).

Comme pour les périodes précédentes, le tableau 3 résume les caractéristiques de la période actuelle eu égard au contexte social, aux perceptions de la vieillesse et au modèle type d'hébergement. Puis le tableau 4 propose une synthèse des trois périodes présentées dans cet historique.

Tableau 4

Contexte social, perception de la vieillesse et type d'hébergement au Québec durant les années 1900-1940, 1940-1980 et 1980-2000

	1900 à 1940 : les suites de l'enfermement	1940 à 1980 : l'institutionnalisation	1980-2000 : le maintien à domicile, la désinstitutionnalisation et la poussée de la privatisation
Contexte social	*L'ère de la charité privée et chrétienne* *Famille et paroisse : piliers de l'aide aux démunis* – Entrée dans modernisation et industrialisation – Société traditionnelle, largement agricole – Problèmes sociaux chez la classe ouvrière – Idéologie libérale : fondée sur la famille et la bienfaisance privée – Mesures sociales orientées vers les indigents	*L'ère de l'État-providence* *Étatisation des services et institutions* – Remise en question de l'idéologie libérale – Société et famille en mutation : ↓ naissances, ↓ influence du clergé, etc. : Révolution tranquille – Idéologie social-démocrate, du « *welfare* » – Adoption de plusieurs lois de protection sociale au fédéral (1940-1960) puis au provincial (1960-)	*L'ère de transformation de l'État* *Partage des responsabilités privé-public* – Remise en question du modèle étatique – Mondialisation des marchés et libre-échange – Récessions économiques, crise des finances publiques chômage chronique – Idéologie néolibérale, tendance sociocommunautaire : valorisation de l'entreprise privée et du bénévolat – Universalité des programmes sociaux mise en cause
Perception de la vieillesse	*La vieillesse n'est pas un enjeu social.* – Faible mortalité au-delà de 60-70 ans – Famille élargie, multigénérationnelle – Personnes âgées n'existent pas comme groupe social (Snell, 1996) – Loi « catégorielle » sur les pensions : nécessiteux de 70 ans et +	*La vieillesse, reconnue socialement, est « gérée collectivement et impersonnellement ».* – ↑ espérance de vie, accès aux soins, ↑ conditions de vie – Famille nucléaire, ↑ recours au placement – Sensibilité au sort des aînés – Fondation de la FADOQ (1970) et de l'AQDR (1979) – Universalité des pensions (1950) : ne sont plus une mesure de charité mais un droit social	*La vieillesse, enjeu social, est définie comme un problème... celui de la dépendance.* – ↑population âgée de 75 ans et + – Rôle accru de la famille – Discours axé sur la dépendance – ↑recherche en gérontologie et gériatrie – Tentatives de désindexation et de réforme des pensions de vieillesse

Tableau 4
Contexte social, perception de la vieillesse et type d'hébergement au Québec durant les années 1900-1940, 1940-1980 et 1980-2000 (suite)

	1900 à 1940 : les suites de l'enfermement	1940 à 1980 : l'institutionnalisation	1980-2000 : le maintien à domicile, la désinstitutionnalisation et la poussée de la privatisation
Ressources en hébergement	*L'hospice : ressource privée de type « totalitaire » pour personnes âgées pauvres et abandonnées*	*Le centre d'accueil : institution publique d'homogénéisation des personnes âgées*	*La résidence privée : ressource à but lucratif en pleine expansion et en marge du réseau public*
	– Début d'enfermement différencié 106 hospices, orphelinats et asiles – Ressources gérées par le privé (religieuses) – Financement varié (Loi d'assistance publique) – Sensibilisation aux conditions misérables des résidents	– Période d'institutionnalisation : 60 000 lits ; admission de personnes âgées autonomes – Création d'un réseau public d'institutions – Acquisition des asiles et hospices par l'État – Moratoire sur le développement des résidences privées lucratives – Professionnalisation et médicalisation	– Essor du secteur marchand : 2200 résidences privées pour plus de 100 000 personnes âgées – Volonté de ↓ l'institutionnalisation : CHSLD pour clientèle lourde – Politique de maintien à domicile et virage ambulatoire – Nécessité de développer de nouvelles ressources : partenariat de type étatique ou sociocommunautaire ?

1.2. ÉTAT DE LA SITUATION DEPUIS LA RÉFORME DES SERVICES DE SANTÉ ET SERVICES SOCIAUX (1990)

La présente section porte sur la situation de l'hébergement privé au Québec depuis l'adoption du livre blanc du ministre Côté (1990). Ce qui peut sembler être un exercice relativement simple se révèle fort complexe en raison de la diversité et de la mixité des ressources. Nous proposons donc de brosser un portrait des multiples ressources en décrivant d'abord celles agréées en vertu de la Loi sur les services de santé et services sociaux, qui a été modifiée en 1991. L'analyse portera ensuite sur les résidences privées ne détenant pas de permis ministériel et n'ayant pas de lien « officiel » avec le réseau de la santé et des services sociaux. Malgré l'ambiguïté de leur statut, ou plutôt leur absence de statut, une définition de ces ressources sera donnée. Les caractéristiques des résidences privées, de leurs responsables et clientèles seront définies à la lumière des données disponibles. Finalement, ce portrait sera complété par la présentation des différentes règles et instances qui les régissent.

1.2.1. LES RESSOURCES PRIVÉES AGRÉÉES

Qu'en est-il d'abord des ressources d'hébergement privées dites permises ou autorisées ? La présentation et la description du cadre opératoire de ces ressources agréées pour personnes âgées doivent tenir compte des différents régimes prévus dans la Loi sur les services de santé et services sociaux : le permis, la reconnaissance et l'agrément. Ces statuts légaux donnent lieu à des énoncés de politiques et programmes-cadres qui précisent les modalités et le fonctionnement des diverses catégories de ressources : les centres d'hébergement et de soins de longue durée (CHSLD) privés conventionnés et non conventionnés, les ressources dites intermédiaires (RI), les ressources de type familial (RTF) et, finalement, les ressources privées agréées aux fins de financement.

La notion de privatisation étant centrale, il importe de préciser que le statut privé ou public d'une ressource renvoie à sa propriété. Ainsi sont considérés comme étant publics les établissements d'hébergement appartenant à l'État. Il s'agit en fait des CHSLD publics et de quelques unités de soins de longue durée (USLD) dans les centres hospitaliers. Le statut privé est attribué aux ressources d'hébergement détenues par un promoteur indépendant, c'est-à-dire un particulier (personne physique), une entreprise ou une corporation privée (personne morale). La réalité de l'hébergement au Québec prend des teintes fort différentes selon l'angle sous lequel on l'étudie. Comme le soulignent Garon (1994) et récemment Gagnon et Michaud (Conseil des aînés, 2000, p. 18), cette grande diversité de statut et de type de ressources d'hébergement rend difficiles la présentation et la comparaison de données sur la répartition des lits, car les rapports et études n'utilisent pas les mêmes classifications.

Malgré ces obstacles, le tableau 5 montre la répartition des places d'hébergement pour l'ensemble du réseau sociosanitaire en 2001, soit une dizaine d'années après la réforme, en fonction des types de ressources retenues. Nous décrirons ensuite les caractéristiques de chacune de ces ressources d'hébergement après avoir fait un commentaire général sur l'état de la situation.

Alors que la réforme Côté prévoyait l'ajout de 7 000 places d'hébergement dans le réseau sociosanitaire, les données recueillies témoignent plutôt d'une réduction effective. Comme nous l'avons rapporté précédemment, de 60 000 places (Commission Rochon, 1988), le nombre de lits d'hébergement serait passé à 52 653 en 1995 (Vaillancourt, 1997, p. 169) et totaliserait actuellement environ 49 500[7]. Les données récentes analysées par le Conseil des aînés (2000, p. 19-22) dans son avis sur les milieux substituts de vie confirment cette diminution constante du nombre de lits d'hébergement et de soins de longue durée. Le conseil s'inquiète du manque d'accès à l'hébergement pour les aînés en grand besoin de services, particulièrement ceux âgés de plus de 75 ans, et recommande le développement de nouvelles ressources publiques (Conseil des aînés, 2000, p. 68). Nous référons le lecteur au point de vue exprimé par le Conseil en annexe du présent ouvrage et profitons de l'occasion pour remercier sa présidente, madame Wavrock, pour cette participation.

Un autre constat issu des données présentées au tableau 4 concerne la prédominance des ressources publiques sur les ressources privées agréées dans l'ensemble du réseau sociosanitaire. Prises globalement, et sans tenir compte de leurs caractéristiques particulières, les ressources privées fournissent 29,3 % des lits d'hébergement agréés comparativement à 70,7 % pour les institutions publiques. Or, cette proportion de lits privés et de lits publics se révèle comparable à celle qui prévalait avant la réforme[8]. Dès lors, il ne s'agit pas à proprement parler d'un nouveau phénomène de privatisation au sein du réseau sociosanitaire. Pourtant, les politiques énoncées misaient sur le développement de ce secteur privé,

---

7. Ces données sur la répartition des places en fonction des divers types de ressources agréées ont été fournies et confirmées par les représentants du ministère, à la direction des services aux personnes âgées en avril 2002.
8. Selon les données rapportées par la Commission Rochon (1988, p. 218), les ressources privées d'hébergement (soit les CAH et quelques rares CHSLD privés) représentaient 27,6 % des lits du réseau sociosanitaire.

Tableau 5
Dénombrement des places d'hébergement dans les ressources agréées en vertu de la Loi sur les services de santé et services sociaux, Québec, 2001-2002

Type de ressources	Nombre de places *n* = 47 344	Pourcentage
Détentrices d'un permis CHSLD		
CHSLD publics (et USLD)	33 470	70,7 %
CHSLD privés conventionnés	6 595	13,9 %
CHSLD privés non conventionnés	3 230	6,8 %
Reconnues à titre de :		
Ressources intermédiaires (RI)	2 787	5,9 %
Ressources de type familial (RTF)	1 262	2,7 %
Agréées aux fins de financement	non disponible	

Source : Pour les places avec permis : MSSS. *Portrait du parc immobilier d'hébergement et de soins de longue durée.* Direction générale des services à la population et direction des investissements et du partenariat, octobre 2001.

Pour les places reconnues RI et RTF – personnes âgées : MSSS, direction des services à la population, source administrative, avril 2002.

particulièrement les CHSLD non conventionnés, pour combler une partie des places manquantes engendrées par le vieillissement de la population (Gouvernement du Québec, 1990, p. 27-29). Faut-il y voir une résurgence de cette méfiance à l'endroit du privé dont nous avons fait état ou une résultante des normes propres à chaque catégorie de ressources qui auraient un effet dissuasif sur leur développement ? La présentation des cadres d'opération des différentes ressources privées agréées tend à soutenir la dernière hypothèse.

• Le permis d'hébergement et de soins de longue durée

La Loi sur les services de santé et services sociaux prévoit la constitution d'établissements (CHSLD) ayant une vocation spécifique d'hébergement et de soins de longue durée pour les personnes en perte d'autonomie (LSSS, chap. S-4.2, art. 83). Des ressources privées peuvent remplir la mission d'un CHSLD à la condition expresse d'obtenir un permis délivré par le ministre conformément aux articles 437 (qui établit le principe) et 441 à 444 (qui en précisent les modalités).

La délivrance d'un permis est assujettie à de multiples normes et conditions relatives aux installations physiques, aux services professionnels et infirmiers, à la création d'un comité des usagers, etc. Il convient de faire remarquer que plus de 80 articles de loi concernent les CHSLD privés ! Parmi les établissements privés détenteurs d'un permis, certains sont conventionnés, soit subventionnés, tandis que d'autres ne le sont pas. Comme l'indique le tableau 4, les ressources privées détentrices d'un permis hébergeaient 9 825 personnes en 2001, ce qui représente 23 % des lits en soins de longue durée. Leur cadre spécifique d'opération (normes du bâtiment, conditions de travail, contribution des résidents) est présenté sous forme de tableau synthèse (tableau 6).

- *La reconnaissance à titre de ressources intermédiaires et de type familial*
La loi prévoit aussi le développement de ressources dites intermédiaires (art. 301) pouvant accueillir de 10 à 50 usagers, et des ressources de type familial (art. 310 à 313) hébergeant moins de 10 résidents. Ces deux nouvelles appellations remplacent la structure ancienne des pavillons et celle des résidences d'accueil. La direction de la planification stratégique du MSSS a publié en novembre 1997 un cadre de référence sur les ressources intermédiaires qui précise la clientèle visée, les services dispensés et l'encadrement assuré par l'établissement.

Le statut de ces ressources privées (personne physique ou morale), rattachées par contrat à un établissement public (généralement un CHSLD public), reste assez vague. Le cadre législatif veut ainsi assurer une certaine souplesse aux Régies régionales qui ont le mandat d'établir les modalités d'accès, et aux établissements publics qui recrutent et évaluent les ressources privées retenues. Selon les données recueillies auprès du ministère, les ressources reconnues comme étant de type intermédiaire et familial accueillaient 4 049 personnes âgées en 2002 (sur un total de 6 211 places), ce qui représente seulement 8,6 % des lits d'hébergement dans l'ensemble du réseau sociosanitaire. La réalité ne traduit pas cette volonté des autorités publiques de favoriser un rééquilibrage des ressources en fonction de milieux non institutionnels et de développer des ressources d'hébergement plus légères.

Le statut de RI peut être attribué à différents types d'organisations résidentielles, dont des résidences privées. On peut ainsi retrouver dans une même ressource, des résidents orientés par le réseau public, « subventionnés » (dont la contribution financière est établie par règlement et qui reçoivent des services professionnels du CHSLD public), et des résidents «non subventionnés», dont le versement mensuel est soumis aux lois du marché et qui ne sont pas admissibles aux services du CHSLD. Cette situation soulève des questions d'équité et d'accès aux services pour les personnes âgées en perte d'autonomie vivant dans la «section privée».

Quant à la reconnaissance à titre de RTF, elle est généralement octroyée à une personne physique qui accueille en exclusivité, dans son domicile, une clientèle en perte d'autonomie légère. L'étude de Hébert *et al.* (1997) a fait état du problème de sous-financement de ces ressources. Leurs activités ne sont d'ailleurs pas réputées comme constituant un commerce ou l'exploitation d'une source de profit; ce qui les exempte de certaines obligations fiscales.

• *L'agrément aux fins de financement*

Finalement, la loi prévoit à l'article 454 une modalité de financement des résidences privées sans permis et des CHSLD privés non conventionnés. Ce régime d'agrément semble soustraire les résidences privées à l'obligation d'obtenir un permis ministériel les autorisant à offrir des services aux personnes âgées en perte d'autonomie (art. 437). En outre, ces nouvelles dispositions ouvrent la porte à l'achat de places et à de multiples formes d'ententes de services et de «partenariat privé-public», conclues régionalement et même localement[9]. Il est difficile d'estimer le nombre de places concernées dans ces ententes régionales. Pour cette raison, et compte tenu de leur diversité, nous n'avons pas inclus ces formes d'agrément dans les tableaux 5 et 6.

---

9. Mentionnons le projet ministériel d'achat de places dans les CHSLD privés non conventionnés (83 places), les ententes de services dans les régions de Laval (159 places) et de la Montérégie. Pour un portrait et une analyse de ces ententes, voir M. Charpentier, *Analyse du projet ministériel d'achat de places et de certaines autres formules dans le secteur privé d'hébergement des personnes âgées*, Direction de la planification et de l'évaluation, MSSS, 1999.

Tableau 6

Cadre opératoire des ressources d'hébergement privées et agréées en vertu de la Loi sur les services de santé et services sociaux

Objet des mesures	CHSLD conventionnés	CHSLD non conventionnés	Ressources intermédiaires	Ressources de type familial
Permis	Permis de CHSLD délivré par le Ministre	Permis de CHSLD délivré par le Ministre	Reconnaissance-contrat avec CHSLD public (10-50 places)	Reconnaissance-contrat avec CHSLD public (9 places et moins)
Sélection des ressources	RRSSS évalue, atteste et recommande.	RRSSS évalue, atteste et recommande.	CHSLD recrute et évalue.	CHSLD recrute et évalue.
Normes du bâtiment	Normes relatives au permis CHSLD (B-2, largeur corridors, etc.)	Normes relatives au permis CHSLD (B-2, largeur corridors, etc.)	Critères souples établis par RRSSS	Critères très souples établis par RRSSS
Soins et services	Soins inf., réadap., etc. (*idem* CHSLD public)	Soins inf., réadap., etc. (*idem* CHSLD public)	RI : hébergement et assistance CHSLD public : soins inf. et services professionnels	RTF : hébergement et surveillance Parfois services à domicile du CLSC
Conditions de travail	Règles de la fonction publique	Convention coll. /Normes minimales de travail	Normes minimales de travail	Normes minimales de travail (si employé)
Contribution des résidents	Fixée par règlement selon revenu et chambre (*idem* CHSLD public) (800 $ à 1350 $/mois)	Aucune règle préétablie, contrat de location-bail	Fixée par RRSSS (700 $ à 900 $/mois)*	Fixée par RRSSS (≈ 700 $/mois)*
Financement public	En entier	Non (sauf dans les rares cas d'agrément aux fins de financement).	Per diem établi en fonction de la lourdeur/lit sous contrat.	Contribution de l'usager et per diem en fonction de la lourdeur/non imposable.

Tableau 6

Cadre opératoire des ressources d'hébergement privées et agréées en vertu de la Loi sur les services de santé et services sociaux *(suite)*

Objet des mesures	CHSLD conventionnés	CHSLD non conventionnés	Ressources intermédiaires	Ressources de type familial
Comité des usagers	Oui	Oui (si plus de 20 lits)	Non	Non
Système de plaintes	Oui	Oui	Via le CHSLD	Via le CHSLD
Sélection des clientèles	Système régional d'admission – COA	Aucune règle – Responsabilité du promoteur	Système régional d'admission – COA	Système régional d'admission – COA
Lourdeur des clientèles	3 h/soins infirmiers et d'assistance par jour**	2 h/soins infirmiers et d'assistance par jour**	Réputée en perte moyenne d'autonomie (2 à 3 h/s)	1,3 h/soins infirmiers et d'assistance par jour**

* Ces tarifs sont présentés à titre indicatif. Ils peuvent fluctuer selon les régions. Soulignons que la contribution des usagers en RI et RTF n'est pas toujours le cas.

** Cette estimation des besoins des clientèles, en termes d'heures de soins et d'assistance par jour, se base sur les résultats de l'étude de R. Hébert et al. (1997) portant sur les services requis par les personnes âgées en perte d'autonomie selon leur milieu de vie.

Cette présentation des ressources d'hébergement privées agréées met en évidence la complexité et le manque d'homogénéité des différentes formes d'accréditation : que ce soit pour la sélection des ressources, les normes relatives au bâtiment, la dispensation des soins ou le financement et la contribution des usagers. Cette lourdeur des cadres d'opération est d'autant plus étonnante que chaque type de ressources offre un nombre de lits relativement peu élevé. Est-ce là l'expression d'une volonté politique d'exercer un contrôle strict sur le développement d'un secteur privé d'hébergement et d'en limiter le développement ou l'effet des contraintes budgétaires ? La thèse du contrôle étatique est plutôt difficile à défendre lorsqu'on songe à la tolérance des autorités publiques à l'égard de la poussée des résidences privées en marge du réseau sociosanitaire. Quant à l'argument économique, compte tenu du coût que représente l'hébergement public des personnes âgées, il appellerait davantage un développement des ressources privées « moins lourdes » ou non institutionnelles.

On serait porté à croire que la rétribution des ressources de type intermédiaire et familial, soit des indemnités quotidiennes par usager, dites *per diem*, a un effet dissuasif sur leur recrutement (Hébert *et al.*, 1997). De leur côté, les CHSLD privés non conventionnés éprouvent aussi des problèmes financiers, parvenant difficilement à concilier les nombreuses exigences du permis avec l'autofinancement[10]. N'est-il pas plus avantageux pour les promoteurs privés d'opter pour le libre marché des résidences pour personnes âgées et d'éviter l'imposition d'un ensemble complexe de normes qui, de surcroît, se révèle peu lucratif ? La réponse réside dans la réalité effective du développement des résidences privées sans permis, dont l'essor n'est pas étranger à la situation qui prévaut dans le réseau sociosanitaire.

Le portrait de l'hébergement au Québec et de sa répartition « privé/ public » se modifie d'ailleurs radicalement si l'on tient compte des résidences privées pour personnes âgées non agréées. En comptabilisant les quelque 100 000 places en résidences privées, estimées à 80 000 par Vaillancourt (1997, p. 169)[11], le secteur privé devient le principal acteur

---

10. Alors que la réforme Côté misait en l'occurrence sur les CHSLD non conventionnés pour combler les besoins en soins de longue durée, Vaillancourt (1997, p. 163) a noté une baisse de 34 % du nombre de lits dans ces ressources entre 1992 et 1995. L'auteur attribue cette diminution aux faillites qui ont touché une dizaine d'établissements et au changement de statut d'environ 35 d'entre elles, qui ont pour la plupart délaissé le permis CHSLD.

11. Cette estimation se basait sur les résultats de l'inventaire commandé par le MSSS en 1994 et qui faisait état de 72 000 places en résidences privées. Le recensement fut réalisé par les RRSSS en collaboration avec les Centres locaux de services communautaires (CLSC) et divers partenaires du milieu municipal.

de l'hébergement; il occupe ainsi 74,5 % du marché alors que les lits publics (CHSLD) en représentent 26,5 %. La prochaine section décrit la situation des résidences privées en marge du réseau public et dans lesquelles vit 10 % de la population âgée du Québec (MSSS, 1994).

1.2.2. LES RÉSIDENCES PRIVÉES NON AGRÉÉES OU EN MARGE DU RÉSEAU PUBLIC

Par résidence privée, nous entendons une ressource d'habitation collective de type chambre et pension (studio, 1 ½, 2 ½, etc.), accueillant au moins deux personnes âgées, appartenant à une personne morale ou physique et qui offre une gamme plus ou moins étendue de services (aide aux bains, entretien ménager des chambres, etc.)[12]. Le fait d'être une structure d'habitation pour aînés ne suffit pas pour être considérée résidence privée. Deux autres conditions doivent être remplies : la ressource doit offrir des services d'hébergement de base (gîte, couvert, surveillance) et ne pas être rattachée au réseau public, c'est-à-dire agréée. Le bloc à appartements (conciergerie), l'habitation à loyer modique (HLM) et les ressources intermédiaires ou de type familial ne constituent pas des résidences privées au sens de notre définition.

1.2.2.1. Les caractéristiques des ressources, des propriétaires et des clientèles

Cette définition couvre une grande variété de ressources d'hébergement, allant de la maison unifamiliale, convertie après le départ des enfants pour accueillir quatre personnes âgées, au luxueux complexe urbain avec ascenseurs, infirmerie, piscine, banque et salon de coiffure. Dans un article intitulé « L'exclusion de la vieillesse », Brault (1994, p. 703) fait état de véritables villages hermétiques où les personnes âgées peuvent vivre sans « jamais en sortir ». Les résidences privées sont multiples et multicolores ; elles prennent les teintes de leur région et sont à l'image de leur propriétaire.

L'inventaire des résidences privées sans permis auquel a procédé le MSSS en 1994 permet de brosser un portrait global des résidences privées. Selon ce rapport, les résidences logeant moins de 10 personnes représentaient 50 % des ressources privées. Bien que non documentée, la volatilité des petites résidences est un phénomène bien connu des intervenants du réseau, lequel peut s'expliquer en l'occurrence par leur non-rentabilité. Comment une propriétaire (il s'agit généralement de femmes

---

12. La définition retenue s'inspire des cadres de référence développés par les régies régionales de la santé et des services sociaux de Montréal-Centre et des Laurentides (1998).

de 40 et 50 ans), hébergeant trois résidents qui versent chacun 800 $ par mois pour un total annuel d'environ 29 000 $, peut-elle défrayer les coûts d'opération de sa résidence (électricité, chauffage, etc.), assurer tous les repas et s'offrir un peu d'aide et de répit pour l'entretien et les soins aux résidents, tout en se gardant un salaire minimum ? Ces petites résidences, de type familial, n'accueillaient toutefois que 9 % de la clientèle alors que les résidences de 100 personnes et plus en logeaient 50 %. On constate dès lors que cette appellation de « résidence privée » désigne des ressources dont la structure organisationnelle diffère considérablement. Certaines s'apparentent à un modèle familial ou communautaire, tandis que d'autres correspondent à un modèle entrepreneurial, allant de la moyenne entreprise à celle comprenant des actionnaires multiples. Or, toutes catégories confondues, les résidences ont déclaré offrir les services suivants : la surveillance jour et nuit, les services alimentaires ainsi que les soins infirmiers et la visite d'un médecin. Pour leur part, Vézina, Pelletier et Roy (1994) ont divisé les services offerts dans les résidences privées en trois catégories : les services de sécurité (personnel de surveillance jour et nuit, système de sécurité à l'entrée, sonnettes d'alarme aux chambres), les services de santé (présence régulière ou occasionnelle d'une infir- mière, visite du médecin, gestion de la médication) et les services de la vie domestique et sociale (entretien ménager, animation, accompagne- ment). Il faut ajouter à cette liste les services d'assistance à la vie quoti- dienne des résidents qui, selon nos expériences d'intervention et de recherche, occupent une place de plus en plus importante dans les ser- vices offerts (assistance aux bains et à l'habillement, suivi nocturne, aide au déplacement et à l'incontinence). Or, étonnamment, selon l'inventaire du MSSS, la majorité de la clientèle (75 %) jouissait de son autonomie (MSSS, 1994, p. 8). La nature et la quantité des services dispensés ne correspondent certes pas au profil de la clientèle déclarée. Les proprié- taires ou responsables des résidences auraient-ils passé sous silence la lourdeur de leur clientèle aux organismes recenseurs ? Les recherches réalisées depuis tendent à le démontrer.

Le Centre de recherche de l'Institut universitaire de gériatrie de Sherbrooke a mené en 1995 une étude sur *La qualité des soins dispensés aux personnes âgées en perte d'autonomie par les ressources d'hébergement avec et sans permis* (Bravo *et al.*, 1997-1998). Cette recherche, que j'ai eu le plaisir de coordonner, visait à évaluer et à comparer la qualité des soins dispensés aux personnes âgées en perte d'autonomie par les deux réseaux d'héber- gement (301 sujets, 88 ressources d'hébergement) et à fournir un portrait de leurs clientèles et responsables. Les données furent recueillies dans la région de l'Estrie, milieu urbain et rural. Si cette région est réputée pour être représentative de la réalité québécoise, une réserve s'impose dans la généralisation des résultats.

L'étude a permis d'estimer que 64 % de la clientèle hébergée dans les résidences privées est en perte d'autonomie. Le profil sociodémographique des résidents sélectionnés aléatoirement dans les secteurs avec et sans permis (agréé ou non) s'est révélé fort comparable : ils ont en moyenne 84 ans, les deux tiers sont des femmes, ont perdu leur conjoint et ont moins de huit ans de scolarité (Bravo *et al.*, 1998, p. 146). Parmi la clientèle en perte d'autonomie du secteur sans permis, une proportion significative de résidents présentaient des atteintes cognitives très graves et d'importantes incapacités fonctionnelles. Or, la plus forte proportion des cas lourds se concentrent dans les petites résidences (moins de 9 résidents) et dans les moyennes (10 à 39 résidents). Cette lourdeur de la clientèle est d'autant plus préoccupante que 44 % des propriétaires ont affirmé d'emblée garder un résident devenu trop lourd pour les services disponibles, une proportion qui grimpe à près de 60 % dans les petites résidences (1998, p. 147). Quant aux caractéristiques des propriétaires de résidences privées, on note leur manque de formation et d'expérience d'intervention auprès des personnes âgées fragilisées. De plus, seul un petit nombre d'entre eux s'adjoignent du personnel qualifié, même sur une base occasionnelle (26 %).

> L'un des principaux résultats de l'étude a trait à la formation et à l'expérience des responsables de résidences privées ; 31,9 % d'entre eux ont admis n'avoir aucune formation et 58,8 % ont avoué ne détenir aucune expérience auprès des personnes âgées avant leur entrée en fonction. Ces données sont d'autant plus inquiétantes qu'une proportion significative de résidents présente des déficits cognitifs graves et une perte d'autonomie importante, particulièrement dans les petites résidences. (Bravo *et al.*, 1998, p. 148, traduction libre)

Malgré ces lacunes, les cotes globales de qualité obtenues par les résidences privées se sont révélées assez bonnes et comparables à celles des ressources d'hébergement agréées (Bravo *et al.*, 1997, p. 34). Mais les scores moyens cachent d'importants écarts ; 25 % des résidences privées sans permis dispensent des soins jugés inadéquats. Il s'agit surtout de résidences de petite et moyenne taille (*ibid.*, p. 37-38). Le rapport sur les plaintes traitées par la Régie régionale de Montréal-Centre (1997-1998) donne des exemples précis de la diversité des situations rencontrées dans les résidences privées de même que de la problématique des soins inadéquats.

> À une extrémité, nous observons des ressources conscientes de leurs limites et qui font du mieux qu'elles peuvent pour aider adéquatement des personnes dont l'état s'est détérioré et qui refusent de quitter une ressource à laquelle elles sont attachées. À une autre extrémité, il y a les ressources où la personne devenue en grande perte d'autonomie, souvent confuse et isolée, devient facilement l'objet d'abus et de négligence. Ces personnes peuvent alors ne pas recevoir une alimentation adéquate, leur hygiène peut

être négligée, elles se déplacent de moins en moins et développent des problèmes de santé plus graves : déshydratation, confusion, chute, plaie de pression, incontinence, etc. Plusieurs situations de personnes nécessitant trois heures de soins et plus par jour nous ont encore été signalées cette année. (RRSSSMC, 1998, p. 145)

Quelles sont dès lors les règles qui viennent encadrer le fonctionnement de ces résidences privées qui hébergent de plus en plus des clientèles très âgées et en perte d'autonomie ?

Mais avant de présenter le cadre d'opération qui régit les résidences privées, nous invitons le lecteur à prendre connaissance du témoignage d'une étudiante qui, dans le cadre du cours « Travail social et personnes âgées », a fait une immersion d'une dizaine d'heures dans une petite résidence. Un peu comme un tableau, son texte (voir encadré, p. 38-43) brosse un portrait intimiste, sensible et réfléchi du quotidien de ces petits milieux de vie pour personnes âgées. Elle avoue d'ailleurs que cette expérience, bien que très brève, a changé son regard sur l'hébergement privé : un privé qui est aussi social.

1.2.2.2. Le cadre d'opération des résidences privées

Contrairement aux États-Unis et à l'Angleterre où le secteur privé d'hébergement est très développé, il n'existe pas au Québec de loi régissant les résidences privées[13]. Le tableau 7 présente les quelques règles de fonctionnement qui s'appliquent aux résidences privées en fonction des mêmes paramètres que ceux retenus pour les ressources privées agréées. Si le cadre d'opération de ces dernières est très complexe, celui des résidences privées s'illustre par son laconisme. La nature et l'éparpillement des règles encadrant les résidences privées, de même que la diversité des instances impliquées (dont la plupart n'ont pas une logique d'intervention centrée sur les besoins des personnes âgées) suscitent un questionnement quant à leur capacité à garantir la qualité des services et le respect des droits des clientèles.

Il appert ainsi que les résidences privées, qui se développent dans un régime de libre concurrence et de liberté contractuelle, ne sont pas tenues de respecter des normes minimales de qualité : ratio personnel soignant et clients, formation du personnel, consignes relatives à la médication,

---

13. Pour une analyse du cadre juridique américain et anglais, voir notamment : E.R. Alexander (1997), « Regulation and evaluation criteria for housing for the elderly : An international comparison », *Journal of Housing for the Elderly*, 12(1-2), p. 147-168 ; K.D. Marek (1996), « OBRA 1987 : Has it resulted in better quality of care ? », *Journal of Gerontological Nursing*, 22(10), p. 28-36 ; P. Day *et al.* (1996), *Why regulate ? Regulating residential care for the elderly*, Bristol, The Policy Press.

Tableau 7
Cadre opératoire des résidences privées non agréées : identification des règles et des instances chargées de leur application

Objet des mesures	Règles applicables	Instances concernées
Permis	Règlement sur les chambres et pensions (s'il y a lieu)	Quelques municipalités
Sélection des ressources	Aucune libre concurrence	
Normes du bâtiment	Règlement sur le zonage : emplacement. Normes de sécurité-incendie Règlement sur la sécurité dans les édifices publics et Code national du bâtiment (résidences de 10 places et plus)	Municipalités Municipalités (serv. incendies) Régie du bâtiment
Soins et services	Aucune règle – responsabilité du promoteur Service de soutien à domicile pour résidents en perte d'autonomie Règles relatives à l'hygiène – salubrité des aliments	CLSC (si ressource disponible) Ministère de l'Agriculture, des Pêcheries et de l'Alimentation
Conditions de travail	Normes minimales de travail	Commission sur les normes du travail
Contribution des résidents (tarifs)	Aucune règle préétablie ; contrat de location (bail verbal ou écrit)	Régie du logement (si un litige est signalé)
Financement public	Aucun (sauf dans les rares cas d'agrément)	
Comité des usagers	Aucune règle relative à la participation et à la représentation des résidents	
Système de plaintes	Aucune règle à l'intérieur de la résidence Pouvoir d'inspection et de relocalisation des résidents dans les cas d'exploitation sans permis (voir supra)	Régies régionales de la santé et des services sociaux (RRSSS) (si plainte ou signalement)
Sélection des clientèles	Aucune règle – responsabilité du promoteur	
Lourdeur des clientèles	Variable (clientèle réputée être autonome ou en légère perte d'autonomie)	

adaptation des équipements et installations, etc. Nous faisons exception ici des quelques règles en matière d'incendie, d'hygiène des aliments et des normes du bâtiment pour les habitations de 10 personnes et plus selon le Code national du bâtiment (dimension des chambres, fenestration, etc.).

Or, c'est dans cette même et unique logique « béton » ou « brique » que s'inscrit le nouveau projet de loi 106, déposé en mai 2002, et qui vient donner aux municipalités le pouvoir de réglementer les normes de construction et d'aménagement des résidences privées[14].

Les propriétaires sont et demeureront donc entièrement responsables et imputables de la sélection de leur clientèle et de leurs employés, de la disponibilité et de la qualité des services. Les cadres de référence adoptés par le MSSS et les RRSSS le reconnaissent et misent sur la bonne foi des gestionnaires pour établir leurs propres critères de qualité (RRSS-SMC, 1998 ; RRSSSL, 1998 ; MSSS, 1993-1994).

Si les résidences privées exercent des activités légales, pourquoi dès lors cette épithète d'illégalité ou de « foyers clandestins » ? L'ambiguïté réside dans l'application de la Loi sur les services de santé et services sociaux qui stipule à l'article 437 que nul ne peut exercer des activités propres à la mission d'un établissement (dont un CHSLD) s'il n'est titulaire d'un permis. Mais il ne suffit pas qu'une résidence privée offre des services d'hébergement aux personnes âgées pour qu'elle se trouve dans une situation d'illégalité ; ses activités doivent correspondre à celles décrites dans la mission d'un CHSLD :

> La mission d'un centre d'hébergement et de soins de longue durée est d'offrir de façon temporaire ou permanente un milieu de vie substitut, des services d'hébergement, d'assistance, de soutien et de surveillance [ainsi que des services de réadaptation, psychosociaux, infirmiers, pharmaceutiques et médicaux] aux adultes qui, en raison de leur perte d'autonomie fonctionnelle ou psychosociale, ne peuvent plus demeurer dans leur milieu de vie naturel, malgré le support de leur entourage. (art. 83)

Comme on le voit, le libellé de l'article 83 correspond assez bien à la définition retenue des résidences privées, de leurs services et clientèles, exception faite des services psychosociaux et de réadaptation rarement offerts. La loi placerait ainsi dans une situation d'illégalité les résidences qui tentent de développer des soins et services pour répondre aux besoins de leur clientèle âgée, *qui, en raison de leur perte d'autonomie, ne peut plus vivre dans leur milieu naturel de vie, malgré le support de leur entourage!* Devant une telle ambiguïté, on peut douter de l'applicabilité de la procédure de surveillance et de contrôle qui permet aux régies régionales de vérifier si une résidence privée exerce des fonctions pour lesquelles un permis est exigé (art. 489). L'exercice de ce pouvoir d'inspection prévoit même une mesure exceptionnelle d'évacuation et de relocalisation des résidents en

---

14. Loi modifiant diverses dispositions législatives concernant le domaine municipal (projet de loi n° 106), 2ᵉ sess., 36ᵉ lég., Québec, 2002.

cas d'exploitation sans permis (art. 452). Voilà un terrain fertile pour une analyse de l'inadéquation du cadre juridique actuel et de ses modalités d'application[15].

Le MSSS a produit en 1994 un premier cadre de référence visant à guider « les interventions effectuées dans les ressources sans permis », lequel fut suivi par plusieurs autres développés par les régies régionales de la santé (RRSSSMC, 1998, p. 154 ; RRSSSQ, 1996 ; RRSSSL, 1998). Ces documents précisent tous que les ressources d'habitation privées ne peuvent héberger des personnes en perte d'autonomie et doivent conséquemment les orienter vers le réseau public pour évaluation et orientation. Or, comme le note le Conseil des aînés (2000), la notion et le degré de perte d'autonomie tolérés n'ont jamais clairement été définis et aucune modalité de contrôle n'a été établie. Malgré cette ambiguïté, les CLSC sont appelés à dispenser des services individualisés de soutien à domicile directement aux résidents... en perte d'autonomie (! ?). Soulignons qu'étonnamment les résidences privées, qui sont à notre avis des ressources d'hébergement, sont désignées comme étant « un domicile » dans le cadre de référence ministériel (MSSS, 1995, p. 10). Dans les faits, les services « de soutien à domicile » offerts par les CLSC sont grandement limités par la disponibilité des ressources et les critères d'admission établis par chaque établissement.

Cette présentation du cadre d'opération des résidences privées met en évidence l'ambiguïté et le décalage entre les règles en vigueur et la situation réelle de ces ressources, telle qu'elle a été décrite précédemment. Ces entreprises privées multiplient le nombre de statuts et d'appellations selon le cadre réglementaire ou de référence : chambres et pensions, foyers d'hébergement, immeubles locatifs, domicile, résidence pour personnes âgées, etc. Plus fondamentalement, il y a dénégation du rôle croissant joué par le secteur privé sans permis dans l'hébergement et les soins dispensés aux personnes très âgées et en perte d'autonomie. On n'y retrouve aucune mesure directe de soutien et d'assistance aux ressources, aucune norme minimale de qualité mais seulement une procédure de surveillance a posteriori lorsqu'on soupçonne qu'elles empiètent sur les champs de compétence des établissements publics.

Comment se situent les principaux acteurs concernés dans ce qu'on peut maintenant qualifier de problématique des résidences privées pour personnes âgées ?

---

15. L'application de ces mesures repose sur un système de plaintes et de signalements : elle a fait l'objet d'une analyse critique de l'auteure dans *Le droit et les rapports de dépendance vécus par les aînés : la cas des résidences privées*. Rapport final déposé à la Commission du droit du Canada, Centre de recherche en gérontologie, Sherbrooke, 1999, p. 28-33.

La maisonnée*

par Michèle Carrière. *Rapport d'immersion en milieu gérontologique.* École de travail social, Université du Québec à Montréal, 2002.

Brève description du milieu

« La maisonnée » est une résidence pour personnes âgées située dans un quartier résidentiel en périphérie de Montréal.

Cette résidence privée peut accueillir une vingtaine de personnes âgées. Il n'y a ni comité d'usagers, ni conseil d'administration. La propriétaire, Madame S., reçoit ce type de clientèle depuis une quinzaine d'années environ.

À La maisonnée, la plupart des résidents sont référés de bouche à oreille par des familles qui ont déjà utilisé ses services, quelques-uns par le CLSC. Au moment de ma visite, onze personnes âgées de 66 à 92 ans, la plupart à différentes phases de la maladie d'Alzheimer, y résidaient. Parmi ces personnes, il n'y avait qu'un seul homme.

Cette grande maison, très éclairée, qui a grandi avec les besoins, compte trois étages. Le dernier est réservé à la famille de madame S. ; elle y vit avec son conjoint et leurs trois enfants (16, 15 et 9 ans).

La majorité de la clientèle a une chambre privée. Exceptionnellement, on suggère à une famille de placer deux aînés dans une même chambre, lorsque l'un n'est plus autonome et communique difficilement. Madame S. veut ainsi faire bénéficier cet aîné d'un contact humain et lui faire profiter de la vie qui continue.

Chacune des chambres que j'ai visitées était différente : par la grandeur, la luminosité ou encore l'ambiance qui s'en dégage. En ce qui concerne l'ameublement, chacun peut apporter le ou les meubles qu'il affectionne et décorer avec ses objets personnels. À la porte des chambres se trouve un petit écriteau souhaitant la bienvenue aux visiteurs.

Dans cette résidence, les personnes âgées sont intégrées à la vie de la famille. Le matin, les enfants descendent pour le déjeuner, taquinent les résidents. Le plus jeune vient dîner le midi et les devoirs sont faits après l'école autour de la table. Lors de ma visite, la fille d'une des clientes participait aux devoirs. En fait, les activités me font penser à celles que peut avoir une famille. Les anniversaires de chacun sont soulignés ainsi que les fêtes courantes (Noël, Pâques, la Saint-Valentin, etc.). Les familles intéressées peuvent toujours y assister.

---

* Les noms des lieux et des personnes ont été changés par souci de confidentialité.

Tous les vendredis, un prêtre ou son représentant vient donner la communion et les dimanches, il célèbre la messe avec les aînés. Madame S. ne reçoit pas de soutien du CLSC, sauf pour les services d'une infirmière qui peut venir pour un résident en particulier. Une coiffeuse est présente à toutes les deux semaines. À l'occasion, une maternelle ou une garderie des environs partage une activité avec les personnes âgées. Madame B. réserve aussi, certains après-midi, un de ses amis chansonnier.

Pour se divertir quotidiennement : au moins une dizaine de chaises berçantes, un foyer, des revues, un chat, un solarium très ensoleillé et bien protégé des intempéries, quelques balançoires, les marches aux alentours et les visites des familles.

Analyse des pratiques d'intervention

Selon moi, madame S. donne l'âme et la couleur à cette maison pour aînés. Toutes ses actions partent de ses valeurs à elle, sans doute les mêmes avec lesquelles elle a élevé sa famille. Pour Sylvie, le vieillissement est un processus normal qui fait partie de la vie ; il faut « faire avec ». Elle essaie le plus possible de prendre la vie en riant et de faire partager sa bonne humeur à sa clientèle.

Lors de mon premier contact téléphonique avec madame S., elle m'avait mentionné qu'elle voulait que je sois choquée en entrant chez elle. Les personnes âgées sont bien choquées, elles, de découvrir leurs incapacités et leur état de dépendance. Madame S. les comprend et les accepte tels qu'ils sont.

Tout au long de mon immersion, j'ai pu remarquer qu'elle parle beaucoup avec eux et qu'en même temps, elle respecte aussi leurs silences. Je l'ai vue, après avoir changé la couche d'une personne âgée, regarder intensément cette personne, lui brosser les cheveux tendrement et ce, avec un magnifique sourire. Cette cliente, en phase avancée de la maladie d'Alzheimer, ne communique plus que par des rires et des sons.

De plus, on sent beaucoup de calme en madame S.. Elle n'essaie pas de tout faire en même temps : pendant qu'elle s'occupe d'une personne, elle peut parler à une autre pour la rassurer et lui expliquer que lorsqu'elle aura terminé, elle viendra s'occuper d'elle. Aucune impatience dans sa voix. J'ai vu de la tendresse lorsqu'elle a caressé les pieds d'une autre pour la réveiller. J'ai senti beaucoup de patience lorsqu'elle faisait la barbe du monsieur et qu'il lui a demandé trois fois de repasser au même endroit parce que ce n'était pas assez ras ; elle riait en lui disant qu'elle était allée à la limite du rasoir.

Pour Madame S., chercher à connaître les particularités d'un résident est indispensable. Par la suite, elle ne manquera pas de lui signifier ses préférences et de souligner qu'elle en tient compte. Je peux donner comme exemple qu'en préparant le linge d'une dame un peu frileuse le matin, elle lui a dit : « Je vous ai choisi deux beaux chandails pour bien vous tenir au chaud, comme vous l'aimez. »

Pour donner un milieu de vie réaliste aux personnes âgées, madame S. trouve nécessaire de les situer au cours de la journée et de la semaine. Par exemple, elle ouvre la radio lors du repos de l'après-midi pour ceux qui sont moins conscients afin qu'ils puissent « réaliser » la différence entre la sieste de l'après-midi et le coucher du soir. En ont-ils vraiment conscience ? Elle le croit. Pour la même raison, dans la pièce commune, il y a un tableau sur lequel sont indiqués le jour, la date et si une activité particulière est prévue pour la journée.

Madame S. veut apporter du bien-être aux gens. Je ne crois pas que les personnes âgées y soient infantilisées. Elle essaie plutôt de les faire participer au maximum de leurs capacités. Dans la mesure du possible, elle change les couches debout. Elle place, plus loin un fauteuil roulant, pour inciter une personne qui ne marche presque plus à faire quelques pas. Les médicaments sont laissés devant le couvert de chacun à table, et il doit les prendre lui-même.

Au niveau des soins, madame S. me semble entourée que de très peu de gens pour l'aider. Ainsi, B., une employée, vient deux fois par semaine, les mardis et vendredis, pour l'aider aux bains. De plus, c'est elle qui prend la relève à toutes les fins de semaine ainsi que lorsque madame S. et sa famille partent en vacances. À l'occasion, une amie de Madame S. vient lui apporter de l'aide pour le quotidien. Une voisine à la retraite est, quant à elle, responsable de ranger le garde-manger et donne un coup de main pour cuisiner des desserts.

Je considère important de préciser qu'il m'a été difficile dans ce milieu privé de questionner la propriétaire pour obtenir toutes sortes d'informations. J'ai parfois eu l'impression qu'elle se sentait évaluée, jugée. À la lumière de mes observations, et à la suite de quelques commentaires, je suis quand même en mesure de mentionner quelques forces et faiblesses.

À mon avis, la plus grande force de cette résidence, c'est son parallèle avec la vie familiale. Grâce à la grande cuisine ouverte et centrale, on sent tout au long de la journée un va-et-vient tranquille. Les personnes âgées qui le veulent participent à cette vie (plier le linge, le départager, essuyer la vaisselle, la ranger, jouer aux poches avec le jeune garçon…). La pièce commune étant en face de la cuisine, les clients moins conscients peuvent quand même avoir l'impression d'être impliqués dans la vie quotidienne. Que madame S. prépare les repas, qu'elle fasse une brassée de lavage, qu'un fournisseur livre la commande ou qu'une amie vienne l'aider… les résidents sentent constamment la vie autour d'eux.

Un autre aspect que j'ai remarqué est que cette propriétaire aime la vie et ne se gêne pas pour faire partager ses petites passions à sa clientèle : que ce soit la lumière du jour, sa joie de vivre ou encore son goût pour les nouvelles recettes. Elle attache beaucoup d'importance à la bonne alimentation pour les personne âgées. Ses menus variés qui s'échelonnent sur au moins cinq semaines en témoignent. Elle y accorde une grande place aux légumes et aux pains variés (son, blé entier, lin, etc.). Elle est toujours à l'affût des commentaires.

Madame S. aime s'entourer des mêmes personnes. Ceci est un avantage car cela donne une continuité et contribue certainement à sécuriser les aînés de la résidence.

J'ai aussi été frappée par le calme que l'on ressent dans cette maison. De plus, j'y ai vu beaucoup de sourires. Plusieurs des gens rencontrés cherchaient à entrer en relation, en contact avec moi. Une dame de 88 ans me disait souvent comment elle était bien traitée, que la nourriture était délicieuse et qu'elle mangeait plus qu'à sa faim.

Quant aux faiblesses, je les vois peut-être plus au niveau de la sécurité. Présentement, les gens ne semblent pas avoir de besoins nécessitant une présence constante auprès d'eux. Est-ce toujours ainsi? Que se passerait-il s'il y avait une urgence? Est-ce que quelqu'un est en mesure de prendre la relève facilement? Son employée me semble avoir à peine vingt ans, est-elle vraiment apte à prendre la relève pendant toute une semaine? Elle n'a aucune formation particulière.

Je m'interroge aussi sur l'idée de placer les médicaments d'avance dans la cuillère de la personne âgée. Avec onze personnes, comment s'assurer que chacune prend bien les bons médicaments, qu'elle n'en a pas oubliés. Après le repas, j'ai trouvé un comprimé par terre; je me suis fait dire que ce n'était pas grave, «qu'il» prendra le prochain.

Madame S. ne porte jamais de gants. Elle met de l'eau de Javel partout, même dans l'eau de vaisselle, mais je l'ai vue laver le tour de la toilette et ensuite nettoyer les robinets et l'évier!

Les couches sont changées à quel rythme?

Réflexion personnelle sur l'expérience vécue

Pour mon travail d'immersion, j'ai choisi d'aller dans un milieu de vie dans lequel mes parents pourraient se retrouver un jour. Mon rôle s'est résumé à aider au réveil, pousser des fauteuils roulants, aider à l'habillement, vider et laver des sièges d'aisance, préparer le repas, faire manger une cliente, faire la vaisselle et bien sûr «faire du salon».

Dès le départ, j'ai senti beaucoup d'intérêt et d'ouverture de la part des personnes âgées. Elles me regardaient intensément, elles prenaient le temps de me sentir, de m'accueillir. C'est comme si elles avaient besoin de me situer. Je me suis souvent fait poser la question «Es-tu la fille de S.?» «Sa nièce?». Elles m'ont fait confiance rapidement: Un homme qui a fait deux arrêts cardiovasculaires, est venu à deux reprises à côté de moi, m'a regardée, pour ensuite fixer au loin son regard et me dire avec tristesse: «Si vous m'aviez vu avant...».

Madame S. m'avait dit vouloir que je sois choquée... Eh bien! je l'ai été. Choquée la première fois, en arrivant l'après-midi, de voir sept ou huit dames, alignées dans le salon à se bercer, endormies ou le regard perdu dans le vide... Choquée aussi, le matin suivant quand je suis entrée dans la chambre d'une

personne âgée pour la réveiller, que j'ai sentie une odeur forte et acide, que j'ai vu ce grand corps couché tenant dans ses bras un toutou en peluche... J'ai été choquée de voir, et j'ai été choquée de ma réaction et d'avoir pensé : « mais dans quoi je me suis embarquée ».

Ma plus grande zone d'inconfort, tout au long de cette journée, a été cette odeur qui, même après avoir lavé et changé les personnes, me restait collée au nez. J'avais l'impression que mon linge, mes cheveux sentaient l'urine. Je n'ai pu m'empêcher de prendre un bain moussant en arrivant à la maison. Une autre zone d'inconfort : une vieille dame ne comprenait pas pourquoi son pantalon était mouillé. La chaise, couverte de plastique, était pourtant sèche. La pauvre dame vérifiait constamment sa chaise en se faisant la réflexion tout haut. Madame S. lui a répondu à quelques reprises : « Qu'elle ne le savait pas, que ça devait venir de celui en haut. » J'ai trouvé pas mal long le moment avant qu'elle ne décide de la rassurer et de lui expliquer que ce n'était pas grave, qu'elle allait tout simplement la changer.

Durant cette expérience, j'ai vraiment essayé de me laisser aller et les résidents m'ont apprivoisée.

Après le bain, la plupart des personnes plus autonomes retournent dans leur chambre, lisent le journal ou vont marcher. Les autres demeurent au salon, certaines regardent la télévision. Je suis allée m'asseoir parmi elles et j'ai cherché le contact. Mes yeux ont croisé plusieurs regards. L'intensité de ces regards m'a plu. J'ai aussi remarqué que tout au long de la journée, lorsque je me suis approchée d'elles pour manger ou encore pour regarder la télévision, les personnes âgées ne cherchaient pas à se tasser et à reculer. **Il y a là comme un désir de contact. J'ai aimé aussi me laisser prendre la main. Je n'ai pas senti ce geste envahissant.**

Je retiendrai longtemps ces deux anecdotes : La première a eu lieu au moment où nous étions plusieurs assises en ligne, face à face sur des chaises berçantes à se regarder. Voici que tranquillement s'amène parmi nous le chat de la maison. En une fraction de seconde, tout le monde s'est animé : l'un s'étirant le bras, l'autre la jambe ou encore chuchotant « minou, minou ». Chacun tentait d'attirer l'attention du chat. Le félin se promenait tout doucement de l'une à l'autre, s'arrêtait, pour ensuite repartir de plus belle en se frottant le derrière le long de ces pieds grouillants. Un réel moment de bonheur, de vie et de plaisir ! L'autre anecdote est survenue au moment où j'avais la responsabilité de faire manger une cliente. C'était difficile parce qu'elle voulait toujours le faire elle-même, toucher les choses de l'autre dame vis-à-vis, prendre son bol et le renverser. À un moment donné, elle a pris ma main placée sous son menton, l'a portée à sa bouche et m'a croqué les doigts. Sur le coup, j'ai été surprise, ne sachant pas trop comment réagir. Tout le monde me regardait. Pour m'en sortir, je me suis mise à rire et je lui ai tout simplement dit qu'elle devait avoir très faim, que ma main n'était peut-être pas la meilleure chose à manger et que j'étais mieux d'aller un peu plus vite pour la satisfaire.

Cette immersion m'a fait, et me fait encore réfléchir beaucoup. Contrairement à mon idée de départ d'aller servir des repas ou de faire une activité avec des personnes âgées pour les aider, j'ai plutôt choisi d'aller observer et de m'impliquer dans un milieu de vie substitut, un milieu qui pourrait bien en être un où mes parents, ma belle-mère ou moi-même pourrions nous retrouver à un moment de notre vie. Je voulais être confrontée à ce qui m'attend.

À mon arrivée à « La maisonnée », j'ai tout de suite pensé que ce n'était pas juste pour ces personnes de finir leur vie assises bêtement à se bercer devant un téléviseur. Je pensais que tous les aînés devaient avoir la possibilité d'aller dans une résidence avec services médicaux, activités, sécurité. Aujourd'hui, je vois les choses de façon un peu plus nuancée.

En fait, la plupart des gens de cet âge n'ont pas vécu une vie avec toutes sortes d'activités. Chez Madame S., ils se retrouvent donc dans un milieu semblable à ce qu'ils ont connu, qui leur ressemble, et avec des valeurs probablement proches des leurs. *Étant de plus intégrés à la vie familiale, les aînés font partie de cette vie quotidienne : une maison à entretenir, les enfants qui bougent, les repas à préparer, un peu de visite... La vie est simple finalement. Je réalise combien mon jugement premier de considérer leur vie « bien plate » correspondait à mes valeurs personnelles. Si je m'arrête et me regarde, honnêtement, certaines journées, moi aussi je peux m'asseoir avec mon café et mes revues... et je me dis même que je devrais faire ça plus souvent.*

Je retiens pour mon travail futur, qu'un milieu de vie substitut doit tenir compte des besoins et correspondre le plus possible aux valeurs de la personne âgée à être placée. Je ne devrai jamais perdre de vue ses désirs à elle. Ce qui convient à une personne peut être inadéquat pour une autre. Bien entendre ce que me dit ou essaie de me dire une personne âgée. Ne pas me limiter uniquement à ce qui m'est transmis par ses proches.

Je retiens aussi de cette expérience, de prendre le temps de chercher à comprendre l'individu derrière la maladie, la démence ou tout simplement le vieillissement. Essayer d'être à l'écoute, de prendre conscience des pertes qu'il a à subir, des deuils qu'il a à vivre et à surmonter. Son image, son estime de soi et son autonomie en prennent un coup. Même si les symptômes peuvent être semblables d'une personne à l'autre, toutes ne le vivent pas nécessairement de la même façon.

Les personnes âgées ont tout leur temps et, en même temps, n'en ont plus beaucoup. J'ai eu l'impression qu'elles cherchent d'instinct à favoriser des moments privilégiés.

1.3. POSITIONS DES ACTEURS DES RÉSEAUX PUBLIC ET PRIVÉ

Cette dernière partie du premier chapitre tente de cerner la position des principaux acteurs des réseaux public et privé directement touchés par la situation actuelle de l'hébergement privé, particulièrement celle des résidences privées non agréées. Le point de vue du ministère et du réseau public, de même que celui des intervenants sociaux impliqués dans l'orientation et le placement des personnes âgées, y est présenté. Pour ce qui est du point de vue des propriétaires de résidences privées et des aînés (des résidents), l'analyse s'appuie sur la position des associations qui les représentent.

1.3.1. LE MINISTÈRE ET LE RÉSEAU PUBLIC

Il est difficile de dégager de cette analyse la position de l'État sur le développement des ressources privées d'hébergement, vu l'absence de transparence dans le message. Il semble y avoir contradiction ou double message, et ce tant au regard du discours que des pratiques. Ainsi, le discours politique réaffirme son attachement à un système public fort et aux principes fondamentaux qui ont guidé sa mise en place tout en promouvant un partage de responsabilités dans le domaine de la santé et une implication croissante des autres acteurs sociaux. La Commission Rochon affirmait même en conclusion que « le recours aux ressources privées devrait demeurer marginal » (1988, p. 488). Plus récemment, le rapport Arpin (Conseil de la santé et du bien-être, 1999) sur la complémentarité du secteur privé dans la poursuite des objectifs du système de santé jugeait qu'il fallait bonifier le système de santé en y ajoutant des pratiques innovatrices et limiter la création des services privés.

Quant aux interventions ou mesures visant les ressources privées d'hébergement, elles donnent aussi lieu à deux scénarios quasi opposés. Le premier, relatif aux ressources privées agréées par le réseau public, se caractérise par un cadre d'intervention complexe et un contrôle serré de l'État dans la délégation des services d'hébergement. Le second scénario, qui concerne les résidences privées en marge du réseau, se distingue par son laisser-faire. Le commentaire du Conseil de la santé et du bien-etre, dans un document intitulé *Évolution des rapports public-privé dans les services de santé et services sociaux* (1997), s'applique bien au contexte de l'hébergement :

> En somme, pour dire les choses clairement, l'État a jusqu'à maintenant suivi la logique du tout ou rien : une régulation forte pour les services assurés publiquement et une absence quasi totale de régulation pour les services privés autres que ceux offerts par les

membres des corporations professionnelles. Les développements récents mettent en cause cette façon de faire. (Conseil de la santé et du bien-être, 1997, p. 13)

Ce dilettantisme étatique à l'égard des résidences privées est aussi attribuable aux faibles réalisations concrètes de la réforme de la santé (Côté, 1990) qui a coïncidé avec la pire crise économique qu'a connue le Québec (OCDE, 1996). Les résultats sont plus que mitigés en ce qui a trait à l'augmentation du nombre de places en soins de longue durée et en ressources intermédiaires ou agréées. Il en est de même pour le développement des services de soutien à domicile pour les personnes âgées en résidences privées (Côté, 1990, p. 26). Touchés par les compressions amorcées en 1992, les CLSC subissent d'énormes pressions pour soutenir le virage ambulatoire et assurer les services courants et intensifs (Conseil de la santé et du bien-être, 1997). Il semble dans les faits que la clientèle en perte d'autonomie vivant dans le secteur privé d'hébergement, bien que son admissibilité aux services de soutien à domicile ait été réaffirmée dans les orientations ministérielles (MSSS, 2001), soit délaissée au profit de celle vivant seule à domicile. Finalement, la mesure prévoyant que « les personnes âgées puissent recevoir une allocation directe leur permettant d'acheter elles-mêmes les services d'aide à domicile requis » (Côté, 1990, p. 27) est restée lettre morte.

Malgré ce contexte difficile, on ne peut que s'étonner du mutisme du ministère de la Santé et des Services sociaux devant l'expansion d'un secteur marchand hébergeant des personnes de plus en plus âgées et dont certaines présentent des incapacités fonctionnelles importantes. Bien que le système de santé fonctionne suivant un modèle de gestion décentralisée, c'est au ministère que revient la responsabilité de définir la place que doit occuper l'État et, par conséquent, celle du secteur privé et communautaire. Faut-il interpréter ce « silence permissif » des autorités ministérielles (Brissette, 1992a) comme une acceptation tacite ou une complicité camouflée de cette forme de privatisation ?

Compte tenu de l'ampleur du phénomène, le gouvernement provincial annonçait dans son plan d'action triennal 2001-2004, *Le Québec et les aînés : engagés dans l'action*, son intention d'aller de l'avant avec un « projet mobilisateur sur les résidences privées » (Gouvernement du Québec, 2001, p. 20-30) [16]. Abordées sous l'angle de la problématique de l'adaptation du logement, les actions privilégiées s'inscrivent dans une perspective de normalisation-réglementation. Le projet prévoit notamment la mise en

---

16. Nous aurons l'occasion d'analyser les nouvelles mesures annoncées dans le chapitre 2 (section 2.1) relatif aux enjeux éthiques et juridiques en présence.

œuvre d'un programme volontaire d'appréciation de la qualité des résidences (confié au comité interministériel sur le logement) et l'octroi d'un
pouvoir habilitant les municipalités à fixer des normes de construction et
d'aménagement. Or, les résidences privées ne constituent pas seulement
un logement dont l'environnement physique et humain doit être adapté
aux aînés, mais de plus en plus une ressource d'hébergement qui dispense
des soins de base quotidiens, de l'assistance et des services variés à des
personnes âgées en perte d'autonomie. Le document reconnaît la responsabilité du MSSS à l'égard des clientèles vulnérables, mais les mesures
retenues restent nébuleuses à ce chapitre : « mise en place de mécanismes
de concertation et de collaboration [...], conditions facilitantes [...] » Les
régies régionales et les établissements de santé et de services sociaux, dans
leurs relations avec les résidences privées, risquent donc encore d'être
confrontés à un flou juridique et à un manque d'outils d'intervention. Il
en est de même pour les intervenants sociaux engagés dans l'orientation
et le placement des personnes âgées ne pouvant demeurer à domicile.

1.3.2.   LES INTERVENANTS TERRAIN : LES TRAVAILLEURS SOCIAUX

Le rôle du travailleur social dans l'orientation et le suivi des personnes
âgées nécessitant des services d'hébergement est grandement affecté par
les transformations majeures du réseau. Le travailleur social en milieu hospitalier ou transitoire, confronté à une augmentation des demandes, dispose
d'un délai plus court pour y répondre, subissant les pressions pour libérer
les lits. Or la clientèle desservie présente des problématiques multiples : le
diagnostic posé est sévère ou critique, la situation familiale et économique
est précaire, la personne affiche un certain degré de vulnérabilité (Association des praticiens de service social en milieu de santé, 1996).

Dans sa recherche du milieu de vie le plus adéquat possible pour
répondre au besoin de sa clientèle âgée ne pouvant être maintenu à
domicile, l'intervenant se heurte au resserrement des critères d'accès à
l'institution publique et à la rareté des ressources intermédiaires ou de
type familial. Il éprouve un malaise certain à orienter des personnes fragilisées vers les résidences privées à cause du manque de contrôle de la
qualité des soins dans ces milieux et du peu de temps dont il dispose pour
assurer un suivi. À la limite, un tel recours au secteur privé sans permis
pourrait être qualifié d'illégal. L'Association des centres de services
sociaux du Québec (ACSSQ) publiait en 1989 un rapport intitulé *Les
résidences d'hébergement privées non agréés : de la tolérance à l'intervention* qui
reconnaissait l'existence d'un réseau parallèle qui héberge des personnes
ayant besoin de soins. Le document soulignait l'inexactitude du terme
« foyer clandestin » puisque ces résidences « fonctionnent au vu et au su

de tous» et «que les intervenants en établissement y ont fréquemment recours». Un peu plus loin, les auteurs ajoutent: «le gouvernement lui-même est loin d'ignorer la situation».

Quelques années plus tard, en 1992, la Corporation professionnelle des travailleurs sociaux émet un avis «plutôt technique» pour guider les intervenants dans leurs références croissantes aux résidences privées, recommandant de ne pas y adresser des gens isolés souffrant de déficits cognitifs.

Le travailleur social se trouve devant un véritable dilemme, hésitant entre les impératifs du réseau et les besoins de ses clients âgés, et n'a d'autre choix que de faire appel au privé. Afin de discuter et d'illustrer cette tendance, une étude exploratoire a été réalisée auprès des clientèles âgées en perte d'autonomie ayant séjourné dans une unité de courte durée gériatrique en CHSLD ($n = 275$). Les résultats révèlent que la résidence privée constitue le milieu d'orientation le plus sollicité (32 %), suivi du domicile avec services (24 %) et du CHSLD (19 %) (Charpentier, Delli-Colli et Dalpé, 2000).

Comment dès lors choisir la «bonne» résidence? Certains collègues se déchargent de cette responsabilité en renvoyant leur clientèle aux agences privées de placement, d'autres suggèrent deux ou trois ressources qui ont apparemment bonne réputation (Charpentier, 1999, p. 227). Des travailleurs sociaux nous ont confié que des propriétaires leur ont offert de l'argent chaque fois qu'ils aiguilleraient une personne âgée vers leur résidence. Cette anecdote illustre jusqu'à quel point la logique du marché soulève des enjeux éthiques et professionnels, surtout lorsque les règles régissant les rapports «privé-public» ne sont pas clairement établies.

Si les travailleurs sociaux connaissent bien la problématique des résidences privées et y sont confrontés au quotidien, ils n'ont pas ravivé le débat depuis 1990. Acceptation passive? Désinvestissement social? Manque de courage politique?

1.3.3. LES PROPRIÉTAIRES DE RÉSIDENCES PRIVÉES

Les tenants du secteur privé dans le domaine de la santé et de l'hébergement prônent l'efficacité de sa gestion et vantent les vertus d'une libre concurrence qui aurait par ricochet un effet d'entraînement sur le secteur public. Ils soutiennent que ni le public ni le privé n'a le monopole de la qualité des soins et services et que les deux secteurs peuvent être frappés d'incompétence, devenir bureaucratisés, connaître une gestion financière inadéquate et une action syndicale inappropriée[17]. Un discours qui sait faire ressortir les maux du système public !

Récemment au Québec, les associations de propriétaires de résidences privées ont conclu une alliance stratégique pour former l'Association des résidences pour retraités du Québec (ARRQ)[18]. La nouvelle association regroupe près de 400 résidences qui offrent plus de 28 000 unités de logement ou chambres. Les propriétaires se sont ainsi donné une voix commune auprès du gouvernement afin d'obtenir une reconnaissance officielle et clarifier le type de collaboration à établir avec le réseau public et communautaire. Au congrès annuel du RRRQ en 1997, la déclaration de la présidente reflétait son exaspération devant l'absence de position du MSSS :

> Plusieurs attendent encore la position du ministère. À ceux-là, je dis : Cessez d'attendre ! Les solutions d'avenir, c'est avec votre régie régionale et vos partenaires locaux que vous allez les élaborer.[...] Qu'avez-vous à offrir ? Quelles sont vos critères de qualité ? Prenez votre place ! (Guilbeault, 1997)

Le conseil d'administration de la nouvelle association a statué sur les dossiers qu'il entend défendre, parmi lesquels on retrouve l'accréditation des résidences privées, les services à domicile aux locataires dans le besoin et un moratoire sur le développement des RTF (résidences de type familial). Alors que l'entreprise privée est traditionnellement réfractaire à la réglementation, l'ARRQ souhaite que soit imposé un permis d'opération de résidence privée « pour mettre fin à l'anarchie » (ARRQ, *La Résidence*, 1999, p. 3). Le communiqué précise qu'il y a « bien peu de secteur où il est possible d'opérer sans permis » et qu'un minimum de contrôle est nécessaire. L'ARRQ prône la qualité des résidences et veut inscrire ces dernières dans le continuum des services aux personnes âgées. L'article qu'elle a produit pour le présent ouvrage est éloquent à cet égard (voir en annexe).

Plus précisément, l'ARRQ recommande qu'une corporation indépendante, et non le MSSS et ses instances, soit habilitée à émettre et à révoquer les permis. Faut-il voir dans cette recommandation une méfiance certaine face au MSSS ou une intention de minimiser les normes exigibles, afin de les limiter aux caractéristiques du bâtiment, et d'exclure celles touchant la qualité des soins et services ? L'Association soutient par ailleurs

---

17. Ces propos ont été tenus par un propriétaire, C. Hunt, dans le cadre de la conférence nationale *Nursing homes and retirement homes*. The Canadian Institute, 25 novembre 1986. « *An alternative is needed to full public system to allow comparison and evaluation* [...] *and permits policy makers to consider options based on performance*»
18. Il s'agit du RRRQ (Regroupement des résidences pour retraités du Québec) et de l'ARPAQ (Association des résidences pour personnes âgées du Québec).

que l'accessibilité des soins et services aux personnes âgées en perte d'autonomie est sous la responsabilité de l'État ; elle revendique la mise en place d'une « allocation directe de dépendance semblable à celle octroyée aux personnes handicapées et aux anciens combattants » (ARRQ, *La Résidence*, 1999, p. 3). On comprend dès lors que les propriétaires de résidences privées valorise la libre concurrence entre les divers dispensateurs de services (CLSC, organismes communautaires, agences privées) et espèrent ainsi bénéficier d'une aide financière pour offrir l'assistance et les soins à leurs résidents en perte d'autonomie.

De plus, est-il nécessaire de s'opposer aussi énergiquement au développement des RTF, vues comme une concurrence déloyale[19] ? L'ARRQ parle de travail au noir développé et subventionné par l'État. Si les propriétaires de résidences privées souhaitent aussi bénéficier des indemnités quotidiennes (per diem) versées aux RTF en fonction de la lourdeur de la clientèle hébergée et être exemptés de certaines règles en matière de fiscalité, ils n'apprécieraient certes pas de se voir imposer une tarification mensuelle de location et une réduction du nombre de locataires.

1.3.4. LES ASSOCIATIONS DE PERSONNES ÂGÉES

Comment se situent les associations de personnes âgées dans ce contexte où le secteur privé sans permis constitue la principale ressource d'hébergement au Québec ? Dans un article intitulé « L'évolution des services de santé et des services sociaux : la réaction des groupes d'aînés québécois », Sévigny et Hurtubise (1997) analysent les positions et les discours des groupes de personnes âgées à partir des mémoires qu'ils ont soumis aux différentes commissions parlementaires et instances publiques. Leurs travaux démontrent que les associations québécoises considèrent que l'État doit jouer un rôle central dans la réponse aux besoins des aînés.

En ce qui concerne la place du secteur privé d'hébergement à but lucratif, l'Association québécoise de défense des droits des retraités et des préretraités du Québec (AQDR) se prononçait clairement contre cette solution, et ce dès 1979 dans son « Manifeste vieillir chez soi » où elle dénonçait les risques d'abus et de mauvais traitements (Sévigny et Hurtubise, 1997, p. 131). De leur côté, les associations anglophones, dont le NDG Seniors Citizens Council, se montraient plus ouvertes à l'expansion des résidences privées pour personnes âgées. Elles recommandaient à la

---

19. Les RTF sont des ressources agréées ne pouvant héberger que neuf résidents ou moins et dont les revenus ne sont pas réputés constituer un moyen de faire des profits (voir section 1.2.1.2.).

Commission Rochon de ne pas ignorer le secteur privé mais jugeaient essentiel l'établissement de normes pour éviter d'engendrer un double système : un pour les pauvres et un autre pour les riches. Après avoir analysé l'ensemble des documents produits par les diverses associations, les auteurs de l'article concluent : « [...] aucun groupe n'adhère à la vision néolibérale qui compte sur les lois du marché pour régulariser les rapports sociaux. Les groupes d'aînés misent avant tout sur l'intervention de l'État et sur la force du communautaire » (1997, p. 141).

Préoccupée par l'absence d'intervention de l'État dans le dossier des résidences privées pour personnes âgées, la Fédération de l'âge d'or du Québec (FADOQ) a institué un programme d'accréditation volontaire appelé « Roses d'Or ». Inspiré du modèle de l'hôtellerie (*star system*), ce projet vise à évaluer les résidences d'un territoire à partir d'un ensemble de critères d'appréciation. Un bottin des résidences répondant aux critères est publié afin d'aider et de guider les personnes âgées dans la recherche d'une ressource d'hébergement. Ayant accepté de contribuer au présent ouvrage, la FADOQ vient faire état, dans son avis reproduit en annexe, des développements récents du programme Roses D'Or qui a été retenu par le comité interministériel responsable de la réalisation du « Projet mobilisateur sur les résidences privées » à l'échelle provinciale. Bien que prometteur et venant combler un vide important, ce projet pilote se heurte à certains obstacles.

D'abord, le caractère volontaire de la participation des résidences limite grandement sa portée. Il est fort probable que les résidences participantes soient celles qui sont les plus soucieuses du bien-être de leurs résidents et que, conséquemment, celles qui sont de moins bonne qualité s'inscrivent peu ou pas. Par surcroît, les résidences dont la qualité a été jugée insatisfaisante ne figurent pas dans le bottin des ressources. Les personnes âgées et les intervenants ne peuvent donc pas être informés des milieux problématiques ou « abuseurs ». Les appréciations risquent aussi d'être rapidement désuètes en raison des changements fréquents qui surviennent dans ces milieux (faillite, vente de la résidence, fluctuation du taux d'occupation). La principale réserve concerne le fait que l'appréciation ne tient pas compte de la réponse aux besoins de services et de soins des résidents en perte d'autonomie physique et cognitive, véritable enjeu de ce secteur. Or, nous estimons à cet égard que la FADOQ a fait preuve d'une sagesse certaine en restreignant son champ d'action. Il en est autrement si ce programme est promu et porté à l'échelle provinciale par le gouvernement comme le prévoit le « projet mobilisateur sur les résidences privées » (Gouvernement du Québec, 2001). Cette question soulève celle de la mission, de la compétence et surtout de l'habilitation d'un organisme chargé de l'évaluation et du contrôle de la qualité des soins et services aux personnes en perte d'autonomie.

Cette analyse de l'évolution de l'hébergement privé au Québec et de l'expansion récente des résidences privées non agréées fait resurgir les questions relatives à l'accès et à la qualité des soins et services d'avant la réforme Castonguay-Nepveu. L'héritage historique des services privés de santé et des hospices laisse des souvenirs inquiétants (Vaillancourt *et al.*, 1987). Or, la poussée du secteur marchand dans l'hébergement survient dans un contexte social, politique et juridique où les droits fondamentaux des personnes sont largement reconnus, voire protégés. Y a-t-il discordance entre les principes et leur application dans le contexte de l'hébergement des personnes âgées ?

> Dans le contexte de l'enveloppe budgétaire limitée et face à l'augmentation de la demande résultant des besoins de santé, il est difficile de ne pas percevoir un réaménagement de la demande sans y voir un recul face aux principes et surtout aux idéaux qu'ils représentaient. C'est ici que le problème éthique du rôle qu'a l'État d'assurer des choix de société devient incontournable. (Legault, 1990, p. 366)

C'est à l'aune des droits fondamentaux garantis par les Chartes et en fonction des principes de justice fondamentale que nous entendons évaluer le cadre actuel régissant les résidences privées et discuter du rôle régulateur de l'État.

2

LES ENJEUX SOCIAUX, ÉTHIQUES ET JURIDIQUES RELIÉS AU DÉVELOPPEMENT DES RÉSIDENCES PRIVÉES
Le rôle régulateur de l'État

Le chapitre précédent nous laisse sur un paradoxe. Alors que la société québécoise entretient historiquement une méfiance certaine à l'endroit d'un secteur privé lucratif dans le domaine des services aux personnes et des soins, les résidences privées pour personnes âgées connaissent depuis quelques années une croissance spectaculaire. Ce laisser-faire des autorités publiques doit-il se concevoir comme le produit d'un choix réfléchi, comme un compromis social acceptable ? Faut-il plutôt y voir une omission d'agir, les personnes âgées, particulièrement celles vivant en milieu d'hébergement, n'étant pas d'emblée des citoyens qui attirent l'attention sur leur sort et qui revendiquent haut et fort leurs droits ? D'ailleurs, comme par le passé, l'étalement au grand jour, soit la média-tisation, de cas d'abus est venu alerter l'opinion publique et a fait resurgir la question des mauvais traitements envers les personnes âgées hébergées. Signe des temps, c'est la problématique de la maltraitance en milieu d'hébergement qui a dominé les audiences publiques sur l'exploitation des personnes âgées tenues récemment par la Commission des droits de la personne et des droits de la jeunesse (2001). Nombreux sont les groupes d'intérêts et associations qui se sont dits préoccupés, voire inquiets, des effets des transformations du réseau de la santé : coupures budgétaires, fusions d'établissements, alourdissement des clientèles, ressources insuffisantes et forte expansion du marché des résidences privées. Il y a émergence d'un discours favorable à une réglementation des résidences privées, à l'imposition de normes.

Le moment s'avère par conséquent opportun de questionner le rôle de l'État dans la régulation des résidences privées. Sur quelles assises théoriques faire reposer une telle réflexion ? Deux approches sont possibles : l'une insistant sur la fonction et les moyens à mettre en œuvre et l'autre sur les finalités de l'intervention publique (Rocher, 1996 ; Dumont, 1994). C'est cette dernière qui, s'inscrivant dans la perspective du citoyen âgé concerné, est privilégiée ici. Avant de définir la nature des interventions étatiques, il importe de s'interroger sur leur pertinence et leur légitimité. Faut-il réguler les résidences privées pour personnes âgées ? La démarche exige d'abord de se pencher sur la vulnérabilité des personnes âgées concernées et sur les rapports de dépendance existant dans le contexte de l'hébergement. Elle passe ensuite par l'identification de valeurs et d'une éthique sociale qui justifieraient l'intervention de l'État.

2.1. ANALYSE DES ENJEUX ÉTHIQUES ET JURIDIQUES EN PRÉSENCE

Dans une société dite libre et démocratique, les droits fondamentaux de la personne constituent une norme suprême qui établit les règles s'imposant à l'ensemble des autorités publiques. La question est de savoir si le cadre actuel régissant les résidences privées garantit aux résidents âgés le respect des valeurs fondamentales de liberté individuelle, de qualité de vie, d'accès aux soins et de protection contre les abus (Delpérée, 1991 ; Baudoin, 1996). Cette analyse, dite sociojuridique (Poirier, 1991 ; Molinari, 1996), ne s'intéresse pas à la légalité des mesures actuelles (en termes d'instances habilitées et de champs de juridiction), mais bien aux effets de leur application, à leur adéquation. Mais devant les conflits qui peuvent surgir entre les droits individuels d'une part et les droits collectifs d'autre part, et la pluralité des valeurs en présence, lesquels doivent avoir préséance (Baudoin, 1996) ? Où se situer, trouver le juste équilibre entre liberté individuelle et sécurité sociale, entre le droit à l'autodétermination des personnes âgées et le besoin de protection des plus vulnérables ? En nous appuyant sur une perspective d'éthique publique, nous nous proposons d'examiner sommairement dans la dernière section de ce chapitre les principes établis par trois grandes théories du droit que sont l'utilitarisme, le libéralisme et la théorie de la justice sociale afin de choisir celle qui propose le cadre d'arbitrage le plus approprié au contexte de l'hébergement privé.

2.1.1. LA VULNÉRABILITÉ DES RÉSIDENTS ÂGÉS

2.1.1.1. Le concept de vulnérabilité

Être vulnérable, c'est être *susceptible d'être blessé, d'être attaqué* ou encore être *faible, défectueux* (Larousse, 1992). Selon *Le petit Robert,* une personne vulnérable est quelqu'un « qui se défend mal ». La question est de savoir qui, parmi le personnes vivant en résidences privées, est vulnérable, et vulnérable à quoi ?

Dans un document préparé pour Santé Canada, Hanley (1996) soutient que la notion de risque, définie comme *la probabilité de subir un dommage,* une *possibilité de danger,* est plus précise que celle de vulnérabilité. L'épidémiologie y fait d'ailleurs largement référence pour calculer, en termes statistiques, les risques associés à une issue négative, soit dans ce cas-ci des mauvaises conditions de vie en résidence privée ou des soins inadéquats. Le concept de vulnérabilité, bien qu'il ne se calcule pas, nous apparaît comme celui qui colle le mieux à la réalité que nous tentons de décrire : il est plus discursif.

À cause des stigmates associés à l'âge, il y a toujours un malaise à aborder parallèlement les notions de vulnérabilité et de vieillissement. Il importe donc de préciser que le fait d'être une « personne âgée », d'avoir 60, 65 ou 78 ans, ne rend pas en soi une personne vulnérable. En revanche, ne pas reconnaître les deuils, les situations d'isolement et les incapacités physiques et cognitives qui affectent les gens plus âgés, c'est omettre de tenir compte d'une certaine réalité du vieillissement. Il y a dans la mode actuelle du « Liberté 55 », du « *successfull aging*» et du pouvoir gris, un certain déni de la fragilité, de la maladie et de la capacité affaiblie de se défendre avec l'avancement en âge (Commisson des droits de la personne et des droits de la jeunesse, 2001). À l'opposé, les données démographiques sur le vieillissement de la population et ses conséquences économiques ont longuement et grandement contribué à donner une image négative de la vieillesse, l'associant presque forcément à la décrépitude et à la dépendance (Attias-Donfut, 1997). Or, selon les données de l'enquête sociale et de la santé 1992-1993, un homme et une femme atteignant l'âge de 65 ans peuvent espérer vivre respectivement encore 15,5 et 20,1 années dont la majorité se vivront sans perte d'autonomie. C'est surtout au cours des dernières années de vie que les personnes âgées seront sujettes à des incapacités, pouvant aller de légère à très lourde, et conséquemment plus enclines à recourir à l'hébergement (Enquête sociale et de la santé, 1995, p. 298). Or, même dans ces circonstances, il est possible de vivre activement son âge, et son grand âge, avec ses forces et ses faiblesses et d'exercer son autodétermination. Spencer (1996) insiste sur le fait que les préjugés font en sorte que si l'on accepte qu'une personne prenne des risques dans la vie, on a tendance à nier ce droit aux personnes âgées. Dans certains cas, la société mettra même en doute leur jugement et leur capacité de discernement pour contrer l'exercice de leur liberté de choix ou autonomie décisionnelle, de leur droit de prendre des risques.

Cela dit, le quatrième âge, qui désigne les gens de plus de 75 ans par opposition à ceux du troisième âge (les jeunes vieux), sans être défini exclusivement comme une période de pertes, constitue un facteur de vulnérabilité à cause du processus de vieillissement. Le pourcentage de gens âgés de 75 ans et plus, qui était resté assez stable jusqu'en 1960, a atteint 45 %, constituant maintenant près de la moitié de la population des 65 ans et plus. En 2036, les 75 ans et plus formeront 12 % de la population totale et le nombre de grands vieillards (85 ans et plus) se sera multiplié par 24 depuis 1951 (Desjardins et Dumas, 1993, p. 14). Les processus de sénescence des cellules et des tissus qui accompagnent le grand âge induisent non seulement une vulnérabilité plus grande de l'organisme mais déclenchent aussi l'apparition de déficiences (Hébert, 1996, 1999). Les incapacités et déficiences sont des facteurs de risque qui entraînent la perte d'autonomie. « Les principaux facteurs associés à la perte d'autonomie sont l'âge, les incapacités préalables, l'affect dépressif, et surtout la déficience cognitive [...] les maladies pulmonaires, les troubles de vision et d'audition » (Hébert *et al.*, 1997).

Ces facteurs d'ordre physique concernent à la fois les problèmes de santé, les déficits cognitifs, les incapacités fonctionnelles dans les AVD (activités de la vie domestique : faire ses courses, préparer ses repas, voir à l'entretien ménager) et les AVQ (activités de la vie quotidienne, telles s'habiller, se déplacer, etc.).

Le grand âge et la perte d'autonomie fonctionnelle constituent ainsi les deux principaux critères auxquels les auteurs et intervenants en gérontologie se réfèrent pour évaluer la vulnérabilité des personnes âgées (Lemke et Moos, 1994 ; Lawton, 1994 ; Spencer, 1996). Cette approche, inspirée par le modèle épidémiologique, bien que reconnaissant l'existence de facteurs de risque psychologiques (dépression), sociologiques et ambiants ou comportementaux (habitudes de vie), tend à sous-estimer l'importance de la vulnérabilité sociale. En fait, on s'intéresse aux ressources matérielles et sociales dont dispose la personne âgée pour pallier ses incapacités. Or, ces ressources sont modulées par la vulnérabilité sociale associée au vieillissement, soit notamment un faible revenu, des mauvaises conditions de logement, une sous-scolarisation et un réseau social qui s'effrite.

L'isolement social des personnes âgées hébergées accentue leur dépendance et constitue l'un des principaux facteurs associés aux risques d'abus et d'exploitation. La vie se trouve en effet tissée d'une série de dépendances variées (dépendances affectives, matérielles, financières, instrumentales, etc.) qui se rompent et auxquelles se substituent de nouvelles pourvoyances. Or, au fur et à mesure qu'on avance en âge, il se produit un effritement du réseau social qui se renouvelle plus difficilement. Le vieillissement se caractérise ainsi par une « raréfaction des substituts ». La vieillesse apparaît alors comme « un ensemble de ruptures de pourvoyances cumulatives, progressives et surtout non réversibles » (Memmi, 1997, p. 12). Les réflexions de Gagnon et de Saillant (2001) sur les concepts de dépendance et d'autonomie vont dans le même sens. Ces auteurs soutiennent que l'autonomie, « c'est de s'insérer dans un faisceau de liens », d'avoir plusieurs liens et d'être ainsi moins dépendants de chacun d'eux. Ainsi, la réponse à la dépendance n'est pas la rupture de liens, laquelle conduirait à une plus grande dépendance ou vulnérabilité : « elle réside sans doute dans une diversification des liens et support » (Gagnon et Saillant, 2001, p. 210).

En contrepartie, on peut alléguer que la valeur du réseau social ne s'estime pas uniquement en termes de quantité mais bien, et peut-être surtout, en termes de qualité des relations : la présence d'une personne significative et aidante étant déterminante. Neysmith et Macadam (1999, p. 4) rappellent que si les incapacités fonctionnelles sont perçues comme le premier signe d'augmentation des coûts de soins et de services de longue durée, les recherches ont démontré que l'indicateur le plus critique est la *présence ou non d'aidants naturels*. La littérature s'est surtout intéressée aux aidants dans le contexte de l'aide à domicile ; or ces derniers continuent aussi à exercer ces rôles lorsque la personne aidée va vivre en résidence ou en institution (Marchand, Béland et Renaud, 1994). Les aidants familiaux peuvent dispenser directement des soins (aide instrumentale), mais exercent aussi de multiples fonctions : conciliation et gestion, information, planification du futur, protection de l'image de soi et de l'identité de la personne aidée (Lavoie, 2000). À cause de l'absence ou du manque de scolarité, de nombreuses personnes âgées doivent s'en remettre aux autres pour lire leur correspondance, les aider à comprendre et remplir des formulaires (Commission des droits de la personne et des droits de la jeunesse, 2001). Mais qu'arrive-t-il aux personnes dont le réseau social est composé de personnes moins disponibles ou moins vigilantes ? L'absence de ce facteur rend plus vulnérable, et a fortiori lorsque la personne âgée dispose de peu de moyens financiers pour se payer les services requis. Or, il est connu que la pension de la vieillesse et le supplément de revenu constituent des revenus de subsistance qui placent les bénéficiaires, surtout des femmes âgées, juste en dessous du seuil de pauvreté (Myles, 1989 ; Ulysse et Lesemann, 1997).

> Chez les personnes âgées une bonne part des risques serait due à une inégalité subie plus tôt dans la vie. Les femmes âgées sont peut-être exposées à un plus grand risque d'issues négatives, comme une mauvaise santé ou un logement inadéquat, à cause de la faiblesse de leurs revenus, qui résulte principalement d'inégalités dans les systèmes économique et politique. (Hanley, 1996)

Il en découle que les principales variables retenues comme étant des facteurs de risque ou de vulnérabilité des personnes âgées en résidences privées sont les suivantes : le grand âge, la perte d'autonomie fonctionnelle (soit les déficiences ou incapacités physiques et intellectuelles), l'isolement social (un faible réseau social) et la pauvreté. Soulignons que ces facteurs avaient été retenus aussi dans l'étude de Maltais (1999 a et b) pour constituer un indice de vulnérabilité des aînés en résidences[1]. Le lecteur comprendra que le cumul de plusieurs facteurs, dits effet domino, représente une vulnérabilité plus grande que n'importe quel facteur singulier (Hanley, 1996 ; Neysmith et Macadam, 1999). Dans le cas qui nous préoccupe, plus la personne hébergée avance en âge, plus elle souffre d'incapacités physiques et psychiques, moins elle a des ressources sociales et financières, plus les facteurs de risque s'additionnent et plus « sa fragilité » augmente.

2.1.1.2. Le contexte de l'hébergement en résidences privées

> *Je crois que la vieillesse arrive par les yeux,*
> *Et qu'on vieillit plus vite à voir toujours des vieux.*
> Victor HUGO

Nous venons de discuter de la vulnérabilité chez les personnes âgées. Mais en quoi l'hébergement dans une ressource privée peut-il induire un dommage, une possibilité de danger pour le résident âgé ? Parmi les dommages et les blessures auxquels sont exposés les résidents âgés en hébergement figurent la réponse inadéquate à leurs besoins et la maltraitance ; l'ampleur des besoins et la capacité de la résidence étant en cause. Les travaux de Maltais (1999b) sur les caractéristiques organisationnelles des résidences et le bien-être des personnes âgées démontrent l'importance d'offrir des milieux de vie diversifiés en fonction des capacités et des besoins des résidents. Le fait de « casser maison » est en lui-même très anxiogène et peut entraîner d'importantes difficultés d'adaptation, de l'anxiété, de la dépression, allant même jusqu'au suicide (Pinard et Landreville, 1998 ; Hanley, 1996). Le changement de milieu de vie, un déménagement, est

---

1. Au total, sept variables de vulnérabilité sont utilisées par l'auteure : être veuf, vivre seul, être âgé de plus de 75 ans, être limité dans ses activités depuis plus de six mois, avoir un très faible niveau économique, avoir un faible niveau d'autonomie et avoir déménagé contre son gré.

l'un des événements les plus stressants de la vie. On peut imaginer ce qu'il représente pour une personne seule de 83 ans. C'est la situation particulière des personnes âgées « non autonomes » qui soulève le plus d'inquiétude. Cette clientèle est très captive. Or, sur la base de l'étude de Bravo *et al.* (1997), on peut estimer que 60 % de la clientèle hébergée en résidences privées est en perte d'autonomie. Le profil de ces résidents âgés (section 1.2.2.1.) tend à démontrer qu'ils sont vulnérables, voire plus dépendants en raison de leur grand âge et de leur niveau d'incapacités. La notion de dépendance devient centrale lorsqu'on s'interroge sur la pertinence d'une régulation étatique :

> La définition d'une personne âgée dépendante recueille aujourd'hui un large consensus : il s'agit d'une personne ne pouvant accomplir les actes élémentaires de la vie quotidienne sans l'aide d'un tiers, et qui, par son âge, relève des régimes sociaux de vieillesse. (Attias-Donfut, 1997, p. 15)

La dépendance implique donc une relation d'aide, une pourvoyance. Si elle existe à travers les pratiques de soins et d'assistance qui l'ont instituée, elle ne saurait toutefois se limiter à la seule dimension physique. Dans ses travaux sur la dépendance, le professeur Albert Memmi (1979, 1997) étend cette notion à toute relation contraignante (plus ou moins acceptée) qui relève de la satisfaction d'un besoin. On peut comprendre de ce qui précède que plus la pourvoyance est grande, plus la dépendance de la personne âgée risque de l'être également. Or, comme nous l'avons démontré, la résidence privée pourvoit à de nombreux besoins des personnes âgées : le gîte, les repas, l'assistance quotidienne (se laver, se vêtir, se recréer) et même les soins (médication, traitement des plaies, etc.).

La dépendance des aînés dans le contexte de l'hébergement est aussi de nature psychosociale, puisque reliée à un manque certain de contrôle sur leur vie et leur environnement (Mok et Mui, 1996 ; Maltais, 1999a). Attias-Donfut (1997) qualifie cette dépendance d'endémique, « produit d'une relation instituante », laquelle renvoie à une culture de soumission, de passivité et souvent d'inactivité propre aux milieux d'hébergement et de soins.

> Le message véhiculé socialement veut que lorsque tu es « sous les soins » d'un tiers, tu dois écouter et obéir, ne pas argumenter. Il y a un fort sentiment d'obligation de se conformer aux règles et aux normes, une conception relativement affaiblie des droits de la personne et un manque évident de culture participante. (Mok et Mui, 1996, p. 25-26, traduction libre)[2]

---

2. *« The cultural message is that when you are under the care of others, you should listen and obey, but not argue. There is a strong sense of obligation to comply with rules and regulations, a relatively weak concept of citizen's right, and a lack of a participatory culture. »*

Bien entendu, les résidents ne sont pas tous aussi dépendants ; plusieurs ont la capacité d'exercer leur autonomie décisionnelle et voient à
défendre leurs intérêts. Mais, à l'opposé, il arrive que des propriétaires
s'occupent de tous les besoins de leurs résidents, allant même jusqu'à gérer
leurs biens ou accepter des dons et des prêts d'argent (RRSSSMC, 1999,
p. 145). Ces situations risquent fort de dégénérer en abus et exploitation
financière. Les journaux rapportaient d'ailleurs la condamnation à deux
ans de prison d'un propriétaire qui avait manœuvré de façon à convaincre
une résidente âgée de son centre de lui signer une procuration et de le
nommer légataire de ses actifs (*La Tribune*, 18 mars 1998). Compte tenu
des difficultés énormes que représente un déménagement, surtout pour
une personne très âgée et en perte d'autonomie, les résidents se retrouvent
dans une position de négociation difficile, et ce dans toutes les circonstances (hausses de loyer ou des services à la carte, insatisfactions, etc.). La
situation de dépendance dans laquelle se retrouvent les personnes hébergées ayant des déficits cognitifs est excessivement inquiétante. Soulignons
que la majorité ne bénéficient même pas d'un régime de protection, ce
qui les rend particulièrement vulnérables, dépendantes et captives[3]. Le
pourcentage de résidents souffrant de démence risque d'ailleurs d'augmenter significativement dans les prochaines années ; actuellement un Canadien de 85 ans et plus sur trois serait atteint de la maladie d'Alzheimer
(Canadian Study of Health and Aging, 1994).

Il appert que le quotidien des résidents âgés ayant un faible réseau
social repose essentiellement sur un seul pourvoyeur : la ressource
d'hébergement personnifiée par le propriétaire. Le rapport qui s'établit
entre le résident et le propriétaire atteint un niveau de dépendance très
élevé, surtout dans les petites ressources, qui préoccupe d'autant plus que
la relation est présente jour et nuit, 365 jours par année et souvent pour
plusieurs années. « Or, la dépendance est souvent une occasion de
sujétion : qui donne se croit des droits » (Memmi, 1997, p. 13). Le pas
entre la dépendance et la domination est facile à franchir particulièrement lorsque la personne âgée est fragilisée en raison de son isolement
social, de sa perte d'autonomie physique et cognitive et souvent de sa
précarité financière. Un risque accru de mauvais traitements et de négligence est aussi présent « dans un milieu où, faute de ressources suffisantes,
le personnel est surchargé de travail, mal formé et sous-évalué » (Hanley,

---

3. Dans un article traitant des conséquences des modifications à l'article 21 du *Code civil*
   sur le consentement à l'expérimentation des sujets inaptes non représentés, les auteurs
   ont consulté les registres du Curateur public du Québec pour constater que seulement
   8 % des personnes âgées en perte d'autonomie vivant dans des ressources d'hébergement
   bénéficiait d'un régime de protection (Bravo *et al.*, 1999).

1996). Il semble de plus en plus évident que les résidences privées sont mal préparées pour héberger des personnes avec incapacités, sont mal équipées et que les personnes qui y travaillent sont essoufflées.

L'ensemble de ces considérations témoigne de la vulnérabilité des personnes âgées dans le contexte particulier de l'hébergement en résidences privées et justifie que l'on s'interroge sur la capacité du cadre actuel à leur assurer une protection suffisante et leur garantir le respect de leurs droits fondamentaux.

2.1.2. LE RESPECT DES VALEURS ET DROITS FONDAMENTAUX

Précisons d'entrée de jeu que les *Chartes des droits et libertés* n'ont pas créé les droits fondamentaux de la personne ; elles les ont institués dans un moule législatif qui leur confère une valeur symbolique et leur accorde une protection légale additionnelle en les hissant au-dessus des autres lois. Les droits fondamentaux énoncés s'appliquent à tous les citoyens, sans discrimination, et comprennent notamment le droit à la vie, à la liberté et à la sécurité de sa personne[4]. Ils comportent aussi des protections économiques et sociales dont le droit à un niveau de vie décent, ce qui inclut l'accès aux soins et aux services de santé (Rocher, 1996). Notre analyse des valeurs en présence s'appuie donc sur les droits fondamentaux de la personne, dont la dignité humaine apparaît comme principe premier qui transcende les autres (Baudoin, 1996). En ce sens, nous partageons le point de vue de Pulman (1999) qui considère que le principe de l'autonomie de la personne comme fondement des décisions éthiques s'applique mal au contexte de l'hébergement puisque plusieurs résidents sont dépendants et n'ont pas la capacité d'exercer leur autonomie décisionnelle. En conséquence, l'auteur propose d'utiliser une éthique de la dignité comme guide normatif, plutôt que d'appliquer en préséance celui de l'autonomie de la personne.

Il est évident que la vie en commun comporte des règles et des usages nécessaires au bon fonctionnement de la collectivité et de la ressource d'hébergement, mais ces limites ne peuvent indûment brimer les droits et libertés des personnes hébergées (Delpérée, 1991). C'est dans cet esprit, sans doute, que le Secrétariat d'État chargé de la sécurité sociale en France a établi en 1987 une *Charte des droits et libertés de la personne âgée*

---

4. Ces droits sont expressément affirmés à l'article 1 de la *Charte québécoise des droits et libertés de la personne*, adoptée en 1975, et à l'article 7 de la *Charte canadienne des droits et libertés*, sanctionnée en 1982.

dépendante. Cette charte énonce notamment que la personne âgée en perte
d'autonomie garde la liberté de choisir son mode de vie (art. 1), que sa
résidence doit être adaptée à ses besoins (art. 2) et que toute personne
âgée dépendante doit avoir accès aux soins qui lui sont nécessaires (art. 9).
La formulation en termes généraux des droits fondamentaux ne soulève
pas de difficulté ; l'exercice est toutefois plus délicat quand il s'agit de les
appliquer à des situations concrètes (soit au cadre actuel régissant les
résidences privées) et de déterminer si les limites imposées sont raisonnables dans une société juste et démocratique.

2.1.2.1. La liberté individuelle et contractuelle

Le droit à la liberté, consacré dans les Chartes, se traduit en termes éthiques
par le droit fondamental à l'autodétermination. Ce droit implique la
liberté de mener sa vie comme on l'entend et de choisir son lieu de
résidence. Or, le choix de son futur milieu de vie demeure restreint en
vertu du système régional d'admission en établissement public. Il est loin
d'être évident que le lit disponible dans le réseau public se retrouvera
dans l'établissement privilégié par le bénéficiaire (Brissette, 1992a, p. 73).
En contrepartie, cette valeur du libre choix semble prévaloir dans le
réseau privé. Soulignons que les résidents du secteur privé choisissent leur
lieu de résidence, occupent presque tous une chambre simple ou coha-
bitent avec la personne de leur choix, généralement leur conjoint (Bravo
et al., 1997, p. 25). Voilà des avantages qui pèsent lourd dans la décision
d'opter pour une résidence privée. Toutefois, de multiples contraintes
risquent de porter atteinte à la liberté apparente des résidents. Si le libre
marché et la concurrence sont efficaces pour magasiner et acheter un bien
de consommation, il en est autrement lorsque survient la nécessité de
choisir un milieu de vie où séjournera une personne souvent très âgée
et en perte d'autonomie par surcroît (Latimer, 1997-1998). Comment
opèrent ces forces du marché lorsque les consommateurs sont des personnes
âgées en perte d'autonomie ?

Précisons d'abord que c'est souvent à la suite d'événements pénibles
et inattendus que le recours à l'hébergement collectif est envisagé : décès
du conjoint, hospitalisation, accident vasculaire. Il fait souvent suite à un
parcours complexe et souvent répétitif d'utilisation des services qui peut
durer plusieurs années : domicile – urgence – attente – hospitalisation
courte durée – retour au domicile – attente – service à domicile – urgence
– moyen séjour – demande d'hébergement – attente – résidence privée.
Aller vivre en résidence, « casser maison », est sûrement l'une des décisions
les plus difficiles à prendre. Peut-on vraiment parler de liberté de choix
dans le contexte actuel de l'hébergement ? Ne s'agit-il pas plutôt d'un
dernier recours ? Il y a lieu d'ailleurs de se demander si les personnes

âgées n'optent pas pour une résidence privée par défaut, à cause du manque de places dans le réseau sociosanitaire. La recherche d'un milieu adéquat, d'une résidence privée répondant à ses besoins, se heurte de plus à la difficulté d'accéder à une information sur les résidences privées, leurs services et leur tarification. Comme nous l'avons relevé dans le chapitre précédent, les résidences privées ne détiennent pas de permis du MSSS et il n'y a même pas d'enregistrement systématique. Cette situation va probablement changer puisque le gouvernement québécois, au moment de la publication de ce livre, vient de déposer un projet de loi à cet effet[5]. Afin d'identifier les ressources d'hébergement des personnes âgées sur un territoire donné, les régies régionales de la santé et des services sociaux devront constituer et tenir à jour un répertoire des résidences. Consé-quemment, les propriétaires seront obligés de produire une déclaration. Toutefois, le projet de loi 101 ne précise pas quelles informations devront être inscrites. Nous espérons que les renseignements disponibles dans ces registres seront assez étendus pour couvrir notamment le nombre d'années d'opération, le nombre de places et d'employés réguliers (avec et sans formation spécifique), les services offerts et les tarifs exigés.

La difficulté de choisir une résidence s'explique aussi par le fait que de nombreux intervenants du réseau public hésitent à faire des références et à recommander une ou deux résidences en particulier (voir 1.3.2. sur la Position des travailleurs sociaux). Des pratiques qui varient selon les indivi-dus et les institutions. Certains acteurs du réseau (gestionnaires, profession-nels, intervenants) sont eux-mêmes propriétaires d'une résidence privée. Cette situation peut être perçue positivement d'un point de vue de la qualité et de la compétence, mais n'est pas sans soulever certains questionnements quant à d'éventuels conflits d'intérêts. Il appert ainsi que les personnes âgées et leur famille n'ont pas les outils nécessaires pour exercer un choix éclairé.

Il faut considérer de plus que la vulnérabilité physique, cognitive et financière de nombreux résidents limite grandement leur liberté de choix et leur autonomie décisionnelle. Comme le soulignait le groupe de travail du Conseil de la santé et du bien être social : « un malade ou toute per-sonne qui éprouve des problèmes d'adaptation sociale ou qui a un besoin de protection ne constitue pas un interlocuteur commercial valable » (1997, p. 1). Dans les faits, la personne âgée est généralement assistée par un membre de sa famille qui négociera l'entente. Toutefois, quelle que soit son incapacité ou incommunicabilité, la personne âgée comprend toujours plus qu'il n'y paraît. Elle est au centre ou au cœur du processus

---

5. Loi modifiant la loi sur les services de santé et services sociaux concernant les résidences pour personnes âgées (projet de loi 101), 2e sess, 36e lég., Québec, 2002.

et doit rester impliquée le plus possible. Mais qu'advient-il lorsque la personne ne bénéficie pas d'une autonomie psychique suffisante et ne jouit pas d'un réseau naturel vigilant qui pourra négocier pour elle (Brissette, 1992a, p. 80) ?

La situation financière des aînés représente une autre limite importante à leur liberté de choisir une résidence privée. Les coûts de base pour le gîte et les repas peuvent varier de 800 $ à plus de 1 500 $ par mois (Bravo *et al.*, 1997). De même, les tarifs s'appliquant aux soins et services complémentaires (médication, assistance pour se laver, s'habiller, etc.) fluctuent considérablement. La situation des personnes ne bénéficiant que de la pension de vieillesse et du supplément de revenu garanti, surtout des femmes, est donc particulièrement précaire (Gee, 1995 ; Charpentier, 1995). Comment avec un revenu de près de 900 $ par mois, une résidente atteinte d'arthrite sévère ou d'hémiplégie droite peut-elle assumer son loyer mensuel (gîte et repas) et s'offrir les services d'assistance quotidienne requis par sa condition ? L'étude de l'Institut universitaire de gériatrie, citée précédemment, permet d'estimer que 52 % des résidents en perte d'autonomie dans les résidences sans permis vivent du supplément de revenu garanti (Bravo *et al.*, 1997, p. 24). Ces données viennent infirmer la thèse de l'émergence d'un double système d'hébergement (Vaillancourt *et al.*, 1987 ; Vaillancourt, 1997 ; Brissette, 1992a) : soit un pour les pauvres (le secteur public) et un pour les riches (le secteur privé). Les faits démontrent qu'un nombre important de citoyens économiquement démunis et ayant un niveau limité d'autonomie fonctionnelle sont hébergés dans le secteur privé. Les analyses viennent d'ailleurs confirmer qu'il existe un lien direct entre le revenu des résidents et la qualité des soins qu'ils reçoivent. L'influence du revenu sur la cote de qualité autorise à penser que les résidents nantis sont en meilleure posture pour obtenir des soins de qualité ou encore que la résidence tend à mieux les servir (1997, p. 42).

Malgré toutes ces limites à l'exercice d'un choix « libre et éclairé », conditions sur laquelle repose la validité d'un contrat en droit civil, le régime de la liberté individuelle et contractuelle règne sans susciter de remise en question. Les rapports entre les propriétaires et les résidents sont régis par les dispositions générales du *Code civil* en matière de contrat, de louage des choses, plus spécifiquement de bail d'un logement (C.C., art. 1892 à 1978). Dans les 3 168 articles du *Code civil,* une seule disposition porte spécifiquement sur l'hébergement des personnes âgées ou handicapées. Cet article permet la résiliation d'un bail lorsque le locateur âgé « est admis de façon permanente dans un centre d'hébergement et de soins de longue durée ou dans un foyer d'hébergement » (C.C., art. 1974)[6]. Outre cette disposition particulière, les règles usuelles en matière de bail s'appliquent aux résidences privées.

Lors de la conclusion d'une entente, le propriétaire-locateur doit compléter le formulaire de bail obligatoire et en donner copie au locataire[7]. Lorsque des services additionnels sont offerts en raison de l'âge ou du handicap du locataire, une annexe doit être intégrée au bail. Cette annexe contient une description détaillée de l'aménagement du logement (barres d'appui, sonnerie d'appel, etc.) et une liste de services pouvant être dispensés : buanderie, entretien ménager, transport, loisirs, distribution des médicaments, et même services de soins infirmiers et personnels. Pour chaque service offert, le propriétaire doit spécifier s'il est inclus dans le prix du loyer ou indiquer le tarif supplémentaire exigé (montant mensuel fixe ou prix à la carte). La loi autorise par contre le bail verbal qui est beaucoup plus fréquent ; la très grande majorité des personnes âgées, surtout du quatrième âge, se sentent insécures devant un contrat et n'osent pas signer.

Les propriétaires disposent ainsi d'un pouvoir discrétionnaire total dans la fixation des tarifs[8]. En contrepartie, les locataires ont le loisir de refuser ou de contraindre le propriétaire à se présenter devant la régie du logement pour justifier le prix demandé[9]. Or, les personnes âgées connaissent peu leurs droits et sont peu enclines à utiliser les recours disponibles, surtout lorsqu'ils sont judiciarisés. Cette « protection » des locataires apparaît plutôt théorique dans le contexte de l'hébergement privé. Il en résulte que le système actuel, que l'on peut qualifier de « libéralisme sauvage », entretient, voire accentue, les inégalités sociales. Dans ce contexte, les mesures prévues pour garantir aux plus démunis un milieu de vie adéquat et des services essentiels à leur bien-être revêtent toute leur importance.

---

6. La loi ne définissant pas la notion de foyers d'hébergement, certains jugements ont conclu que la définition incluait les résidences privées alors que d'autres se sont évertués à distinguer « foyers privés », « foyers d'hébergement » et « résidences privées ». Voir à cet effet *Les résidences de Longpré inc. c. Marie-Josée Fortier* [1998] R.J.Q. 3305, *Desjardins c. Gianchetti* C.Q. Laval 540-02-002254-952, 1996-09-30, J.E. 96-2103 (10 p.), *Rose Kwavnick c. Les résidences Caldwell* [1995] R.J.Q. 265.

7. Voir *Règlement sur les formulaires de bail obligatoires et sur les mentions de l'avis au nouveau locataire*, D.907-96 (1996) 128 G.O. II, 4855.

8. Le lecteur comprendra que le propriétaire devra ajuster ses prix aux lois du marché s'il veut s'assurer d'un bon taux d'occupation de ses chambres. Toutefois, cette régulation des prix par le marché joue un rôle surtout pour le recrutement de nouveaux résidents. Les locataires actuels constituent une clientèle particulièrement captive.

9. La régie du logement n'intervient que lorsqu'un litige lui est signalé ; elle fait office de tribunal en matière de logement locatif en vertu de la Loi sur la régie du logement, LRQ, chap. R-8.1.

2.1.2.2.   La qualité de vie et l'accès aux soins

S'il est une valeur partagée par bon nombre de citoyens et qui fut réaffirmée par le Forum national sur la santé (1997), c'est bien celle que « les citoyens devraient avoir un accès égal à la santé et au bien-être ainsi qu'à des services répondant à leurs besoins[10] ». Cette valeur se traduit juridiquement par le droit à un niveau de vie décent et aux soins requis par sa condition. Ces droits économiques et sociaux puisent leur source dans les dispositions générales des Chartes énonçant le droit à la vie et à la sécurité de la personne[11]. Plus spécifiquement, la *Charte québécoise des droits et libertés* reconnaît à l'article 45 que : « toute personne dans le besoin a droit, pour elle et sa famille, à des mesures d'assistance financière et à des mesures sociales, prévues dans la loi, susceptibles de lui assurer un niveau de vie décent ». Cette disposition est complétée par la Loi sur les services de santé et services sociaux qui, à l'article 5, confère à toute personne le droit de recevoir des services de santé et des services sociaux.

Tout le débat à l'heure actuelle porte sur l'interprétation de ces droits fondamentaux, à savoir s'ils ont une portée positive ou une portée négative plus restrictive (Association du barreau canadien, 1994 ; Garant, 1996 ; Marco, 1997). L'interprétation positive de ces droits repose sur une vision interventionniste de l'État qui aurait une obligation de les assurer. Quant à l'interprétation négative de ces droits, elle laisse une discrétion à l'État dans la définition des modalités de ses politiques sociales ; l'obligation étatique se limiterait à garantir une équité procédurale dans les limites imposées à ces droits. Or, il faut prendre acte du fait que la conception qui semble prévaloir est défavorable à une portée positive. Ce constat confirme la pertinence de l'analyse en cours puisque la solution pour combler les lacunes observées ne réside pas dans un exercice visant à faire valoir l'obligation de l'État à assumer les services, mais bien dans une démarche questionnant l'adéquation des mesures qu'il a instituées en vue de « réguler » les résidences privées et de garantir aux résidents une qualité de vie décente. Nous reconnaissons ainsi qu'il y a, dans le contexte de l'hébergement, un lien très étroit entre la qualité de vie et la qualité des soins (Ministère de la Santé et des Services sociaux, 1991 ; Challiner *et al.*, 1996 ; Leone, 1996).

---

10.   Forum national sur la santé (PS), « Rapport de synthèse du groupe de travail sur les valeurs », dans *La santé au Canada : un héritage à faire fructifier*, p. 6-11. Soulignons que les répondants n'ont pas hésité à reconnaître que leur engagement en faveur de l'égalitarisme se limitait aux soins de santé et qu'ils se formalisaient moins des inégalités sociales en d'autres domaines.

11.   Ils découlent aussi de l'adhésion du Canada et du Québec à la *Déclaration universelle des droits de l'homme*, DOC.N.U. A/810 (1948) et au *Pacte international relatif aux droits économiques, sociaux et culturels* (1976) 943 RTNU.13.

L'analyse de l'effet des mesures en vigueur sur la qualité de vie impose d'abord de tenter de définir et de circonscrire ce concept. Rares sont les publications sur la qualité de vie qui n'introduisent pas leurs propos en soulignant la complexité du concept qui comporte à la fois une dimension subjective, propre à l'appréciation qu'en fait chaque personne âgée selon ses perceptions et valeurs, et une dimension objective, relative à un ensemble de normes préétablies et généralement reconnues (Brunelle, 1993 ; Leone, 1996 ; Lefrançois et al., 1998). Le cadre développé par Donabedian (1985, 1988) constitue toujours une référence première quant au concept de qualité, car il rend compte des liens entre 1) la structure (*input*) : installations physiques, taille de la résidence, formation du personnel, etc., 2) le processus : plans de soins, relations personnel-résidents, programmes d'activités, etc., et 3) les résultats (*output*) : mortalité, morbidité, plaintes, etc. Puisque la présence d'une composante ne garantit pas celle des autres, comment déterminer les mesures de régulation les plus susceptibles d'exercer un effet positif sur la qualité de vie des résidents ? Nombreuses sont les études évaluatives et quantitatives qui ont tenté d'identifier les facteurs (composantes) qui seraient les plus fortement associés à la qualité de vie et des soins en milieu d'hébergement (Lemke et Moos, 1989 ; Ulmann, 1987 ; Aaronson, Zinn et Rosko, 1994). Dans une excellente revue de la littérature, Dubois (1998, p. 36) démontre qu'il n'y a pas de consensus scientifique. L'auteure aborde aussi la question de la relation entre la qualité des soins et les différents contrôles externes (permis, accréditation, présence d'un ombudsman, etc.) et conclut que ces derniers sont rarement néfastes. Elle précise cependant que plusieurs études basées sur plus de 100 résidences pour personnes âgées démontrent que de tels contrôles sont inutiles puisque non reliés à la qualité des soins.

La question revêt un caractère plutôt théorique puisque le cadre réglementaire actuel, outre quelques dispositions relatives à la sécurité-incendie, n'impose aux résidences privées aucune norme, même minimale. La qualité de vie des résidents repose ainsi sur le bon jugement et la crédibilité des propriétaires, sur leur sens de l'éthique. La politique non interventionniste des autorités publiques donne des résultats mitigés puisque les études récentes révèlent que 25 % des résidences privées obtiennent des cotes de qualité insatisfaisantes (Bravo et al., 1997). Les principaux problèmes rapportés ont trait à la dimension psychosociale (relations interpersonnelles peu chaleureuses et tendues, absence d'écoute et de soutien émotif, etc.), aux soins physiques (alimentation déficiente, hygiène inadéquate des résidents, peu de mobilisation des résidents et d'activités physiques). On relève également la déficience dans l'aménagement des lieux (absence de règles de sécurité et de plan d'évacuation, insalubrité des lieux, espaces communs et salles de bain non adaptés aux personnes à mobilité réduite, etc.). Le gouvernement vient de déposer un projet loi qui habiliterait les municipalités à réglementer les résidences pour personnes âgées en ce qui a trait à la dimension physique des lieux et aux normes de construction[12]. La Loi sur l'aménagement et l'urbanisme (LRQ, chap. C-11.2) serait ainsi modifiée par l'insertion de l'article 118.1, libellé comme suit :

> Le règlement de construction peut, à l'égard d'une résidence pour personnes âgées, prévoir des normes particulières de construction et des règles relatives à l'aménagement de l'immeuble et aux éléments accessoires qui doivent y être intégrés afin d'assurer aux résidents les services appropriés à leur condition.

Signalons toutefois que si la loi est sanctionnée, elle permettra aux municipalités de prévoir des normes de construction et d'aménagement, mais ne les y obligera pas. On pourra à la limite se retrouver avec des disparités importantes : les résidences de Ste-Y ayant l'obligation d'installer des barres d'appui dans les corridors et une cloche d'appel dans les salles de bain, celles situées dans la ville de X devant respecter des superficies minimales pour les pièces communes. Or, devant la diversité des résidences, l'hétérogénéité des clientèles et la difficulté d'établir des critères ou des normes, une telle mesure posera des problèmes majeurs d'application. Il est pour le moins surprenant que le gouvernement mandate, d'une part, les instances régionales sanitaires pour tenir à jour un registre des résidences et, d'autre part, les conseils municipaux, qui n'ont pas d'expertise en hébergement des personnes âgées, pour déterminer par règlement des normes d'aménagement et d'accessoires dans ces milieux. Nous pouvons reprendre ici les critiques que nous avons formulées au chapitre précédent en ce qui a trait à la nature et à l'éparpillement des mesures régissant les résidences privées, de même qu'à la diversité des instances impliquées dont la logique d'intervention n'est pas toujours centrée sur les besoins des personnes âgées. En terminant sur ce projet de loi qui ne prévoit aucune règle d'organisation et de fonctionnement des résidences, disons que ce serait merveilleux si des normes de construction permettaient comme on l'énonce : « d'assurer aux résidents les services appropriés à leur condition » !

Si le cadre actuel ne peut garantir une qualité de vie décente à tous les résidents, qu'en est-il du droit d'accès aux soins et services pour ceux qui sont malades ou dépendants ?

---

12. Loi modifiant diverses dispositions législatives concernant le domaine municipal (projet de loi n° 106), 2ᵉ sess., 36ᵉ lég., Québec, 2002.

Le droit d'accès aux services, de même que les obligations qui s'y rattachent, n'ont de portée que dans la cadre de la LSSS et ne lient que les établissements publics ou agréés. Malgré des principes généreux d'universalité, d'accessibilité et de gratuité, leur exercice est soumis à de multiples réserves et conditions (énoncées explicitement à l'article 13) qui en minimisent grandement la portée (Molinari, 1996; Lajoie, 1994). Le resserrement des critères d'admission en institution publique (CHSLD) et d'allocation des services de soutien à domicile (CLSC), auxquels les résidents en perte d'autonomie auraient théoriquement droit, n'en sont que quelques exemples. Le vérificateur général du Québec, dans son rapport à l'Assemblée nationale pour l'année 2001-2002, consacre un chapitre entier pour illustrer et dénoncer le manque de services d'hébergement offerts aux personnes en perte d'autonomie. Ces travaux démontrent clairement que les CLSC ne sont pas en mesure d'offrir les services à domicile aux résidents en perte d'autonomie, même à ceux en attente d'hébergement en CHSLD (Vérificateur général du Québec, 2002). Dans ce contexte de rareté des ressources publiques et de vieillissement de la population, l'interdiction pour les résidences privées d'héberger des personnes en perte d'autonomie et d'exercer des activités propres à la mission d'un CHSLD apparaît inappropriée et anachronique. Quand l'illégalité tend à devenir la règle, il y a lieu de remettre en cause la légitimité de la norme. Bien que le principe qui sous-tend le pouvoir de surveillance délégué aux régies régionales soit critiquable, son application pourrait avoir un certain effet de contrôle a posteriori sur les ressources problématiques. Or, une analyse plus exhaustive de la mesure et de ses modalités d'application révèle que si l'intention du législateur est de protéger les personnes âgées recevant des soins inadéquats, cet objectif est loin d'être atteint.

D'abord la procédure du recours est rarement utilisée, peu de citoyens déposant une plainte formelle; un phénomène attribué notamment à la vulnérabilité des résidents et à la peur de représailles (Spencer, 1994). L'étude des rapports de plaintes traitées par différentes régies régionales est convaincante sur ce point. Pour l'année 1997-1998, la régie régionale des Laurentides a reçu 22 signalements et celle de Montréal a traité 48 dossiers (RRSSSL, 1998, p. 12; RRSSSMC, 1999, p. 145). Ces données surprennent lorsqu'on tient compte du nombre de résidents hébergés dans les ressources privées, de la prévalence des soins inadéquats, et qu'on les compare aux 627 plaintes concernant les centres d'hébergement et de soins de longue durée (CHSLD) de la région de Montréal. Si le nombre de plaintes reçues constitue un indice de la qualité des services et du degré de satisfaction des usagers, alors il faut s'empresser de privatiser le secteur public d'hébergement... Quoique le recours soit peu utilisé, la nature et l'objet des plaintes illustrent l'ampleur et l'acuité de certaines situations problématiques. Les plaintes portent principalement sur l'insuffisance des services offerts (manque de soins, incompétence du personnel, administration inadéquate des médicaments), sur la sécurité de l'environnement physique (problème d'errance, risque de chute, insalubrité), sur le rationnement et la piètre qualité de la nourriture, de même que sur les attitudes irrespectueuses envers les résidents (intimidation, absence d'activité, isolement, contention, violence verbale ; RRSSSMC, 1999). Or, le pouvoir d'intervention des régies régionales se limite à la relocalisation des résidents dépendants, et ce, malgré les conséquences néfastes et connues d'un changement de milieu pour les personnes âgées fragilisées (Thomasma *et al.*, 1992 ; Mikhail, 1992). Quant aux propriétaires visés par la mesure, ils n'ont qu'à recruter de nouvelles clientèles et poursuivre leurs activités !

Il n'y a pas que le fondement et l'efficacité de la mesure qui posent problème, mais aussi ses mécanismes et modalités de mise en œuvre. Certains propriétaires touchés par les mesures d'évacuation se sont d'ailleurs prévalus de leur droit d'appel à la Commission des affaires sociales pour les contester[13]. Les décisions rendues ont presque toujours maintenu la décision du ministre de procéder à la relocalisation des résidents, et ce en s'appuyant sur la présence des deux critères suivants : les activités exercées sans permis et la lourdeur des clientèles, à savoir si elles correspondent à celles décrites par le législateur à la mission d'un CHSLD. La qualité des services dispensés, la présence de personnel compétent ou l'excellent état des installations n'ont pas constitué des motifs suffisants pour rendre légales des activités exercées sans permis et invalider la relocalisation[14]. À la lecture des jugements, on remarque toutefois la sensibilité des juges à la situation des aînés qui seront transférés après plusieurs années de vie dans la même résidence. Le tribunal y fait état « des conséquences passablement néfastes chez les personnes de cet âge [...] personnes qui sont en fait les seules à être véritablement touchées et affectées par la décision du ministre » ([1994] CAS, p. 337). Un seul jugement recensé a accueilli l'appel d'une résidence privée considérant que le fait d'offrir des services à des personnes présentant certaines déficiences n'était pas exclusif aux établissements publics[15]. « Il ne faut pas isoler le pouvoir de relocalisation du ministre mais

---

13. Voir en l'occurrence *Services de santé et services sociaux–7* [1994] CAS 330 [1987] CAS 579 [1982] CAS 391 [1982] CAS 388 [1987] CAS 1057.

14. *Services de santé et services sociaux–7* [1994] CAS 330 et [1982] CAS 388, À l'opposé, compte tenu des deux critères appliqués, on peut se demander si le tribunal aurait annulé le transfert d'une personne âgée en grande perte d'autonomie qui habite une résidence de type chambres et pension n'offrant aucun soin et service.

15. *Services de santé et services sociaux–7* [1987] CAS 579.

le situer dans son contexte », dira avec pertinence le tribunal, car à la limite il pourrait être utilisé pour intervenir auprès des familles hébergeant un proche dépendant (582). Avec le virage ambulatoire et le maintien des personnes dépendantes, même mourantes, à domicile, les membres de la famille sont appelés à dispenser des soins de plus en plus spécialisés... et propres à la mission d'un CHSLD ! Malheureusement l'opinion exprimée ne sera pas reprise dans les jugements subséquents.

Cette analyse de la procédure d'examen des plaintes ne tient pas compte de l'impact des modifications législatives apportées par le Projet de loi n° 27 qui vient d'être sanctionné[16]. Plutôt qu'un Commissaire aux plaintes, la loi institue le Protecteur des usagers en matière de santé et de services sociaux qui est nommé par le ministre et est tenu de lui faire un rapport annuel. Le Protecteur des usagers détient un pouvoir d'enquête de sa propre initiative. Compte tenu de la vulnérabilité et du silence des usagers en milieu d'hébergement, ce pouvoir discrétionnaire apparaît opportun. Reste à voir s'il sera utilisé à l'endroit des résidences privées et comment il le sera. Or, encore une fois, il est loin d'être évident que le champ d'application de la loi s'étend aux résidences privées. Aucun article de loi n'en fait mention explicitement ; on n'y parle que de personne ou de ressource agréée. Nous demeurons sceptiques quant à un effet réel sur le droit d'accès à des soins et services de qualité pour les personnes âgées hébergées en résidences privées.

Nous pouvons ainsi résumer la situation en ce qui a trait à l'accès aux soins en résidences privées. Pour qu'une personne âgée en perte d'autonomie vivant en résidence privée puisse accéder aux soins requis par sa condition, elle doit : résider dans un territoire où le CLSC a la volonté et les effectifs nécessaires pour lui offrir des services, être assez lourdement handicapée pour être admissible en centre d'hébergement public (CHSLD) ou bien avoir des ressources financières suffisantes pour s'offrir une résidence avec un bon environnement de soins et de services... en souhaitant que cette dernière ne fasse pas l'objet d'une mesure d'inspection puis d'évacuation pour activités sans permis !

2.1.2.3. La protection contre les abus et mauvais traitements

L'absence de normes de qualité et de contrôle efficace, conjuguée à la situation particulière de dépendance dans laquelle se trouvent les personnes âgées hébergées, soulève la préoccupante question de la protection

---

16. En bref, la nouvelle législation remplace la structure actuelle pour la réduire à deux paliers ; le palier de la régie régionale étant aboli sauf pour les services relevant de sa responsabilité. Voir Loi sur le protecteur des usagers en matière de santé et de services sociaux et modifiant diverses dispositions législatives (projet de loi n° 27), 2ᵉ sess., 36ᵉ lég., Québec, 2001.

des résidents vulnérables contre les abus et mauvais traitements. Depuis une dizaine d'années, cette problématique de la maltraitance occupe une place importante dans la recherche et la documentation scientifique en gérontologie[17]. Malgré cela, l'ampleur du phénomène en milieu d'hébergement reste méconnue.

L'estimation de sa prévalence varie considérablement (de 4 % à 12 %) selon que la définition retenue inclut la négligence (résidents isolés dans leur chambre, manque de personnel, alimentation inadéquate, hygiène insuffisante, etc.) ou se limite aux abus (contention excessive, exploitation financière, propos dégradants, etc.). Notre propos n'a pas à cet égard de visée théorique : il se fait le reflet du sens commun selon lequel tout acte ou omission d'agir qui est dommageable et porte atteinte à l'intégrité physique, psychologique, sociale ou financière d'une personne âgée vivant en milieu d'hébergement constitue une forme de violence répressible socialement. Si les droits conférés s'adressent à tous les citoyens et sont d'application générale, la Charte québécoise prévoit par contre une protection spéciale pour les personnes âgées et handicapées.

> Toute personne âgée ou toute personne handicapée a droit d'être protégée contre toute forme d'exploitation.

> Telle personne a aussi droit à la protection et à la sécurité que doivent lui apporter sa famille ou les personnes qui en tiennent lieu. (*Charte des droits et libertés*, art. 48)

Cette disposition prend toute son importance du fait de son unicité législative au Québec comme mécanisme de protection des personnes âgées (Gamache et Milette, 1987, p. 94). De plus, la Charte instaure une Commission des droits de la personne et des droits de la jeunesse qu'elle habilite à faire enquête dans les cas de discrimination (art. 10 à 19) et d'exploitation (art. 48, al. 1). Une personne âgée ou un groupe de personnes âgées victimes d'abus peuvent ainsi déposer une plainte à la Commission et profiter de sa compétence pour défendre leurs droits. La demande d'enquête peut même être soumise par « un organisme voué à la défense des droits ou au bien-être des personnes âgées » et ce, sans le consentement de la victime (art. 74). En vertu de l'article 73, la Commission peut aussi faire enquête de son propre chef ; ce qui permet la dénonciation d'un cas d'abus par une personne qui n'a pas été expressément désignée par le législateur. Advenant

---

17. L'étude de E. Podniecks et K. Pillemer (1990), *Une enquête nationale sur les mauvais traitements des personnes âgées au Canada*, Ryerson Polytechnical Institute, constitue un classique. Voir aussi L. Montminy (1998), « Pour mieux connaître et comprendre la problématique des mauvais traitements exercés envers les personnes âgées », *Intervention*, 106, p. 8-19, qui présente une recension des écrits en ce domaine et quelques éléments de définition des types de négligence et d'abus.

la recevabilité de la plainte, la Commission tentera de trouver un règlement par voix de négociation ou d'arbitrage. Si ses démarches se révèlent infructueuses, elle proposera des mesures de redressement (cessation de l'acte reproché, versement d'une indemnité, etc.) et finalement pourra s'adresser au Tribunal des droits de la personne en cas de non-collaboration. Précisons que le tribunal peut, dans les cas d'atteinte illicite ou intentionnelle à un droit conféré par la Charte, condamner l'auteur à verser des dommages exemplaires (art. 49). Ces dommages exceptionnels visent à punir un comportement antisocial et à servir d'exemple dissuasif. Le tribunal y a déjà eu recours dans des cas d'exploitation de personnes âgées vivant en milieu d'hébergement. Nous proposons donc d'analyser le contenu et l'application de cette protection spéciale.

Le libellé de l'article 48 ne prête pas à confusion quant à l'intention du législateur d'inclure dans la protection tous les types d'exploitation : économique, sociale, morale, physique, psychologique ou matérielle. De même, les exploiteurs visés par la Charte peuvent être des parents, des employés d'établissements publics, des propriétaires ou autres. Mais quelles sont les personnes âgées visées par la mesure et dans quelles circonstances peut-on alléguer qu'il y a exploitation? Selon l'avis émis par la Commission des droits de la personne du Québec (1983), pour qu'il y ait exploitation d'une personne âgée au sens de la loi, trois conditions doivent être réunies. D'abord, la personne âgée doit subir un préjudice (privation de nourriture, violence verbale, surmédication, contention excessive, etc.). Il faut de plus que son âge avancé ou son incapacité l'affecte au plan physique, mental ou psychologique au point de la placer dans une situation de dépendance. Finalement, la personne ou l'organisme en cause doit tirer profit de cette situation de dépendance. Il ne fait donc aucun doute que cette mesure exceptionnelle de protection s'applique au contexte de l'hébergement, qu'il soit privé ou public. D'ailleurs, le tribunal des droits de la personne a été saisi de deux causes bouleversantes.

L'affaire *Commission des droits de la personne c. Brzozowski*[18] porte sur l'exploitation économique de cinq immigrants âgés vivant en résidence privée. Selon les allégations, les victimes étaient privées de la faculté de gérer leurs biens et la défenderesse encaissait leurs chèques de pension. Dans un cas, la propriétaire s'est appropriée une somme de 45 000 $ appartenant à une résidente. L'ensemble de la preuve déposée au tribunal a démontré que la propriétaire isolait les résidents, empêchant même les intervenants de les rencontrer. Quant à l'affaire *Commission des droits de la personne c. Coutu*[19], elle constitue un cas grave d'exploitation et d'atteinte

---

18. [1995] RJQ 1447.
19. [1995] RJQ 1628.

à la dignité de personnes handicapées intellectuellement et hébergées : travail forcé, comportement infantilisant, langage méprisant, voire haineux, appropriation de l'allocation mensuelle des résidents, etc. Le propriétaire a été tenu de verser des dommages de 1,5 million. Soulignons que la résidence privée avait un contrat avec le MSSS à titre de « pavillon » et était rémunérée pour les services rendus à 90 bénéficiaires. Comme quoi le fait de détenir un permis n'est pas un gage de qualité[20] !

Ce qui frappe particulièrement dans ces deux jugements, eu égard à la gravité des préjudices, c'est le temps qui s'écoule entre le premier soupçon ou constat d'infractions par des intervenants et leur cessation (cinq et neuf ans). Dans l'affaire Jean Coutu, la première visite d'inspection du Ministère avait eu lieu neuf ans avant le jugement final ! Soit que les intervenants au dossier ont fait preuve de laxisme, soit qu'il y a un manque évident d'instruments juridiques permettant d'intervenir de façon plus musclée et rapide dans les cas extrêmes et urgents.

Comme nous l'avons constaté dans les analyses sociojuridiques précédentes, ce n'est pas tout d'énoncer des droits et de les assortir de mécanismes d'application, encore faut-il que les gens concernés les exercent ! Pour qu'une enquête soit instituée, il doit y avoir nécessairement un signalement. Or, dans toutes les enquêtes menées par la Commission, celles portant sur l'exploitation des personnes âgées demeurent marginales[21]. Compte tenu de la dépendance des résidents âgés victimes d'abus, des craintes de représailles, ces derniers se retrouvent dans la quasi-impossibilité de faire appel à la Commission. Quant aux intervenants ou aux proches témoins de telles situations, la Charte québécoise les habilite à déposer une plainte mais ne les oblige pas à le faire. Dans le cadre de nos fonctions d'enseignement en gérontologie et service social, nous avons été à même de constater à quel point les intervenants et professionnels de la santé et des services sociaux ignorent l'existence même de ce recours à la Commission des droits de la personne.

---

20. Nous tenions à préciser que les situations de négligence et d'abus sont aussi présentes en milieu institutionnel. Voir en l'occurrence C. Spencer, *Les mauvais traitements et la négligence envers les personnes âgées en milieu institutionnel*, Santé Canada, 1994.

21. À titre d'exemple, en 1995, sur 1 932 plaintes retenues comme relevant de la compétence de la Commission, seulement 11 avaient trait à des cas d'exploitation des personnes âgées ou handicapées (Rapport annuel, 1996, p. 29-30). En 1996, sur 2 036 plaintes et 883 dossiers d'enquête ouverts, 29 portaient sur des cas d'exploitation (Rapport annuel, 1997, p. 31-32).

Soulignons que certaines provinces canadiennes ont adopté des lois qui obligent les professionnels à signaler les cas d'abus ou de négligence envers les adultes dépendants (CDPDJ, 2001 ; Poirier, 1997). Les opposants à une telle mesure soutiennent qu'elle discrimine les personnes âgées et porte atteinte à leurs libertés individuelles. Cette opinion est défendue par plusieurs groupes d'aînés (FADOQ, AQDR), de même que par divers comités d'experts dont le Comité sur les abus exercés à l'endroit des personnes âgées (MSSS, 1989) et la CDPDJ (Garon, 1995). Un sondage réalisé en 1999 auprès de 1 000 Québécois âgés de plus de 50 ans révélaient toutefois que 93,1 % d'entre eux jugeaient urgente la création de mesures sur la protection des personnes âgées[22]. À l'hiver 2000, la Commission a mis sur pied une vaste consultation publique sur l'exploitation des personnes âgées qui, bien que toujours réfractaire à l'adoption d'une loi spéciale pour la protection des personnes âgées, conclut à la nécessité de renforcer ou de resserrer les mesures existantes ou du moins de les appliquer. La problématique de la maltraitance en milieu d'hébergement a d'ailleurs largement dominé les audiences. Le rapport final dénonce fortement les coupures et l'insuffisance de ressources dans le réseau de la santé, les considérant comme des « sources de risques constantes, voire de comportements abusifs de la part des gouvernements et des établissements » (CDPDJ, 2001, p. 22). S'appuyant en grande partie sur nos travaux et sur notre témoignage à titre d'expert aux audiences, la Commission vient poser un regard nuancé sur la situation en résidences privées qui n'adopte pas le ton alarmiste et accusateur de certains mémoires portés à son attention. Au chapitre de l'intervention, elle valorise un processus d'accréditation des résidences, soit de délivrance d'un permis assorti de normes minimales dont elle ne précise toutefois pas la teneur. Cette mesure est-elle appropriée et efficace pour dépister et agir dans les cas de pratiques abusives et de mauvais traitements ?

Le débat est loin d'être clos. La clientèle des divers milieux d'hébergement se fait vieillissante, plus lourde et présente des problématiques multiples. Fait inquiétant, le profil type de la personne hébergée correspond à celui de la victime d'abus décrite dans la documentation : il s'agit d'une femme, de grand âge (ayant plus de 75 ans) et vivant dans une situation quotidienne de dépendance. De plus, les risques de conduites abusives augmentent avec la présence de comportements difficiles ou

---

22. Enquête réalisée par Léger et Léger Recherche et Stratégie Marketing pour la Commission des études juridiques (1999), *Étude auprès des personnes âgées de plus de 50 ans sur leurs attitudes et leurs besoins en matière d'informations juridiques*, citée par la Commission des droits de la personne et des droits de la jeunesse, dans son rapport sur l'exploitation des personnes âgées (2001, p. 136).

perturbateurs liés entre autres à l'errance et à la dépression. Il ne s'agit certes pas ici de promouvoir une loi spécifique de « protection de la vieillesse » qui risquerait d'infantiliser ou de stigmatiser les personnes âgées mais de repenser les protections pour les résidents très dépendants, particulièrement ceux qui éprouvent des déficits cognitifs. Nous croyons que la Commission des droits de la personne a oublié ou « négligé » ces aînés très vulnérables et sans voix parce que souvent non représentés. La sensibilisation du public par une campagne d'information, la formation continue des interventants œuvrant dans les divers milieux d'hébergement constituent des recommandations louables, mais ces mesures incitatives ne suffiront pas à enrayer les abus dans ces contextes particuliers de très grande dépendance.

Faudrait-il rendre obligatoire la dénonciation de toute forme d'exploitation à l'endroit des personnes âgées vulnérables visées spécifiquement par l'article 48 de la *Charte des droits et libertés de la personne* ?

2.2. ÉTHIQUE PUBLIQUE ET RÔLE RÉGULATEUR DE L'ÉTAT

L'analyse sociojuridique de l'application des principales mesures régissant les résidences privées, effectuée à partir des sources traditionnelles du droit, confirme les soupçons de lacunes importantes dans le respect des valeurs et des droits fondamentaux des aînés. Ce constat d'inadéquation ne signifie pas en soi qu'il faille adopter d'autres mesures législatives et ne les justifie pas non plus. L'inflation législative et la normativité excessive auxquelles s'est livrée la société québécoise tendent à céder le pas à une approche plus favorable à la déréglementation et à la responsabilisation des acteurs sociaux. L'éthique est à la mode ; elle est même devenue une « pratique sociale » quasi incontournable (Giroux, 1997 ; Boisvert, 1997 ; O'Neill, 1998). « C'est ainsi qu'au lieu de n'être réservée qu'à la conscience de chacun d'entre nous elle (l'éthique) imprègne le climat contemporain, comme si elle allait maintenant représenter un passage obligatoire à emprunter pour la conduite de notre vie collective » (Giroux, 1997, p. 15).

Pour illustrer ce courant, mentionnons l'adoption par la plupart des centres d'hébergement publics d'un code d'éthique ou d'une charte des droits et libertés des résidents, et ce, malgré la lourdeur et la complexité du cadre réglementaire qui les régit (voir le tableau 6).

Comme le soutient Guy Giroux, la question demeure si cette quête de l'éthique, ce souci de la morale publique et du juste, appelle un contrôle externe accru sur les pratiques sociales (une régulation étatique plus forte à travers notamment le droit) ou une responsabilisation de la société par elle-même (une autorégulation des propriétaires de résidences privées)?

2.2.1. LE QUESTIONNEMENT ÉTHIQUE

L'éthique ne se limite donc plus à la conscience morale ou personnelle; elle invite les individus à assumer leur responsabilité en vue d'un mieux-être sociétal. Cette éthique sociale va au-delà d'un simple prolongement de l'éthique individuelle; elle s'intéresse à leur imbrication dans les institutions, les lois et autres aménagements collectifs (Giroux, 1997; O'Neill, 1998, p. 28; Dion, 1999). Quant à l'éthique publique ou gouvernementale, elle constitue un domaine particulier de l'éthique sociale. Dion la définit comme étant « une réflexion critique sur l'éthique véhiculée par les instances gouvernementales à travers leurs pouvoirs exécutifs, législatifs et judiciaires » (1999, p. 82).

La demande actuelle d'éthique puise sa source dans de nombreux phénomènes spécifiques aux sociétés modernes: la mondialisation des marchés, les tensions Nord-Sud, le rétrécissement du public, les nouvelles menaces à la santé publique et à l'environnement (sida, pollution), l'évolution des sciences et des technologies, l'effritement des repères religieux, les préoccupations envers les droits de l'homme et débats relatifs à l'euthanasie, etc. Le questionnement éthique, dans la mesure où il n'indique pas une ligne de conduite rigide, mais prend en considération les différentes valeurs conflictuelles en présence, concorde avec l'accroissement des incertitudes et la multiplication des intervenants sociaux et des positions (Giroux, 1997, p. 33-36). Il est lié à l'hésitation, à la négociation, à la décision. Pour sa part, Guy Rocher (1996) parle de désenchantement et de doute.

L'intérêt que suscite l'éthique ne signifie pas la fin des idéologies mais repose sur une impression de stagnation, un manque de pragmatisme et de reconnaissance par ces dernières de la complexité des éléments de la situation.

En effet, les débats entourant la privatisation des services de santé et des services sociaux ont eu tendance jusqu'à ce jour à se polariser autour de l'idéologie du « welfare » et de l'idéologie libérale, comme s'il fallait choisir entre étatisation et privatisation (Rocher, 1996). Comme le souligne Vaillancourt (1997, p. 41), en s'obstinant à ramener l'analyse et l'intervention à ces deux seuls scénarios, « on risque de s'enfermer dans une problématique dépassée vouée à avoir peu d'impact sur l'évolution des politiques sociales». En effet, la principale revendication de l'idéologie sociale-étatique en faveur d'un élargissement de l'offre publique de services ne semble pas tenir compte de la place dominante occupée par le secteur marchand de l'hébergement. Il est peu probable dans le contexte social, politique et économique actuel que ce mouvement déjà très avancé de privatisation connaisse un recul significatif. Quant à la vision libéraliste, qui mise sur un transfert croissant des responsabilités en direction du marché, elle omet de considérer la vulnérabilité et la situation de dépendance qui affectent les clientèles concernées. Campées dans leurs paradigmes idéologiques, ces deux approches, en insistant sur la fonction de l'État (en termes de degré d'engagement ou de contrôle), excluent le débat éthique sur les finalités d'une intervention publique.

Compte tenu des faits en présence, des valeurs reconnues et des transformations sociales, c'est sur la légitimité de l'intervention de l'État que la discussion doit porter (Clark, 1993). À l'instar de Rocher, nous croyons à une réflexion éthique «accrochée aux exigences de la modernité» qui reconnaît la place du privé et du public, du libre marché et de l'État, pour ainsi rechercher les modalités de coexistence (Rocher, 1996, p. 106). Dans son ouvrage *Éthique économique,* Rich parle d'une « éthique de la médiation ou de la structuration sociale» (cité par O'Neill, 1998 ; Dion, 1999). À quelle régulation « consensuelle » des résidences privées, la demande d'éthique renvoie-t-elle ?

2.2.1.1. La responsabilisation des acteurs ou la régulation étatique ?

Puisque le cadre actuel régissant les résidences privées se révèle inadéquat dans la mesure où il n'assure pas un bien-être à tous les aînés concernés et un respect de leurs droits fondamentaux, vaut-il mieux privilégier une régulation externe de l'État (du sommet vers le bas) ou une autorégulation des milieux ? Tentons d'abord de clarifier la notion centrale de régulation, qui est étroitement associée à celle de contrôle. Le concept de régulation est entendu ici dans son sens large, faisant référence à toute action menée dans le but de maintenir l'équilibre d'un secteur d'activité (soit, dans le cas qui nous intéresse, le secteur marchand d'hébergement) et éviter certaines dérives (Day, 1996 ; Day, Klein et Redmayne, 1996 ; Johnson *et al.*, 1998). Avec cette définition, la fonction régulatrice de l'État ne se limite pas à la réglementation ; elle s'exerce à travers de multiples mécanismes d'intervention qui peuvent être classés en fonction de leur nature ou niveau de « contraignabilité » (*policing model* vs *consultancy model*), ou encore de leur objet (droit d'opération, financement, contrôle de la qualité, etc.). De même, la notion d'autorégulation laisse place à une foule d'initiatives ou de modalités d'intervention (constitution de comités de résidents, adoption de codes d'éthique en résidences, grille d'autoévaluation de la qualité, etc.).

Selon Rocher (1994, 1996) et Giroux (1997), le retour de l'éthique dont nous venons de faire état, non étranger à la vague de la rectitude politique, aurait tendance à être récupéré aux fins d'une plus grande régulation externe de la vie et d'une codification des normes de conduite. « Plus on sent et craint le vide moral et plus on sent la demande de morale, plus on risque d'être entraîné dans des excès de régulation qui se prennent pour la vertu et pour la pureté morale » (Rocher, 1994, p. 25-26).

Cette « tendance lourde à la régulation hétéronome » (Giroux, 1997, p. 19) s'observerait dans la multiplication des processus de contrôle social visant la société civile, particulièrement les groupes dits à risques. La détermination de mesures ou de programmes susceptibles d'avoir un impact positif sur le bien-être des personnes âgées hébergées se heurte toutefois à un double obstacle scientifique : l'absence de consensus sur les facteurs associés à la qualité et sur l'efficacité des contrôles externes (permis, présence d'un ombudsman, procédure d'inspection, etc.). Outre cette réserve quant à l'efficacité même d'un contrôle étatique, il faut prendre acte aussi du fait que le mouvement actuel de remise en question de l'État-providence et de son hégémonie milite en faveur de la prise en charge des problèmes sociaux par les acteurs de la communauté.

Cette thèse rejoint la vision postmoderniste d'Yves Boisvert, responsable de la nouvelle revue *Éthique publique*. Selon son approche, la vogue de l'éthique s'inscrit dans une certaine désaffection du politique, un « rétrécissement » du public, voire plus fondamentalement une redéfinition des rapports individu-société-État (Boisvert, 1997). La quête d'éthique serait plutôt porteuse d'une nouvelle forme de régulation non étatique, laissant plus de place à l'hétérogénéité de la société et à son autorégulation. L'approche d'autorégulation répondrait mieux aux nouvelles exigences de la société moderne et au principe de responsabilisation des citoyens concernés, qui sont, dans la situation présente : les résidents âgés, leurs proches ou membres de la famille, les propriétaires et employés des résidences privées, puis les intervenants du réseau public. Or, la participation des aînés et des membres de leur famille dans la gestion de la vie quotidienne est quasi inexistante, à l'exception de quelques rares comités de résidents. Si l'implication civique des résidents âgés et de leurs proches doit être promue et renforcée, elle demeure dans les faits grandement limitée par leur capacité (physique, intellectuelle et sociale) et la culture organisationnelle des milieux. La réalité des résidences privées est bien loin de la gestion participative, de l'approche-client, ou de la mobilisation des employés envers la qualité totale ! Quant aux propriétaires, si leur volonté de responsabilisation et d'autonomisation est plus explicite, leur tentative collective d'autorégulation a échoué (nous faisons ici référence au projet d'autoévaluation de sa résidence développé par l'Association des résidences pour retraités du Québec – ARRQ). Finalement, les gestionnaires et travailleurs sociaux du réseau public apparaissent plutôt paralysés par leur cadre d'intervention. Toutefois, l'absence de prise de position collective n'empêche pas certains travailleurs sociaux d'user de leur marge de manœuvre professionnelle pour « contourner » les limites du système dans l'intérêt de leur client. Nous pensons entre autres à la stratégie qui consiste à hausser légèrement l'évaluation du nombre d'heures de soins requis par une personne âgée qu'on soupconne d'être victime d'abus dans son environnement immédiat, afin qu'elle devienne admissible dans un autre milieu de vie.

Les postmodernistes croient à la coexistence pacifique de ces différences qui, loin de mener à un éventuel chaos, donnerait lieu au développement d'un consensus social (Boisvert, 1997, p. 62). L'éthique contemporaine chercherait ainsi le terrain d'entente qui favoriserait maximalement les différents groupes d'intérêts. Leur analyse tend à démontrer que l'État, en apparence absent, participe à ce courant pro-éthique, lequel peut d'ailleurs constituer une voie politiquement rentable. « Il serait intéressant de voir dans quelle mesure la nouvelle conversion éthique de nos gouvernements s'inscrit dans un processus de délestage de plusieurs problèmes qu'ils ne peuvent plus régler » (Boisvert, 1997, p. 70).

Or, l'analyse des enjeux éthiques en présence tend à démontrer que ce sont les citoyens âgés les plus vulnérables qui font les frais du contexte actuel et du « silence permissif » de l'État dans le dossier des résidences privées. Bien que nous soyons favorable à un contrôle accru de la société civile et des individus qui la composent sur leur destinée, la situation particulière des résidences privées n'y est pas propice et interpelle l'intervention régulatrice de l'État au nom d'une plus grande justice sociale. Boisvert précise d'ailleurs que, dans une approche d'éthique publique, l'État n'a pas perdu sa raison d'être mais est appellé à adapter son intervention à la dynamique sociale. Le défi consiste alors à trouver une perspective de réactualisation de l'État, ni absent ni omniprésent, en déterminant les principes généraux et valeurs qui doivent servir de repères, de guide.

2.2.1.2. La légitimité d'une intervention de l'État

Comme nous l'avons déjà mentionné dans ce chapitre, les principales valeurs et enjeux éthiques en cause dans le développement des résidences privées se rapportent au respect des droits fondamentaux des personnes âgées, particulièrement de leur droit à la liberté contractuelle, à la qualité de vie (dont l'accès aux soins est une composante essentielle) et à la protection contre toute forme d'abus. L'analyse de ces valeurs révèle qu'elles peuvent entrer en compétition : l'adoption de mesures de protection ou de normes de qualité dans les résidences ouvre une brèche sur le principe des libertés fondamentales. En outre, l'examen des principales valeurs devant guider le processus public ne saurait se limiter à une vision individuelle des droits ; il doit mettre en perspective les droits collectifs (Clark, 1993). En effet, la légitimité d'une intervention régulatrice de l'État se pose dans un contexte de crise institutionnelle et de valorisation du pluralisme social, plutôt favorable à la déréglementation et à la responsabilisation des individus (Giroux, 1997). En présence de ces conflits de valeurs, le rôle du droit n'en est-il pas un d'arbitrage, en tant qu'instrument au service des choix sociaux ? La philosophie du droit élabore diverses théories sur les fondements de l'intervention du droit (outil privilégié de l'intervention de l'État) dont trois sont particulièrement pertinentes à notre objet d'étude : l'utilitarisme, le libéralisme et la théorie de la justice sociale.

Aux yeux des utilitaristes (doctrine défendue par J.S. Mill), les décisions politiques et sociales devraient se prendre sur la base de leur utilité sociale, de l'obtention du bien commun. Les actes de justice correspondent à des exigences sociales qui sont les plus importantes. La maximisation de l'utilité est donc, très explicitement, le principe moral unique de cette théorie et peut même s'appliquer au détriment de certains groupes minoritaires. Dans ses travaux sur l'éthique et la distribution des soins de santé, Boitte (1995) associe à la théorie utilitariste le souci actuel, voire l'obsession, de l'efficience en vue de rationaliser l'allocation des ressources. Il est peu probable que la protection des personnes très âgées vivant en résidence privée et leur droit d'accès à des soins de qualité constituent, d'un point de vue utilitariste, une priorité justifiant une intervention étatique. La morale utilitariste ou sa logique contemporaine du « coût-efficacité » fait resurgir la question de la contribution ou de l'utilité sociale des personnes âgées, surtout celles très âgées et en perte d'autonomie. Il y a de bonnes raisons de douter que l'utilitarisme fournisse une base pour un droit à un minimum de soins et à une qualité de vie décente pour les aînés en résidence privée.

À l'opposé, selon la thèse libérale, l'individu constitue le point de départ de la société. Dans sa forme pure (Nozick, 1974), elle prône un développement libre de la personne et ne tient pas compte des inégalités sociales et sanitaires. Chacun est totalement libre de se procurer les soins et services de santé qu'il souhaite ou qu'il a les moyens de s'offrir sur le marché (Boitte, 1995, p. 125). Le droit y est alors défini comme la condition sociale qui rend possible la liberté. Une limite à la liberté individuelle n'est justifiée que si elle entrave la liberté des autres.

Pour les tenants de l'idéologie néolibérale, qui accordent une fonction première au marché, l'intervention de l'État doit se borner à corriger après coup ses effets néfastes, « tout en assurant la garantie des contrats » (Dumond, 1994, p. 4). Cette vision du rôle étatique justifierait la mise en place de mesures non contraignantes permettant aux citoyens âgés d'exercer plus « librement » et de façon « plus éclairée » leur choix d'une résidence privée. En revanche, ils rejetteraient sûrement toute intervention « protectionniste » de l'État ou imposition de normes, considérées comme une ingérence dans les droits individuels des personnes hébergées et dans la liberté d'entreprise. La montée actuelle du néolibéralisme se fait d'ailleurs protagoniste des libertés individuelles contre les pouvoirs publics, de l'initiative privée contre l'intervention étatique (Rocher, 1996). Or, compte tenu de la vulnérabilité de nombreux résidents âgés, nous ne pouvons adhérer à la théorie libérale dans le contexte de l'hébergement et laisser opérer les lois du marché.

La théorie de la justice de Rawls (version originale parue en 1971 et traduite en français par Audard en 1987) fournit un cadre d'analyse particulièrement adapté à l'objet de la présente étude. Cette théorie est souvent présentée comme apportant une légitimation à une société social-démocrate, qui associe à une économie de marché la protection des droits individuels et une législation sociale au bénéfice des plus défavorisés (Van Parijs, 1984, p. 26 ; Dworkin, 1997). Précisons que la théorie de la justice de Rawls laisse totalement ouverte la question du choix entre le socialisme et le capitalisme au sens de la propriété collective ou privée des biens. Son intérêt est de proposer un ordre de priorité des valeurs visant à harmoniser l'apparente opposition entre les droits individuels et les droits collectifs pour atteindre une plus grande justice sociale. La prochaine section du chapitre est consacrée à l'imposante théorie de John Rawls, que nous aborderons sous l'angle de sa double originalité, soit son contenu et sa méthode. Ainsi, dans la première sous-section, nous exposons la hiérarchie des principes de la justice sociale et, dans la seconde, nous traitons de sa procédure ; son application en amont et en aval.

2.2.2. LA THÉORIE DE LA JUSTICE SOCIALE COMME GUIDE NORMATIF

• Son contenu : la hiérarchie de principes

Tous les écrits consultés commencent en qualifiant l'ouvrage *A theory of justice* de John Rawls, professeur de Harvard, d'aride, long et complexe (Ladrière et Van Parijs, 1984 ; Audard, 1988 ; Berten, Silviera et Pourtois, 1997). Ils s'entendent aussi pour louanger l'intérêt et l'impact énorme de

83

cette œuvre, qui selon Meyer «fait partie du panthéon de la philosophie politique et sociale» (1984, p. 37). Aucune théorie éthique n'a connu un tel succès depuis John Stuart Mill et son utilitarisme. Nous sollicitons donc l'indulgence du lecteur devant notre tentative d'en rapporter les éléments philosophiques essentiels à notre étude.

John Rawls présente sa théorie de la justice comme étant une théorie *déontologique*, puisqu'elle respecte la priorité du juste dans la distribution des biens, et *antiperfectionniste*, en ce qui a trait à sa définition du bien à distribuer. Cette théorie libérale réaffirme donc *la priorité du juste sur le bien* (Kant) et est soutenue par trois présupposés de base qui s'appliquent très bien au contexte de l'hébergement privé: la rareté modérée des ressources (l'offre est moindre que la demande), la reconnaissance du fait du pluralisme (l'existence d'un désaccord dans les conceptions du bien défendues par les individus) et la reconnaissance de tous les membres de la société comme des individus rationnels et raisonnables (Berten *et al.*, 1997, p. 30-35). Les critiques sur ce dernier postulat sont nombreuses et soutiennent que la théorie évacue et nie l'existence de l'irrationnel, de l'irresponsable, du terroriste. Nous reviendrons sur ce point dans la prochaine section.

L'originalité du contenu de la théorie rawlsienne repose sur deux célèbres principes. Pour Rawls, la justice exige une distribution strictement égale de certains «biens primaires» (*principe d'égale liberté*), qui comprennent notamment les libertés fondamentales, les chances d'accès et les bases sociales du respect de soi. Il y a lieu de considérer que la justice sociale comme valeur centrale n'implique pas seulement un minimum pour survivre mais un niveau de vie décent et certaines circonstances favorables dites «chances d'accès». Cette distribution égale des biens primaires est ensuite complétée par une autre, qui tient compte des inégalités des chances (*principe de la différence*). Il y a pour Rawls une hiérarchie entre ces deux grandes exigences, principe d'égale liberté puis principe de différence, au sens d'une priorité.

L'ordre entre les deux principes est *lexicographique*, ce qui signifie que le second principe ne peut être appliqué que si le premier l'est ou que s'il ne contrevient pas à l'application du premier principe (Van Parijs, 1984). «Il n'est donc pas question de privilégier l'égalisation des conditions au détriment des libertés fondamentales ou de l'égalité des chances» (Meyer, 1984, p. 39). Une société sera jugée plus juste si ses libertés fondamentales sont plus grandes et plus également distribuées. Sur ce, la théorie de la justice sociale se distingue de l'utilitarisme qui considère plus juste une société qui maximise la somme (ou la moyenne) des niveaux de bien-être de ses membres, sans se soucier de leur distribution entre les membres. Or, pour Rawls, la manière dont les biens sont répartis est essentielle. Sa hiérarchie des valeurs ou principes exige que la société maximise le sort de ses membres les plus défavorisés (sans aller à l'encontre du premier principe). Rawls refuse catégoriquement le sacrifice des citoyens plus défavorisés au nom de l'efficacité économique ou de ce qu'on appelle le « libéralisme sauvage ».

> [...]dans une société juste, les libertés de base sont considérées comme irréversibles et les droits garantis par la justice ne sont pas sujets à des marchandages politiques ni aux calculs d'intérêts sociaux. (Rawls, traduit par Audard, 1987, p. 59.)

Rawls reste muet sur sa définition des « plus défavorisés ». Quels sont les paramètres ou caractéristiques de cette défaveur ? Fait-il allusion aux biens primaires « naturels » (handicaps physiques ou intellectuels), aux biens sociaux (faible revenu et scolarité, absence de pouvoir), etc. ? Quelle que soit la réponse, l'attention portée au sort des plus démunis est essentielle à la théorie de la justice. C'est cette dimension qui rejoint le plus les préoccupations du service social (Wakefield, 1988) et nos convictions profondes.

Il faut reconnaître que la définition des biens primaires est plutôt nébuleuse. Rawls affirmera un peu plus tard dans ses écrits qu'il s'agit d'une conception relative des biens « publiquement partagée par les citoyens » et non d'un index de satisfaction individuelle « *one rational good* » (Rawls, 1987). Quelle serait cette conception partagée du bien primaire pour les aînés vivant en résidences privées ? Selon le philosophe, il y a place dans une culture donnée pour une certaine convergence des valeurs en dépit d'une hétérogénéité dans les conceptions du bien choisies par les individus. Cette vision est bien entendu critiquée par les communautariens Taylor, Sandel et MacIntyre, qui considèrent que l'adoption d'une valeur renvoie aux liens d'appartenance sociale donc à l'analyse par groupes d'intérêts (Walzer, 1997).

Malgré ces imprécisions dans les concepts de *biens primaires* et de *plus défavorisés*, l'intérêt de la théorie est de passer d'une considération classique du respect formel des droits de l'homme et du citoyen à une préoccupation distributive susceptible de guider la pratique et les choix (Meyer, 1984 ; Dworkin, 1997). La prochaine section traite de son application.

• Sa procédure, son application

La théorie de la justice sociale s'appuie sur une procédure à deux volets : une en amont et l'autre en aval.

La procédure en amont, que l'on pourrait qualifier d'approche déductive, consiste à faire appel à une situation « fictive » pour convenir des principes généraux à adopter. Rawls parle d'un recours à une « position originelle » où se pose la question de la justice et qui permet d'articuler certaines de nos convictions. Il s'agit pour les parties concernées de négocier un contrat social par lequel elles seront liées dans la vie réelle, mais sans savoir quelle position sociale elles occuperont (Van Parijs, 1984, p. 5-6). Selon Rawls, une telle négociation « sous le voile de l'ignorance » conduit nécessairement à l'adoption de ses deux principes décrits précédemment. Cette procédure en amont se situe au niveau des généralités, d'une certaine universalité de ses principes, laquelle constitue la partie de sa théorie qui a engendré le plus de confusion et de critiques (Meyer, 1984 ; Berten, 1997). En effet, Rawls ne résout pas ici toutes les questions ; on voit mal des individus statuer sur un contrat sans connaître leurs intérêts. Dans ses travaux ultérieurs, Rawls (1987 [1971], 1988, 1997) fut d'ailleurs appelé à préciser et à raffiner sa pensée sur ces aspects en faisant valoir leur caractère « raisonnable » et « ajusté » au contexte social donné.

> [...] finalement nous trouverons une description de la situation initiale qui à la fois exprime les conditions raisonnables et fournit les principes qui correspondent à nos jugements bien pensés, dûment élagués et ajustés. Je qualifie cet état de chose d'équilibre réflexif. (Rawls, 1987 [1971], p. 20)

La procédure en aval convient mieux aux finalités de cette thèse, qui n'a pas de prétention philosophique mais davantage une préoccupation sociale et appliquée. Cette seconde démarche proposée par Rawls, de nature inductive, consiste à examiner si l'application « raisonnable » de ses deux principes, dans des cas plus spécifiques, mènerait aux mêmes jugements. Le critère de « raisonnabilité » dans l'application des principes de justice doit être interprété en accord avec les conditions sociales et historiques d'une société donnée. Il ne faut pas perdre de vue que la théorie de Rawls ne constitue pas en soi un modèle de société (Van Parijs, 1984), mais un critère d'évaluation des institutions et des politiques sociales qui se doit d'être complété par une analyse empirique de leur évolution et fonctionnement actuel.

Selon notre interprétation, la théorie rawlsienne préconise l'adoption de mesures qui garantissent le respect des droits fondamentaux de tous (principe d'égale liberté) qui sont ensuite complétées par d'autres mesures qui tiennent compte des inégalités de chances et d'accès dues aux « handicaps » physiques, intellectuels et sociaux (principe de la différence). La théorie de la justice reconnaît que tous les individus ne sont pas égaux, que la loi n'a pas le même effet sur tous, d'où la nécessité d'adopter des mesures pour compenser les inégalités. Appliqué au contexte de l'hébergement privé non agréé, le premier principe pourrait justifier l'imposition de normes (de base) qui garantiraient à tous les résidents âgés l'accès à un milieu de vie décent répondant à des normes de qualité «socialement admises». La liberté individuelle dans le choix de sa résidence de même que la liberté contractuelle seraient toujours préservées. Le deuxième principe de Rawls, qui se préoccupe des plus défavorisés, appellerait une intervention relativement à la situation des résidents en perte d'autonomie qui n'ont pas la capacité d'assumer financièrement les soins d'assistance et les services requis par leur condition. La théorie de la justice légitimerait dès lors l'utilisation de fonds publics pour soutenir les personnes âgées qui sont vulnérables financièrement, physiquement ou intellectuellement (Ost, 1988). De telles mesures (allocations ou autres) seraient considérées justes parce qu'elles s'adresseraient aux plus démunis sans pour autant contrevenir au premier principe.

Nous aimerions, pour conclure, nous pencher sur un autre aspect de la théorie de Rawls qui présente un intérêt eu égard à l'illégalité dans laquelle se retrouvent certaines résidences privées : son traitement des dissidences. Selon Rawls, les « irresponsables », ne doivent pas susciter l'intolérance mais plutôt provoquer une remise en question des législations et des politiques de l'État. La désobéissance civile peut être définie comme un acte public volontaire, non violent, contraire à la loi et accompli le plus souvent pour amener un changement dans la loi ou dans la politique du gouvernement (Rawls, cité par Audard, 1984, p. 93).

Mais au-delà de ces considérations théoriques, il faut comprendre que l'intervention du droit s'inscrit dans une réalité sociale. En ce sens, elle doit idéalement correspondre à la volonté des membres de la collectivité, à leurs «jugements bien pensés», d'où l'intérêt d'interroger les principaux concernés. Dans notre recherche terrain, nous interviewerons des résidents, des propriétaires de résidences privées et des intervenants-gestionnaires du réseau public de santé pour connaître, comprendre et comparer la façon dont les uns et les autres perçoivent les valeurs et les interventions à privilégier (Ulz, 1967). Les données recueillies refléteront peut-être l'adhésion à une hiérarchie des valeurs et des principes fondamentaux en présence, à partir de laquelle nous pourrons tenter de dégager une certaine éthique collective. Il sera intéressant de voir si cette éthique en émergence correspond aux principes mis de l'avant par Rawls.

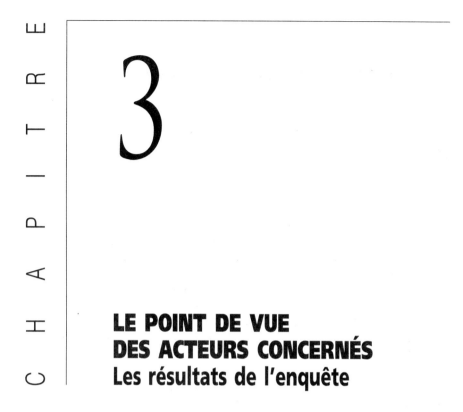

CHAPITRE

3

LE POINT DE VUE
DES ACTEURS CONCERNÉS
Les résultats de l'enquête

Le phénomène de privatisation, appliqué au secteur de l'hébergement des
personnes âgées, nous est apparu un enjeu social suffisamment important
et complexe pour justifier une démarche de recherche. C'est avec la ferme
conviction qu'il fallait donner la parole aux acteurs directement concernés
que nous avons entrepris une collecte de données terrain combinant les
méthodes quantitatives et qualitatives. L'objectif visé était de connaître et
de comparer les points de vue des principaux intéressés mais aussi de saisir
et de mieux comprendre les enjeux et les dynamiques en présence. Ce
chapitre présente les résultats de la recherche ; il comporte quatre sections.

La première partie rend compte des stratégies d'observation retenues
et donne le profil des acteurs ayant participé à l'enquête postale et aux
groupes de discussion. La deuxième partie fait état de la perception qu'ont
les différents acteurs de la vulnérabilité des résidents âgés. La troisième
porte sur leur appréciation des enjeux éthiques, soit le niveau de respect
de certaines valeurs fondamentales. Finalement, les opinions relatives à
l'adéquation du cadre actuel et à la pertinence d'une régulation de l'État
constituent l'objet de la dernière section. Afin de rendre cet exposé des
résultats plus dynamique, et par souci de validation, chacune des sections
présente d'abord les données quantitatives suivies des données qualitatives.
Ce processus s'inscrit dans une démarche de triangulation.

3.1. MÉTHODOLOGIE MIXTE DE RECHERCHE

Le choix de la méthodologie de recherche s'appuie sur les constats qui ont été mis en évidence dans les deux chapitres précédents. Les premiers ont trait à l'expansion fulgurante des résidences privées au Québec, à leur très grande hétérogénéité et à la vulnérabilité des clientèles hébergées. Il est apparu que les résidents, particulièrement ceux du quatrième âge, présentent plusieurs facteurs de vulnérabilité : au regard de la santé physique et cognitive, sur les plans social (isolement) et économique (précarité financière ; Memmi, 1979, 1997 ; Vézina, Pelletier et Roy, 1994 ; Bravo *et al.*, 1997-1999). Parallèlement, la recension des écrits a fait ressortir la faiblesse et le flou du cadre d'opération des résidences privées au Québec, et ce, quant à la nature, l'objet et les modalités d'application des règles qui les régissent (Commission des droits de la personne et des droits de la jeunesse, 2001 ; Charpentier, 1999b), soulèvant des enjeux éthiques importants en ce qui a trait à la qualité de vie et à l'accès aux soins. Le système actuel basé sur la libre entreprise et le principe de liberté contractuelle risque d'entretenir, voire d'accentuer, les inégalités déjà présentes, jusqu'à priver les plus démunis des services requis par leur condition. Quant aux mesures de protection pour contrer les risques d'abus et de mauvais traitements, les données recensées ont démontré que leurs modalités d'application (par un système de plaintes) limitent leur efficacité.

La collecte de données terrain se proposait donc d'interroger les principaux acteurs du secteur public et du secteur privé sur la vulnérabilité des résidents, le respect de leurs droits fondamentaux et la pertinence d'une régulation des résidences privées au Québec. Quelles sont les positions des acteurs concernés et les valeurs qu'ils véhiculent ? Pour recueillir ces données sur le terrain, une méthode de recherche mixte, combinant un volet quantitatif et qualitatif, a été privilégiée : soit l'enquête postale et les groupes de discussion. Plusieurs chercheurs dont McWilliam (1997) ont mis en évidence l'importance d'inclure les gens concernés par l'objet d'étude afin d'obtenir un meilleur impact sur les politiques en matière de santé et de vieillissement. De plus, lorsque les projets sont complétés, ces intéressés, à travers leurs associations respectives, sont portés à réagir aux résultats et peuvent jouer un rôle important dans leur diffusion. Dans ce sens, l'intérêt porté à cet ouvrage par la Fédération de l'âge d'or du Québec (FADOQ), le Conseil des aînés et l'Association des résidences pour retraités du Québec (ARRQ), qui s'est concrétisé par l'envoi de courts textes d'opinion, s'est révélé très stimulant et garant de retombées dans les milieux.

D'un point de vue scientifique, les chercheurs, dont Lefrançois (1995) en gérontologie, ont fait valoir que ce pluralisme méthodologique assure une bonne validité au devis de recherche, et ce particulièrement lorsque l'objet d'étude est complexe et a été peu investigué. Parmi les arguments évoqués, ces derniers rejoignent nos convictions:

> À moins d'incompatibilité absolue entre les données, nous pouvons en déduire qu'un agencement cohérent et harmonieux de deux ou plusieurs méthodes d'observation appréhendera mieux une réalité complexe qu'une méthode unique. Cette allégation nous rappelle que la méthode est un outil et non une fin en soi ; son rôle est de s'adapter au problème à l'étude et non l'inverse. (Lefrançois, 1995, p. 56)

Les sous-sections 3.1.1. et 3.1.2. présentent les principaux éléments du devis de recherche.

3.1.1. LE QUESTIONNAIRE POSTAL

La population visée par l'étude était composée des principaux acteurs du réseau public et privé concernés par le développement des résidences privées pour personnes âgées, dans la région administrative de l'Estrie (région urbaine et rurale). L'Estrie, notamment par sa réalité biculturelle, est considérée comme une région représentative du Québec. À preuve, on y effectue souvent des études de marché avant d'étendre un produit à l'échelle de la province ou du pays (les prises de téléphone multiples et la carte Mondex en sont deux exemples récents). Plusieurs indices tendent à démontrer que la situation des résidences privées en Estrie ne diffère pas de celle des autres régions: la répartition du nombre de lits d'hébergement dans le réseau sociosanitaire y est similaire, le cadre législatif et les politiques ministérielles régissant les résidences privées s'appliquent à l'ensemble du Québec. Toutefois, les résultats présentés ne sauront être représentatifs du point de vue des acteurs d'autres origines ethniques, ces derniers étant sous-représentés dans la région investiguée. Après ces commentaires sur la validité externe de l'étude, voici quelques explications relatives à la stratégie d'échantillonnage.

• L'échantillonnage

Pour le réseau public des services de santé et services sociaux, nous avons retenu comme unités d'échantillonnage les gestionnaires de la Régie régionale de la santé et des services sociaux (RRSSS) et des établissements avec permis du MSSS (CLSC-CHSLD) qui s'occupent du dossier des résidences privées (système de plaintes, comité d'orientation et d'admission à l'hébergement, services de soutien à domicile, etc.), de même que les

travailleurs sociaux œuvrant dans l'orientation et le placement des personnes âgés (en centres hospitaliers ou unités de courte durée gériatrique,
en CLSC, en centres de jour, etc.). Les propriétaires des résidences privées
pour personnes âgées en Estrie constituaient l'échantillon du réseau privé.
Même si nous reconnaissons l'importance de recueillir le point de vue des
utilisateurs de services, il nous est apparu inapproprié d'acheminer un
questionnaire postal aux résidents âgés. Compte tenu de la vulnérabilité
de plusieurs d'entre eux, une telle sollicitation aurait risqué d'avoir des
répercussions négatives et d'engendrer beaucoup d'insécurité.

Le tableau ci-dessous présente la base de l'enquête opérationnalisée
à partir de la liste des établissements avec permis du MSSS (2000) et sans
permis (1999) en Estrie, fournie par la Régie régionale de l'Estrie. La
liste des gestionnaires de chaque établissement (ou fusion d'établissements) a été mise à jour par contact téléphonique (avril 2000) en raison
des nombreuses mutations de cadres dans le réseau de la santé. La liste
des travailleurs sociaux œuvrant en gérontologie a été constituée à l'aide
du répertoire de l'Ordre professionnel des travailleurs sociaux du
Québec, qui compte 60 membres en Estrie sur un total de 188 à l'échelle
provinciale.

Tableau 8
Dénombrement des acteurs du réseau public et du réseau privé en Estrie concernés par le développement des résidences privées pour personnes âgées, 2000

Catégories d'acteurs selon le réseau	Nombre d'acteurs
Réseau public	
• gestionnaires d'établissements du réseau de la santé et des services sociaux (RRSSSE, CLSC-CHSLD)	56
• travailleurs sociaux en gérontologie	39
	Sous-total : 95
Réseau privé	
• propriétaires de résidences privées pour personnes âgées sans permis du MSSS	130*
	Sous-total : 130
	Total : 225

* Ce nombre exclut les résidences gérées pour et par les communautés religieuses ($n = 3$)
et tient compte du fait qu'un propriétaire peut détenir plusieurs résidences mais ne sera
sollicité qu'une seule fois.

Après examen des avantages et inconvénients des différentes stratégies d'échantillonnage, il fut décidé de retenir tous les acteurs inventoriés pour constituer l'échantillon. Cette décision assure une excellente validité à l'étude en termes de représentativité et permet d'atteindre des tailles suffisantes pour procéder à des analyses bivariées.

L'inventaire des acteurs du réseau public et privé donnant des tailles similaires, des analyses comparatives de la position des deux groupes pouvaient être réalisées. Finalement, le questionnaire étant autoadministré et acheminé par la poste, il en coûtait peu pour interroger l'ensemble de la population visée par l'étude. S'appuyant sur les travaux et l'expertise de Salant et Dillmann (1994, p. 43) en matière de sondage postal, nous nous attendions à un taux de réponse d'environ 60 %.

Le questionnaire postal a été conçu spécialement pour mener cette étude. La principale difficulté consistait à convertir les concepts de base (vulnérabilité, valeurs fondamentales, régulation) en questions utiles, non ambiguës et signifiantes pour les répondants (Salant et Dillman, 1994 ; Bourque et Fielder, 1995 ; Fink, 1995 ; Ghiglione et Matalon, 1998). Les questions, regroupées en trois thèmes (la clientèle, les valeurs et les scénarios d'intervention), étaient fermées et ordonnancées. Elles invitaient le sujet à cocher, sur une échelle de Likert à 4 degrés (ce qui oblige à se positionner), la réponse correspondant le mieux à son opinion. Ces questions reprenaient l'essentiel des concepts retenus : la vulnérabilité des résidents, les enjeux éthiques et les droits des résidents, l'adéquation du cadre actuel et la pertinence d'une régulation.

• *Le profil des répondants*

L'envoi du questionnaire aux 225 acteurs de l'échantillon de base fut suivi d'une lettre de rappel puis, sept semaines plus tard, d'une relance téléphonique effectuée par une assistante de recherche. Pour des raisons de fermeture de poste ou de résidences, ou parce que nous n'avons pu les joindre, 12 acteurs ont été exclus. Sur 213 personnes sollicitées, 139 ont retourné leur questionnaire, soit un taux de participation de 65 %. Signalons que deux questionnaires incomplets ont été rejetés. Si l'on considère que les gestionnaires, de même que les intervenants sociaux sur le terrain, sont très occupés et conséquemment difficiles à mobiliser, ce résultat est jugé satisfaisant. On constate toutefois que la participation des acteurs du réseau public a été plus élevée que celle des propriétaires de résidences privées (*cf.* tableau 9), une différence qui peut s'expliquer notamment par la participation massive des travailleurs sociaux (33 sur 39). Il y a lieu de croire que notre thématique les intéressait particulièrement. Cependant,

Tableau 9
Comparaison des répondants et des non-répondants au sondage

	Gestionnaires et travailleurs sociaux Secteur PUBLIC	Propriétaires d'une résidence Secteur PRIVÉ	Total	
Répondants	65 (70,7 %)	72 (59,5 %)	137	$\chi^2 = 2,83$
Non-répondants*	27 (29,3 %)	49 (40,5 %)	76	(p = 0,0925)
Total	92	121	213	

* 74 questionnaires non retournés, plus 1 questionnaire reçu avec un retard important et 1 questionnaire avec une page manquante.

en comparant le taux de réponse des acteurs du secteur public et du secteur privé (soit en excluant les deux questionnaires rejetés), on constate que les différences observées ne sont pas statistiquement significatives.

L'échantillon final, comprenant 137 sujets, se répartit en deux groupes de taille relativement semblable : 65 répondants pour le secteur public et 72 pour le privé. Les deux groupes de répondants désignés privé-public, dont nous comparerons plus loin les perceptions, présentent des profils similaires en ce qui a trait au sexe et à l'âge, comme en témoigne le tableau 10. Il s'agit très majoritairement de femmes, lesquelles constituent 70,6 % de l'échantillon, et de personnes âgées de 30 à 50 ans (51,1 %) et de plus de 50 ans (40,9 %). Les jeunes de 30 ans et moins se retrouvent presque exclus de ce champ d'activité sociale.

Nous sommes toutefois confrontée à un manque de données descriptives sur les non-répondants, ce qui constitue une limite de l'étude. Bien que la réponse à l'enquête ait été positive et que les commentaires écrits (n = 63) dénotaient un grand intérêt pour la question à l'étude, le taux de non-réponse n'a pas été négligeable. En effet, ce dernier était de 29,3 % pour les gestionnaires et travailleurs sociaux du secteur public et de 40,5 % pour les propriétaires de résidence. La relance téléphonique n'a pas permis, tel que nous l'aurions souhaité, de documenter la non-réponse puisque peu de gens (n = 6) ont exprimé leur refus de participer, alléguant qu'ils allaient répondre sous peu. Il n'a donc pas été possible de vérifier si les non-répondants à l'enquête présentaient des caractéristiques différentes des répondants.

Outre son volet quantitatif, cette étude a suscité une participation à des groupes de discussion qui ont réuni, par catégories d'acteurs, des gestionnaires et intervenants sociaux du réseau public de la santé, des

Tableau 10
Profil des répondants au sondage postal

	Ensemble des répondants (n = 137)	Gestionnaires et travailleurs sociaux Secteur PUBLIC (n = 65)	Propriétaires d'une résidence Secteur PRIVÉ (n = 72)	Comparaison des 2 groupes (valeur p)
Occupation principale				
Gestionnaire	32 (23,4 %)			
Travailleur social	33 (24,1 %)	s.o.		
Propriétaire d'une résidence privée	72 (52,6 %)			
Sexe	(n = 136)			
Homme	40 (29,4 %)	18 (27,7 %)	22 (31,0 %)	0,67
Femme	96 (70,6 %)	47 (72,3 %)	49 (69,0 %)	
Âge				
Moins de 30 ans	11 (8,0 %)	8 (12,3 %)	3 (4,2 %)	0,11
Entre 30 et 50 ans	70 (51,1 %)	35 (53,9 %)	35 (48,6 %)	
Plus de 50 ans	56 (40,9 %)	22 (33,9 %)	34 (47,2 %)	

propriétaires de résidences privées et, finalement, des résidents âgés. La prochaine sous-section résume le processus de recrutement des sujets pour chacun des *focus groups* et fournit une brève description de ces derniers.

3.1.2. LES GROUPES DE DISCUSSION

Afin de donner plus de profondeur et de nuance à l'analyse et de brosser un portrait global du contexte actuel dans lequel se développe le secteur privé d'hébergement au Québec, une dimension qualitative a été intégrée à l'étude. Cette étape a permis de donner la parole aux acteurs clés en formant quatre groupes de discussion constitués par échantillonnage non probabiliste (méthode des quotas). Les *focus groups*, composés de quatre à huit participants, visaient à réunir chaque catégorie d'acteurs : les intervenants sociaux et gestionnaires du réseau public de la santé et des services sociaux (un groupe), les propriétaires de résidences privées (un groupe) puis les résidents âgés (deux groupes). Dans le cadre de cette étude, les membres de la famille n'ont pas été rencontrés pour connaître leur point de vue quant à la pertinence d'une régulation. Cette décision ne doit pas être interprétée comme une non-reconnaissance du rôle exercé par les proches et la famille mais bien comme une nécessité d'établir des priorités et une volonté avouée de privilégier la position des résidents âgés. Souvent exclus des devis de recherche à cause de leur isolement et de leurs incapacités, les personnes âgées hébergées sont les principaux concernés, les utilisateurs au premier niveau et les témoins privilégiés du quotidien.

Conformément au devis de recherche, toutes les entrevues de groupe ont été enregistrées pour faciliter la retranscription (sous forme de comptes rendus) et ensuite le codage des données. Par souci de confidentialité, les propos retenus ne sont jamais associés au participant qui les a exprimés. L'analyse qualitative, de type thématique, s'appuie sur les travaux de Paillé (1996). La méthode se veut simple ; elle vise à identifier les éléments qui se dégagent du propos, et ce pour chacune des trois catégories précitées, c'est-à-dire les variables à l'étude. L'unité d'enregistrement retenue (le segment de contenu classifié) est le thème ou l'idée. Comme le précise Paillé, l'analyse thématique n'a pas pour fonction essentielle d'interpréter ou de théoriser ; « elle est d'abord et avant tout une méthode servant au relevé et à la synthèse des thèmes présents dans un corpus » (1995, p. 186). Le lecteur peut consulter les tableaux 12, 14 et 19, qui constituent les arbres thématiques résultant de l'analyse qualitative.

Notre expérience en organisation communautaire auprès des groupes de personnes âgées et en animation, de même que notre connaissance du réseau de la santé, furent des atouts majeurs pour assurer le bon déroulement de chaque groupe de discussion. Nous vous présentons brièvement le processus de recrutement de chaque groupe et sa composition.

• *Les gestionnaires et intervenants sociaux du réseau public*

Le recrutement des participants pour le premier groupe de discussion s'est effectué de façon à assurer une diversité de points de vue et d'expériences. Ainsi, ont été contactées des personnes clés qui interviennent au plan régional (à la Régie régionale de la santé et des services sociaux de l'Estrie : système régional d'admission à l'hébergement, mécanisme de plaintes), au plan sous-régional (en CLSC : maintien à domicile) puis au plan local, soit en milieu hospitalier et en centre d'hébergement et de soins de longue durée. Ces acteurs œuvraient soit au niveau de la gestion des services (directeur et chef de services) ou de l'intervention (travailleur social, organisateur communautaire). Les huit personnes ciblées ont d'abord été jointes par téléphone ; elles ont toutes accepté de participer à l'étude. Une participante a eu un empêchement de dernière minute mais a demandé à une collègue de la remplacer.

Conformément au protocole de recherche, chaque participant a reçu au préalable une lettre de convocation accompagnée d'un canevas d'entrevue décrivant les thèmes de discussion. Précisons que la rencontre, qui a réuni six femmes et deux hommes, a duré environ deux heures trente. Nous avons noté beaucoup de cohésion et de consensus dans les propos émis par les participants du réseau public.

• *Les propriétaires de résidences privées*

La composition de ce groupe de discussion s'est réalisée en tenant compte de la recension des écrits qui démontre que la réalité des résidences privées diffère selon leur taille. Ainsi, furent conviés à la rencontre trois responsables de ressources hébergeant moins de 10 résidents, deux propriétaires de ressources de taille moyenne (de 10 à 49 résidents) et un propriétaire de trois grandes résidences qui accueillent chacune plus de 50 locataires âgés. Une propriétaire d'une agence privée de placement, qui accompagne et oriente des aînés dans le choix d'une résidence privée en Estrie, fut aussi sollicitée. Des sept personnes convoquées, trois n'ont pas participé à la rencontre. Deux propriétaires de petites résidences n'ont pu se libérer et se faire remplacer pour assurer la surveillance de leurs résidents. Précisons que nous n'avions pas de budget pour dédommager les participants, ce qui a pénalisé les propriétaires de petites résidences plus précaires sur le plan financier. L'autre désistement, par un propriétaire d'une résidence de taille moyenne, avait trait à un conflit d'horaires. Les éléments rapportés dans ce chapitre constituent donc un résumé des propos tenus par quatre entrepreneurs qui gèrent des ressources privées de tailles variées. Les opinions émises par les propriétaires sont généralement assez convergentes, bien qu'elles reflètent des réalités différentes quant à la stabilité financière de leur entreprise.

• *Les personnes âgées vivant en résidences privées*

Organisées sous le thème « parole aux résidents », deux rencontres de discussion ont été tenues afin de recueillir le point de vue des principaux acteurs concernés, soit les résidents âgés. Compte tenu des problèmes de mobilité qui affectent plusieurs résidents, nous avons choisi de nous rendre sur place, dans leurs milieux de vie. Les *focus group* se sont déroulés dans deux résidences privées différentes, de moyenne et de grande taille (plus de 50 chambres), à une semaine d'intervalle. Ils ont réuni 15 participants (13 femmes et 2 hommes), soit 4 résidents dans le premier groupe et 11 dans le second. Précisons que les deux premiers milieux sollicités ont accepté de collaborer à l'étude. L'approche utilisée pour inviter les résidents fut déterminée avec les propriétaires en fonction de la spécificité de la résidence et de sa clientèle. La procédure de sélection des sujets a donc différé d'une résidence à l'autre.

La résidence de taille moyenne hébergeait une clientèle lourde et très hétérogène : résidents avec déficits cognitifs importants ou requérant des soins soutenus tels l'oxygénothérapie, adultes ex-psychiatrisés de moins de 60 ans, etc. Une approche personnelle par le propriétaire auprès de résidents ciblés, c'est-à-dire aptes à comprendre la nature de la rencontre et à s'exprimer, fut privilégiée. Quatre dames âgées respectivement de 69, 73, 84 et 92 ans ont accepté l'invitation. La rencontre a eu lieu dans un local éloigné de la salle communautaire, sans la présence du propriétaire ni des membres du personnel. Le nombre restreint de participants ($n = 4$) a facilité les échanges ; les gens avaient beaucoup de choses à dire. Un climat de confiance a donc pu être établi et les participants ont accepté d'être enregistrés. Tous ont pris la parole, même une résidente qui avait exprimé sa gêne en raison de ses difficultés à trouver parfois les mots justes. Soulignons qu'une participante avait vécu dans trois résidences privées et que deux autres en étaient à leur deuxième milieu d'hébergement. Une dame nous a confié «qu'il était grand temps que quelqu'un vienne les voir au sujet des résidences pour personnes âgées».

La seconde résidence où s'est tenue une rencontre de discussion hébergeait une clientèle qui apparaissait moins lourde au regard de la perte d'autonomie. Les résidents y circulaient de façon autonome, parfois à l'aide d'une canne ou d'une marchette. Un seul résident se déplaçait en fauteuil électrique. De l'avis des propriétaires, seuls quelques résidents éprouvaient des troubles de mémoire, des problèmes de santé importants ou avaient des comportements dépressifs. C'est donc à l'heure du dîner, moment où sont réunis tous les résidents, que nous avons transmis l'information sur le présent projet de recherche et invité les gens à une rencontre de discussion. Une lettre d'invitation, présentant le thème et les coordonnées de la rencontre, fut distribuée. Les personnes intéressées devaient par la suite donner leur nom aux responsables-animatrices de la résidence. Même si nous avions envisagé de réunir un maximum de 8 participants, 14 résidents se sont inscrits et 11 se sont présentés le jour de la rencontre. La discussion fut quelque peu difficile à animer et à diriger, les participants prenant souvent la parole en même temps ou ayant du mal à entendre. L'enregistrement fut utile mais non suffisant pour saisir tous les propos. L'atmosphère était cordiale mais manquait d'intimité. Certains résidents semblaient plus ou moins intéressés par l'objet de la rencontre et plus attirés par l'activité en soi, de même que par la présence d'une personne extérieure. Il faut souligner que les résidences privées constituent des milieux assez fermés qui offrent rarement des distractions. Bien que le contexte ne fût pas idéal, ce *focus group* a permis de connaître les principales préoccupations des résidents et de valider celles émises par le premier groupe rencontré.

La prochaine section présente donc les opinions exprimées par ces participants lors de la collecte de données quantitatives et qualitatives, et ce, selon la catégorie d'acteurs à laquelle ils appartiennent.

3.2.   PERCEPTION DE LA VULNÉRABILITÉ DES RÉSIDENTS

L'enquête postale et les entrevues de groupe s'ouvraient sur des questions relatives à la vulnérabilité de la clientèle vivant en résidence privée. Plus précisément, le questionnaire visait à connaître quel pourcentage de celle-ci présente les caractéristiques de vulnérabilité retenues dans l'étude : grand âge, perte d'autonomie physique ou cognitive, précarité financière et isolement social. Soulignons que cette question était précédée d'une définition du concept de résidence privée et de quelques consignes pour remplir le questionnaire, mentionnant explicitement qu'il n'y avait pas de bonnes ni de mauvaises réponses.

Le tableau 11 expose les résultats obtenus pour chaque type de vulnérabilité et présente une analyse comparative de la perception des deux catégories d'acteurs interrogés (public-privé). Rappelons qu'une différence de perception statistiquement significative s'établit à 0,05.

En ce qui a trait à l'appréciation du nombre de résidents très âgés et en perte d'autonomie, les données révèlent que les acteurs du réseau public et du réseau privé ont une vision similaire. La majorité des répondants estime que plus de 75 % de la clientèle en résidence privée est âgée de plus de 75 ans.

Ce grand âge de la population hébergée dans les ressources privées est certes annonciateur de besoins croissants en matière de services et de soins. Il est dès lors intéressant de constater que les intervenants du réseau de la santé et les propriétaires de résidences ont une perception quasi identique du pourcentage de résidents en perte d'autonomie. Analysées globalement, soit pour l'ensemble de l'échantillon, les données indiquent que 31 % des sujets considèrent que 25 à 50 % des résidents sont vulnérables sur le plan physique ou cognitif, alors que 27 % estiment que ce pourcentage correspond à plus de la moitié de la clientèle hébergée (51 à 75 %).

Tableau 11
Pourcentage de résidents vulnérables selon les acteurs du secteur public et du secteur privé

D'après votre expérience, quel pourcentage de résidents sont :

	Gestionnaires et travailleurs sociaux Secteur PUBLIC (*n* = 65)	Propriétaires d'une résidence privée Secteur PRIVÉ (*n* = 72)	Comparaison des 2 groupes (valeur p)
... âgés de plus de 75 ans ?			
moins de 25 %	2 (3,1 %)	4 (5,6 %)	0, 176
25 à 50 %	7 (10,8 %)	9 (12,5 %)	
51 à 75 %	20 (30,8 %)	14 (19,4 %)	
plus de 75 %	33 (50,8 %)	45 (62,5 %)	
ne sait pas	3 (4,6 %)	0	
... en perte d'autonomie (physique ou cognitive) ?			
moins de 25 %	11 (16,9 %)	13 (18,1 %)	0,921
25 à 50 %	19 (29,2 %)	23 (31,9 %)	
51 à 75 %	18 (27,7 %)	19 (26,4 %)	
plus de 75 %	15 (23,1 %)	13 (18,1 %)	
ne sait pas	2 (3,1 %)	4 (5,6 %)	
... économiquement défavorisés ?			
moins de 25 %	16 (24,6 %)	30 (41,7 %)	0,006
25 à 50 %	26 (40,0 %)	25 (34,7 %)	
51 à 75 %	16 (24,6 %)	9 (12,5 %)	
plus de 75 %	1 (1,5 %)	7 (9,7 %)	
ne sait pas	6 (9,2 %)	1 (1,4 %)	
... isolés socialement ?			
moins de 25 %	19 (29,2 %)	33 (45,8 %)	< 0,001
25 à 50 %	27 (41,5 %)	19 (26,4 %)	
51 à 75 %	14 (21,5 %)	8 (11,1 %)	
plus de 75 %	0	10 (13,9 %)	
ne sait pas	5 (7,7 %)	2 (2,8 %)	

S'il y a convergence dans l'estimation de l'âge et de la lourdeur de la clientèle hébergée en résidences privées, les résultats de l'enquête révèlent des perceptions différentes en ce qui a trait à la vulnérabilité économique et psychosociale, les gestionnaires et travailleurs sociaux du réseau public la jugeant plus élevée. En effet, 41,7 % des propriétaires ayant répondu au questionnaire croient que moins de 25 % des résidents sont économiquement défavorisés alors qu'une proportion similaire de répondants du secteur public estime que ce problème touche de 25 à 50 % de la clientèle. La différence de perception « public-privé » est encore plus marquée en ce qui regarde l'isolement social et atteint un seuil de signification statistiquement très significatif (p < 0,001 ; tableau 11). Nous sommes portée à croire que l'opinion des acteurs du réseau public pourrait être liée aux caractéristiques de leur clientèle, laquelle, avec le virage ambulatoire, est plus démunie et présente des problématiques multiples. Il a aussi été démontré que, par leur culture professionnelle et organisationnelle, les travailleurs sociaux sont plus sensibles aux problèmes de pauvreté et d'isolement social et, conséquemment, sujets à «diagnostiquer» la fragilité de leurs clients à cet égard (Lesemann et Chaume, 1989 ; Neysmith et Macadam, 1999).

Dès lors, il est intéressant de comparer ces résultats avec les commentaires écrits dans le sondage et ceux recueillis par *focus group* pour tenter d'expliquer, de nuancer et de mieux comprendre ces positions. Le prochain tableau résume les points de vue des différents acteurs sur la vulnérabilité de la clientèle, lesquels seront exposés plus en détail dans les sous-sections suivantes.

3.2.1. LA VULNÉRABILITÉ AU NIVEAU DE LA SANTÉ, DE L'AUTONOMIE FONCTIONNELLE

Sur le plan qualitatif, les commentaires recueillis dans l'enquête postale ($n = 9$) et exprimés dans les groupes de discussion font tous état de la présence d'une clientèle lourde et même très lourde dans les résidences privées. D'emblée, les intervenants et gestionnaires du réseau de la santé et des services sociaux qui ont participé au *focus group* déclarent observer un vieillissement et un alourdissement important de la clientèle âgée vivant en résidence privée ; un phénomène qu'ils associent principalement aux coupures de lits dans le secteur public. Ils reconnaissent d'ailleurs que le réseau public de première et deuxième ligne (CLSC, hôpital de courte durée et unité gériatrique) oriente de plus en plus vers le privé des personnes âgées présentant des atteintes cognitives et fonctionnelles allant de légères à modérées. Ils remarquent aussi que les résidents, considérés autonomes lors de l'admission, perdent progressivement ou parfois subitement leurs capacités. Les intervenants s'inquiètent du fait que certaines ressources privées, malgré leur bonne volonté, ne perçoivent pas les problèmes associés à la perte d'autonomie de leurs résidents et ne renvoient pas toujours les cas plus lourds au secteur public. La clientèle âgée vivant en résidence privée leur apparaît dès lors dépendante en raison de leur état de santé, particulièrement sur le plan cognitif.

Tableau 12

Analyse thématique comparative des groupes de discussion relativement à la vulnérabilité des résidents

Gestionnaires et travailleurs sociaux Secteur PUBLIC	Propriétaires d'une résidence Secteur PRIVÉ	Résidents âgés
Niveau sanitaire		
– Vieillissement et alourdissement – Perte d'autonomie (+) – Déficits cognitifs (+) – Cas lourds référés par le public	– Perte d'autonomie (+) – Déficits cognitifs (+) – Nouvelle clientèle avec profil psychiatrique	– Vivre en résidence = ne plus pouvoir rester à domicile – 2 profils : autonome et non autonome – Admission en ambulance
Niveau économique		
– Résidents avec situations économiques précaires (+) – Incapacité de payer les services (+) – Écarts dans la tarification des services de base – Absence de règles pour facturation à la carte – Souci d'équité	– Pas les moyens de s'offrir les désirs – Différence de coûts entre les résidences – Zones grises : gestion des biens des résidents inaptes – Exploitation financière par les enfants	– Inquiétude financière – Souci au sujet de la capacité de payer soins et services – Exagération des prix – Inquiétude lors du renouvellement de bail – Pension faible des femmes – Pas les moyens de s'offrir plus
Niveau psychosocial		
– Liens proprio-résident (+) – Attachement mutuel – Valeurs en conflit (relations humaines vs sécurité-soins) – Isolement des résidents (+) – Double et triple dépendance	– Soutien inégal des familles – Dépendance affective et décisionnelle des résidents – Grande confiance envers les proprios	– Climat relationnel entre résidents = source de tension – Vie quotidienne en groupe difficile – Importance de l'écoute du proprio – Peur de parler, de passer pour des « malcommodes » – Sentiment d'impuissance – Résidents gênés – Résidents peu scolarisés – Témoignages d'abus – Besoin d'aide extérieure si problème

Les propriétaires de résidences privées réunis pour le groupe de discussion constatent aussi que leur clientèle a beaucoup changé depuis cinq ans et qu'ils hébergent un nombre de personnes âgées en perte d'autonomie de plus en plus important. À titre d'exemple, un propriétaire relate le cas d'une dame qui, locataire depuis dix ans, est très attachée à sa résidence mais requiert maintenant plus de quatre heures de soins par jour. Ils s'entendent pour dire que leur clientèle est composée de plus en plus de personnes âgées atteintes de déficits cognitifs et présentant parfois des profils psychiatriques.

S'il y a reconnaissance chez les participants de l'alourdissement des clientèles dans le secteur privé, tous ne l'interprètent pas de la même façon. Alors que le discours tenu par les gestionnaires et les travailleurs sociaux du réseau public tend à décrire cette réalité comme étant une source de problème ou du moins d'inquiétude, celui des propriétaires la présente plutôt comme un défi. Les commentaires issus de l'enquête postale, cités textuellement, illustrent cette différence. La lettre suivant la citation renvoie à la catégorie d'acteurs à laquelle appartient l'auteur (soit G pour gestionnaire du réseau public, TS pour travailleur social et P pour propriétaire d'une résidence). Le chiffre indique le numéro des commentaires.

Les résidences privées gardent de plus en plus des clientèles en perte d'autonomie. La réalité est qu'on les réfère dans ces ressources, car les ressources publiques sont insuffisantes ou les gens ne veulent pas changer de milieu [surtout vrai dans des MRC de grande étendue]. G-05

Le problème majeur actuel en résidences privées est la clientèle lourde parce que la marge de profit diminue plus la lourdeur augmente et à un certain niveau c'est une perte nette. Le réseau public ne peut actuellement prendre en charge toutes les situations lourdes. Il est grandement temps que quelqu'un d'articulé fasse une étude sérieuse sur ce sujet et que ça se traduise par des actions dans des délais les plus courts possible – c'est la clientèle la plus négligée à différents niveaux. Il y aurait beaucoup à dire sur ce sujet. TS-05

Actuellement, je constate que les clientèles en résidences privées s'alourdissent, mais que les ressources humaines et matérielles n'augmentent pas. Les résidences privées sont au bord de la crise. Le gouvernement favorise le maintien des gens dans les résidences privées par « l'alternative à l'hébergement », mais il ne s'est pas assuré que ces résidences pourraient répondre à ce contrat. Ils ont plus de sous... mais pas plus de ressources ? ? ? TS-15

Je viens de placer une personne de 87 ans Alzheimer à la Maison-Paternelle. Je réalise que je lui accordais plus de soins et de surveillance que ces deux semaines passées à l'hôpital. Car un petit milieu est toujours à proximité de nous. Des gens ont même décédé chez nous à leur demande « Dieu soit loué ». L'expérience est lourde mais tellement enrichissante, plus humaine plus familiale. C'est un dur métier mais une grande vocation. P-25B

Qu'en pensent les résidents âgés ? Se considèrent-ils comme des personnes vulnérables ? Il ne fait aucun doute, pour les 19 résidents âgés rencontrés, que le fait d'aller vivre en résidence signifie que tu n'es plus assez bien pour demeurer à domicile, pour *t'occuper de toi*. Leurs propos tendent toutefois à mettre en évidence des réalités différentes, à illustrer d'importants écarts dans les degrés de vulnérabilité.

Certains participants soutiennent qu'il devrait y avoir des résidences pour gens plutôt autonomes et d'autres pour les non-autonomes, mais souhaiteraient personnellement pouvoir rester dans le même milieu et s'offrir des services s'ils tombaient malades. D'autres disent s'habituer à la présence de colocataires moins autonomes ou *qui n'ont pas toute leur tête*, mais constatent que *plus ça va, plus le monde est malade*. Pour illustrer la tendance à admettre des personnes âgées en perte d'autonomie importante, une participante ajoute sur un ton philosophe : « Quand vous arrivez en ambulance dans une résidence privée, c'est déjà un bien mauvais signe en partant ! »

3.2.2. LA VULNÉRABILITÉ ÉCONOMIQUE

La situation économique des résidents a peu fait l'objet de commentaires spécifiques de la part des participants à l'étude. Trois avis ont été émis par les travailleurs sociaux en ce qui a trait à la capacité des personnes âgées de s'offrir des services, auxquels s'oppose celui d'un propriétaire relativement à leur volonté de payer. Nous avons choisi ces deux extraits :

> *La majorité des personnes aînées n'ont pas les ressources suffisantes pour un hébergement dans le réseau privé. À moins de choisir une résidence qui offre moins de services. C'est la même chose lorsque les gens ont besoin de convalescence en post-opération en raison des diminutions de la durée de séjour.* TS-04

> *Depuis le virage ambulatoire, nos personnes âgées nous arrivent beaucoup plus lourdes. Nous sommes presque obligés de donner des soins à un coût très minime, car la personne ne veut pas payer car ce serait trop cher.* P-20A

Réunis en groupe de discussion, les gestionnaires et intervenants du réseau public ont souligné les écarts importants dans la tarification des services de base et se sont interrogés sur l'absence de règles dans la facturation des services complémentaires : distribution des médicaments, assistance aux bains, service de cabaret, etc. Or, dans la conjoncture sociale actuelle, les participants constatent qu'un nombre important de personnes âgées se trouvent dans une situation économique précaire. Ces résidents très défavorisés n'ont pas la capacité de s'offrir des services ou choisir une ressource privée qui dispense suffisamment de services, s'inquiètent-ils. Les intervenants se disent très préoccupés des inégalités actuelles et en appellent au principe d'équité.

Invités aussi à discuter de la vulnérabilité économique des résidents, les propriétaires ont peu discuté de la capacité financière des résidents mais surtout de situations complexes reliées à la gestion des biens par la famille. Il y a donc concordance avec les résultats de l'enquête qui démontrent que les propriétaires jugent que moins de 25 % des résidents sont économiquement défavorisés. Si les propriétaires perdent parfois un résident pour des raisons financières, il arrive de plus en plus fréquemment, selon eux, que les enfants comblent la différence en défrayant le surplus requis. La conclusion des baux apparaît plutôt théorique. Selon les propriétaires, les gens hésitent à s'engager et à signer pour douze mois. La question délicate de la gestion des biens des résidents âgés, particulièrement ceux aux prises avec des déficits cognitifs, a été abordée. Les propriétaires doivent composer avec d'importantes zones grises : les résidents inaptes sont rarement représentés légalement et il n'y a pas toujours de procuration bancaire. Ils constatent dans certaines situations que le membre de la famille qui assiste le résident ne semble pas toujours agir dans l'intérêt de ce dernier. L'exploitation financière des personnes âgées par leurs enfants préoccupe les propriétaires ; un participant souligne avoir déjà fait des signalements au travailleur social de son territoire. Il arrive que des résidents demandent au propriétaire de gérer leurs biens parce qu'ils perdent de l'autonomie et sont insécures, que leur famille est éloignée ou qu'ils ne font pas confiance à leurs enfants. Deux propriétaires présents disent refuser catégoriquement de jouer un rôle dans la gestion des biens de leurs résidents, même à la demande de ceux-ci.

De tous les participants, les personnes âgées interviewées se sont révélées les plus concernées et préoccupées par la question financière ; elles se sentent très vulnérables économiquement. Seront-elles capables de défrayer le coût des soins et des services si elles sont malades ? Une résidente explique que, dans certains milieux, *ça coûte 50 $ quand t'es obligée d'avoir de l'aide pour prendre ton bain*. Les résidents trouvent exagéré d'avoir à débourser le plein montant mensuel quand ils sont hospitalisés durant plus d'une semaine. Ils ne sont pas d'accord non plus pour verser trois mois de loyer s'ils prévoient annuler leur bail. L'incapacité d'assumer deux places à la fois les empêche de changer de résidence. *Si ça va pas bien, on est malpris. On n'est pas capable.*

La période de renouvellement des baux amène son lot d'inquiétudes. *On sait jamais vraiment comment y vont nous augmenter,* avouera une résidente. Une autre renchérit : *Moi, je suis mal à l'aise un peu. Je dis pas que ça m'empêche de dormir, mais j'y pense. Tout coûte tellement cher aujourd'hui.* Il ne faudrait pas toutefois les percevoir comme des locataires complètement passifs : certains disent en riant être capables de « limoner un petit peu ». Les femmes âgées ont clairement exprimé qu'elles ne se sentaient pas capables, vu leur petite pension, de faire face à une augmentation importante de loyer. L'insécurité financière était palpable. Elles disent d'ailleurs ne pas avoir les moyens financiers de s'offrir une chambre un peu plus grande et n'osent pas en parler à leurs enfants.

3.2.3. LA VULNÉRABILITÉ PSYCHOSOCIALE

Les données qualitatives recueillies apportent un nouvel éclairage sur le concept de vulnérabilité psychosociale, permettant ainsi de mieux comprendre la complexité des rapports de dépendance, voire d'interdépendance dans le contexte de l'hébergement. Notons d'abord que les propos, comme dans le cas de la vulnérabilité sanitaire et économique, font ressortir la diversité des situations vécues par les résidents. Une travailleuse sociale ayant répondu au questionnaire postal émet un commentaire qui abonde dans ce sens.

> *Je crois que l'État ne doit pas se désengager de ses responsabilités envers les personnes âgées. Certaines d'entre elles sont bien entourées par leur famille. D'autres, par contre, se retrouvent isolées ou ne jouissent pas d'un entourage bienveillant.* TS-02A

La question de la dépendance affective et émotive des résidents envers les résidences est très délicate aux yeux des intervenants du réseau public. Ils reconnaissent que des liens étroits se tissent entre les responsables et leurs résidents, particulièrement dans les petits milieux (moins de neuf résidents). Certains parlent d'un attachement réciproque qui rend très difficile la relocalisation du résident même si un autre milieu répondrait mieux à ses besoins de services. Selon eux, cet attachement tend à voiler la perception qu'a le propriétaire et la personne âgée des déficits et de l'ampleur des services requis. Il y a là une zone grise où différentes valeurs peuvent entrer en conflit : la qualité des relations interpersonnelles, la disponibilité des services et des soins, etc. Tous conviennent que la dépendance des résidents se trouve accentuée lorsqu'à la perte d'autonomie s'ajoutent des facteurs de vulnérabilité économique et sociale.

Les commentaires émis par les propriétaires ont surtout porté sur la dépendance psychologique et décisionnelle des résidents âgés à l'égard de leurs enfants. Selon les propriétaires, la situation est particulièrement difficile lorsqu'il y a discorde entre les membres de la famille : un enfant est prêt à débourser plus pour que son père ou sa mère en perte d'autonomie obtienne plus de services et réside dans le même lieu (évitant ainsi une relocalisation), alors que les autres privilégient un placement dans le réseau public (parfois pour payer moins cher lorsque la personne âgée dispose de peu de revenus). Aux dires des propriétaires, certaines familles sont très présentes alors que d'autres ont tendance à s'en remettre entièrement à la résidence et à délaisser leurs responsabilités, voire parfois à abandonner leur parent âgé.

Le climat relationnel entre les résidents âgés (clans, chicanes, etc.) est apparu comme une importante source de tension pour les personnes âgées rencontrées, alors qu'il n'en fut aucunement question dans les autres *focus groups*. Un résident précise qu'il y a une très grande différence entre vivre dans une paroisse, un quartier et *tomber dans une résidence*:

> *Ici, c'est 24 heures sur 24, 365 jours par année, que t'as à subir tous les caractères de tout le monde. Tu peux pas juste t'en retourner chez vous quand ça marche plus [...] Restez ici une semaine, vous allez voir que la chicane va pogner.*

En revanche, tous les participants insistent pour dire qu'ils sont bien dans leur résidence actuelle, qu'ils se sentent écoutés par leurs propriétaires. Ils apprécient grandement cet état de fait mais considèrent que ce n'est pas toujours le cas en résidence privée. Les résidents âgés *ont souvent peur de parler* ou ne veulent pas passer *pour des malcommodes*. Cette expression fut utilisée à plusieurs reprises dans les deux groupes. De plus, toujours selon eux, même quand les gens parlent, ils ne sont pas vraiment écoutés. Une participante témoigne d'une situation vécue dans une résidence où la surveillante de nuit avait un problème d'alcool. Malgré plusieurs avertissements et plaintes des résidents auprès de la direction, aucun changement n'avait été apporté. Il a fallu un événement fâcheux (un début d'incendie) pour que l'employée soit congédiée. Une autre participante avoue avoir déjà été brutalisée par une employée mais s'empresse d'ajouter: *J'y pardonne. Elle en avait beaucoup trop. Elle était débordée.*

Les propos recueillis reflètent un sentiment de dépendance, voire d'impuissance, comme si les personnes âgées (mais pas eux en particulier) étaient à la merci de la résidence et n'avaient pas le choix d'y rester. *Ils pensent qu'ils ont pris un contrat à vie, c'est ça qui est malheureux. Ces gens-là n'ont pas de défense.* Les résidents reconnaissent que lorsqu'il se présente une situation problématique, cela prend quelqu'un, un proche pour s'occuper d'eux et leur porter assistance. Ils se décrivent comme étant des gens *gênés, peu renseignés* et qui *n'ont pas toute l'instruction, ni assez de front.*

3.3. APPRÉCIATION DES ENJEUX ÉTHIQUES : LE RESPECT DES VALEURS FONDAMENTALES

Après avoir interrogé les acteurs sur certaines caractéristiques de la clientèle, nous voulions connaître leur appréciation des enjeux éthiques reliés aux droits fondamentaux des résidents.

Les participants au questionnaire postal étaient invités à indiquer sur une échelle à quatre degrés (très peu, peu, assez et beaucoup), le niveau de respect de certaines valeurs fondamentales dans le contexte de l'hébergement privé : l'exercice d'un choix libre et éclairé, la sécurité physique de la résidence, la qualité de vie, l'accès aux soins. Le dernier item relatif aux abus était inversé, demandant au lecteur de mesurer le degré d'atteinte au droit ou de non-respect. Bien entendu, comme dans le cas de la perte d'autonomie ou de l'isolement social, l'appréciation des répondants va dépendre de leur définition des concepts et des valeurs. La formulation de la question, *dans quelle mesure considérez-vous que les personnes âgées vivant en résidence privée : ont choisi librement leur milieu de vie [...], ont une bonne qualité de vie [...]*, reste large. Le libellé ne suggère ni interprétation, ni opérationnalisation des concepts.

Le jugement porté par les acteurs du secteur public et du secteur privé ayant participé à l'enquête, sur chacune des valeurs à l'étude, est présenté ici sous forme de tableau comparatif (voir tableau 14).

Tableau 13
Niveau de respect des droits fondamentaux des résidents selon les acteurs du secteur public et du secteur privé

Dans quelle mesure considérez-vous que les personnes âgées qui vivent en résidence privée :

	Gestionnaires et travailleurs sociaux Secteur PUBLIC ($n = 65$)	Propriétaires d'une résidence Secteur PRIVÉ ($n = 72$)	Comparaison des 2 groupes (valeur p)
... ont choisi librement leur milieu de vie ?	($n = 65$)	($n = 71$)	
très peu	2 (3,1 %)	7 (9,9 %)	0,136
peu	22 (33,9 %)	17 (23,9 %)	
assez	32 (49,2 %)	30 (42,3 %)	
beaucoup	9 (13,9 %)	17 (23,9 %)	

Tableau 13

Niveau de respect des droits fondamentaux des résidents selon les acteurs du secteur public et du secteur privé *(suite)*

Dans quelle mesure considérez-vous que les personnes âgées qui vivent en résidence privée :

	Gestionnaires et travailleurs sociaux Secteur PUBLIC ($n = 65$)	Propriétaires d'une résidence Secteur PRIVÉ ($n = 72$)	Comparaison des 2 groupes (valeur p)
... ont pu faire un choix éclairé ?	($n = 65$)	($n = 71$)	
très peu	3 (4,6 %)	6 (8,5 %)	0,006
peu	30 (46,2 %)	18 (25,4 %)	
assez	30 (46,2 %)	34 (47,9 %)	
beaucoup	2 (3,1 %)	13 (18,3 %)	
... bénéficient d'un environnement physique sécuritaire ?	($n = 65$)	($n = 71$)	
très peu	2 (3,1 %)	1 (1,4 %)	0,003
peu	12 (18,5 %)	7 (9,9 %)	
assez	45 (69,2 %)	39 (54,9 %)	
beaucoup	6 (9,2 %)	24 (33,8 %)	
... ont une bonne qualité de vie ?	($n = 64$)	($n = 72$)	
très peu	3 (4,7 %)	2 (2,8 %)	< 0,001
peu	23 (35,9 %)	8 (11,1 %)	
assez	36 (56,3 %)	42 (58,3 %)	
beaucoup	2 (3,1 %)	20 (27,8 %)	
... ont accès aux soins requis par leur condition ?	($n = 64$)	($n = 72$)	
très peu	5 (7,8 %)	3 (4,2 %)	< 0,001
peu	28 (43,8 %)	10 (13,9 %)	
assez	29 (45,3 %)	34 (47,2 %)	
beaucoup	2 (3,1 %)	25 (34,7 %)	
... subissent de l'abus de la part de la résidence ?	($n = 63$)	($n = 69$)	
très peu	18 (28,6 %)	50 (72,5 %)	< 0,001
peu	32 (50,8 %)	16 (23,2 %)	
assez	13 (20,6 %)	2 (2,9 %)	
beaucoup	0	1 (1,5 %)	

Il ne fait pas de doute à la lecture du tableau 13 que les propriétaires de résidences privées (*n* = 72) affichent une perception différente de celle des acteurs du réseau public (*n* = 65) qui se veut plus positive en ce qui concerne le respect des droits des personnes âgées vivant en résidences privées. Ce constat vaut pour toutes les valeurs appréciées, à l'exception de la liberté de choix qui a été jugée de façon similaire par les deux catégories d'acteurs. Pour autant, il ne faudrait pas conclure que les acteurs du secteur public portent un jugement négatif sur l'éthique dans le secteur privé d'hébergement, loin de là. Pour chacun des droits, l'opinion dominante exprimée est que le niveau de respect est « *assez* » satisfaisant, et ce, dans une proportion variant de 45,3 % à 69,2 %. Soulignons que les positions sont plus partagées en ce qui a trait à l'accès aux soins et à la qualité de vie. Près du tiers des répondants du secteur public ont attribué à ces droits une cote reflétant un faible niveau de respect (« *peu* »). Quant aux abus envers les résidents, les données recueillies vont dans le sens de la documentation, suggérant une faible prévalence du problème. Là encore une différence très significative s'observe entre les deux types d'acteurs : le secteur public juge (dans une proportion de 50,8 %) que « *peu* » de résidents en sont victimes alors que 72,5 % des propriétaires considèrent que cette forme de maltraitance est « *très peu* » présente.

Les différences privé/public observées et rapportées comme étant significatives au tableau 13 seraient surtout attribuables aux propriétaires qui ont une excellente estime de la performance des résidences privées au chapitre du respect des droits fondamentaux. En effet, près du tiers des propriétaires jugent que les personnes âgées vivant en résidence privée ont « *beaucoup* » accès aux soins requis, bénéficient « *beaucoup* » d'un environnement sécuritaire et d'une bonne qualité de vie, attribuant les meilleures cotes à ces trois dimensions.

Ces divergences d'appréciation privé/public et ce « positivisme » des propriétaires ont aussi été relevés lors des groupes de discussion comme le rapporte le tableau 14 mais avec moins d'acuité. Serait-ce que les participants au *focus groups* étaient plus nuancés dans leur analyse des enjeux éthiques ou souhaitaient-ils le paraître ?

Tableau 14
Analyse thématique comparative des groupes de discussion relativement aux valeurs et aux enjeux éthiques

Gestionnaires et travailleurs sociaux Secteur PUBLIC	Propriétaires d'une résidence Secteur PRIVÉ	Résidents âgés
Liberté de choisir		
– Valeur non prioritaire – P.A et famille isolées dans leur choix – Choix conditionné par $ et information	– Valeur non prioritaire – Liberté limitée et exercée par la famille	– Information incomplète lors de visite – Choix à l'aveuglette – Choix souvent fait par la famille
Qualité de vie		
– Souci de la qualité des soins et services (+) – Manque de formation des résidences – Résidences peu familières avec les démences	– Importance de la réputation – Loi du marché impose la qualité – Climat familial, personnalisé (+) – Activités sociales offertes – Respect des normes : hygiène et bâtiment – Aucune norme pour soins et service	– Préoccupation face au bien-être – Exigences : 3 repas, chambre de grandeur raisonnable – Grande disparité entre les résidences
Accès aux soins et services		
– Accès : principe essentiel – Problème relié au secteur public : rareté des ressources CLSC et places en CHSLD	– Accès : grand enjeu – Honnêteté dans l'identification des limites – Collaboration ambiguë et difficile avec public : manque de ressources CLSC – Inégalité entre les territoires – Besoin d'évaluation et références	– Importance d'avoir personnel compétent – Grande inégalité entre les résidences – Parfois, 1 employé s'occupe de tout – Information biaisée lors des visites
Protection contre les abus		
– Souci face aux abus (+) – Facteurs de risque : isolement, épuisement des responsables, problèmes financiers – Abus aussi présents dans le public	– Aspect considéré fondamental – Étroitement relié à l'accès aux soins	– Manque de protection pour les résidents – Aucun contrôle ou vérification externe

3.3.1. LE CHOIX LIBRE ET ÉCLAIRÉ DE SON MILIEU DE VIE

Cette variable à l'étude a peu fait l'objet de débats. Ni les gestionnaires du réseau public, ni les propriétaires ayant participé aux discussions ne semblent considérer comme prioritaires les valeurs de liberté de choisir et de contracter dans le contexte de l'hébergement privé.

Les intervenants du secteur public font remarquer que, dans les faits, le libre choix est limité et conditionné par la connaissance des ressources et surtout la capacité financière des résidents. Les travailleuses sociales présentes constatent que les personnes âgées et leurs familles sont isolées dans leur décision. Certaines intervenantes accompagnent les gens dans le processus décisionnel et le choix d'un milieu de vie, en proposant deux ou trois résidences qui semblent appropriées aux besoins de la personne, alors que d'autres se disent mal à l'aise de référer au privé ou se sentent carrément en conflits d'intérêts. On comprend dès lors l'intérêt que peut présenter un guide de référence, comme le suggérait cette participante au questionnaire : *Il me semble qu'il serait temps qu'un « guide pour le choix d'une résidence privée » soit réalisé plus des activités publiques d'information sur le sujet.* TS-03A

Les résidents rencontrés ont fait valoir que les propriétaires ne donnent pas toujours les renseignements exacts sur leur clientèle et les services disponibles lors des visites prélocation. *On ne sait pas à qui on a affaire. Comment ça va aller ? On s'en vient à l'aveuglette.* Selon plusieurs interlocuteurs âgés, ce sont les enfants, surtout les filles, qui choisissent la résidence. Une dame avoue ne pas avoir visité sa résidence avant d'aménager.

3.3.2. LA QUALITÉ DE VIE EN RÉSIDENCES PRIVÉES

Les gestionnaires ayant pris part au *focus group* ont aussi été interrogés sur la qualité de vie dans le réseau privé d'hébergement. Quelle opinion ont-ils de la sécurité et de la qualité de vie offertes aux personnes âgées vivant en résidences privées ? Les propriétaires accordent une très grande importance à la réputation de leurs résidences ; ce qui contribue à expliquer l'appréciation si positive qu'ils ont fourni à ces dimensions dans l'enquête postale. Comme le mentionne l'un d'eux : *C'est ton gagne pain. Tu donnes les services ou bien tu crèves.* À leur avis, la loi du marché impose de maintenir un bon niveau de qualité. Il existe aussi des normes relatives à l'hygiène et au bâtiment qu'ils doivent respecter selon la taille de leur résidence. Un participant note toutefois qu'en matière de soins et de services, il n'y a pas de normes. Les interlocuteurs du secteur privé discutent de la difficulté d'organiser des activités psychosociales dans les résidences compte tenu du vieillissement et de la perte d'autonomie de la clientèle. Ils déclarent miser sur des activités quotidiennes simples qui mettent de la vie dans la résidence : profiter du temps des fraises pour organiser une collation extérieure, souligner les anniversaires, etc. Selon eux, la force du privé est de tenter de recréer un climat familial, un milieu plus personnalisé. Sept commentaires émis dans l'enquête valorisent les dimensions humaines de ces petits milieux substituts de vie, dont deux provenant de propriétaires anglophones. En voici des extraits :

> *Les résidences privées en milieu familial avec personnel formé, environnement sécuritaire et stable sont un milieu de vie stimulant, qui brise l'isolement social des personnes âgées et favorise le maintien biopsychosocial et le lien affectif.* P-01

> *Ils apprécient les petits centres où ils se sentent en sécurité et où ils se voient encore parmi le monde dans leur maison, car pour eux, ils sont chez eux avec leurs frères et leurs sœurs.* P-09

> *I think it is very important that they keep these small homes for the elderly, so they can have a more family atmosphere than in institutions. They have more ears in small homes because of the time that you can give them. They have more freedom to do what they enjoy as to living in institutions.* P-35

> *Private home is the best. Best care, best prize, best use, meals, activities.* P-36

Pour assurer le bien-être des résidents, cela prend d'abord trois repas par jour et une chambre privée de grandeur raisonnable, rappellera une participante âgée. *La nourriture, c'est essentiel.* Elle relate avec émotion l'expérience vécue dans un *petit foyer*, qui vient faire contrepoids à l'enthousiasme des propriétaires. Les faits qu'elle rapporte révèlent une situation de négligence et de mauvais traitements qui l'a rendue malade et dépressive.

> *Y avait rien sur la table. On était quatre, pis des fois y mettait trois tomates* […] *On était tout seul tout le temps. J'avais une chambre assez petite là. C'était une vraie enfer. Je suis venue assez malade de rester là, j'ai fait toute une dépression* […] *Ah, ça avait l'air bien de l'extérieur mais il faut y aller pour savoir.*

Heureusement pour cette dame célibataire et isolée, une amie religieuse *l'a faite sortir de là.*

3.3.3. L'ACCÈS AUX SOINS ET SERVICES REQUIS

Il ressort des échanges de la rencontre de groupe réunissant des intervenants du réseau de la santé que l'accès aux soins pour les résidents dans le besoin est le principe essentiel qui devrait régir le développement du secteur privé d'hébergement. Ils tiennent d'ailleurs à préciser que leur préoccupation à l'égard de la qualité des soins et des services vise aussi la situation actuelle qui prévaut dans le secteur public d'hébergement.

> *Il serait temps, selon moi, qu'on mette les sous et la volonté indispensable pour offrir à nos vieillards (et bientôt à nous) des services de qualité et suffisants. Pour ce faire, nous devons impliquer tous les partenaires, qu'ils soient privés ou non. C'est la meilleure façon d'éviter les abus qui ne sont pas toujours causés par l'appât du gain mais par ignorance et manque cruel de ressources.* G-01

Si les acteurs consultés font une distinction entre les ressources privées qui sont structurées et celles qui naissent de façon spontanée ou quasi « improvisée », ils notent un manque flagrant de formation chez les propriétaires. Ils ne comprennent pas que n'importe qui peut ouvrir une résidence sans un minimum de qualifications. Pourtant, « les garagistes doivent avoir des cartes de compétence et les coiffeurs suivent des cours de formation », fait remarquer l'un d'eux. Ce laxisme de la société au chapitre de la compétence des propriétaires et de leur personnel lui apparaît d'autant plus incompréhensible que leur clientèle est âgée, vulnérable et en perte d'autonomie. Les discussions ont alors porté sur le rôle de l'État et sur le manque de soutien offert aux résidences privées en vue de répondre aux besoins de leur clientèle en perte d'autonomie. Cette lacune semble plus prononcée en ce qui a trait aux besoins des résidents ayant des atteintes cognitives. Les intervenants considèrent que le réseau public est mieux structuré pour répondre au suivi médical : présence régulière d'un médecin, service d'infirmière ou d'auxiliaire du CLSC pour les soins et suivi postopératoire. Pour ce qui est de la perte d'autonomie cognitive des résidents âgés, ils constatent que la réponse du réseau de la santé est beaucoup moins organisée et le manque de connaissances des responsables est particulièrement marqué. Les responsables de résidences sont peu familiers avec les différents types de démence, notent-ils.

Les propriétaires rencontrés se sont aussi longuement entretenus sur l'enjeu de l'accès aux services, mettant surtout en cause la collaboration du réseau public. Selon eux, les résidences privées doivent être des milieux ouverts qui ne gardent pas les locataires en vase clos. Ils se considèrent honnêtes dans l'identification des services qu'ils peuvent et ne peuvent pas offrir, et développent des habiletés pour aller chercher les ressources et les services externes. La collaboration du réseau public de la santé est toutefois longue à acquérir et loin d'être évidente. L'un des participants qui œuvre dans le secteur privé d'hébergement depuis douze ans affirme que la collaboration du réseau public n'est bien établie que depuis trois ans. Jeune propriétaire depuis environ six mois, un autre participant avoue qu'il est très difficile de s'y retrouver au début : *Je me promène encore d'une boîte vocale à l'autre.* Les obstacles relevés sont nombreux : les ressources publiques disponibles pour les résidents en perte d'autonomie varient d'un territoire à l'autre, sont inégales et les critères d'accès restent ambigüs (que ce soit pour le soutien à domicile offert par les CLSC, pour l'évaluation en courte durée gériatrique, etc.).

Ce commentaire écrit va dans le même sens :

> *Que le CLSC respecte que l'appartement du résident qui vit chez nous soit considéré comme son domicile et qu'il a le devoir de venir donner les soins à domicile, tels les bains, les pansements et autres. J'aurais beaucoup de commentaires au sujet du CLSC, mais pas assez de lignes disponibles.* P-31

Les propriétaires s'entendent pour reconnaître que lorsque c'est le réseau public qui les sollicite pour placer quelqu'un et « vider un lit », cela va très vite : *dans la journée même parfois.* Le temps d'attente est tout autre lorsque ce sont eux qui demandent une collaboration pour relocaliser un cas difficile (qui a des comportements perturbateurs par exemple) ou pour évaluer un résident et modifier sa médication ! Selon eux, il y a un manque flagrant de ressources, particulièrement pour le dépannage rapide et l'assistance pour les cas psychiatriques. Même la recherche de bénévoles peut se révéler ardue. Une propriétaire de petite résidence rapporte que lorsqu'elle a sollicité un bénévole pour effectuer des visites amicales à une résidente isolée et faire marcher une autre, on lui a répondu que les bénévoles n'œuvraient pas dans le privé. Elle ajoute : *c'est le résident qui en souffre en bout de ligne.*

Il ne fait aucun doute aux yeux des résidents ayant participé aux discussions que le plus important, c'est qu'il y ait du personnel compétent pour assurer les soins de base ; c'est une question de confiance et de sécurité. Les participants ayant vécu dans plus d'une résidence affirment que la qualité des soins est très inégale d'un endroit à l'autre. Les résidences ne disposent pas toujours des ressources nécessaires, ni des compétences pour prendre soin des gens et bien les traiter. Dans certaines résidences, c'est la même employée qui s'occupe de tout : faire la cuisine et le ménage, donner le bain et les médicaments. *Vous devriez les voir sortir les gens du bain. C'est épouvantable !* Certains proposent la présence obligatoire d'une infirmière dans toutes les résidences privées, de même qu'une visite régulière d'un médecin.

3.3.4. LA PROTECTION CONTRE LES ABUS

D'emblée, les propriétaires considèrent que tous les aspects reliés à la protection des personnes âgées vivant en résidence privée sont fondamentaux et étroitement associés à la question de l'accès aux soins. Cette note d'une propriétaire le reflète :

> *Bonjour ! Comme propriétaire de résidence, je suis consciente de la protection des résidents. Pour leur donner tout ça, je crois que ça prend un budget bien établi et une bonne collaboration du CLSC et de tous les intervenants ressources. Bien à vous.* P-22

Les propriétaires se sont peu étendus sur le sujet des abus. Il faut voir que, selon les données quantitatives, les trois quarts considèrent que très peu de résidents sont victimes d'abus de la part de leur résidence (voir tableau 13).

La discussion entourant la problématique des abus et mauvais traitements à l'endroit des résidents âgés a, par contre, été très animée dans le groupe réunissant les intervenants du réseau. Les acteurs du réseau public nous ont semblé divisés sur cette problématique ; pas tant sur sa prévalence mais sur la façon de la contrer. Bien que la plupart considèrent que les cas d'abus restent marginaux (près de 80 % des répondants au questionnaire les jugeaient *très peu ou peu* fréquents), certains interlocuteurs s'interrogent sur la nécessité de renforcer les mécanismes de protection. Le commentaire écrit d'une travailleuse sociale va dans ce sens.

> *Il est parfois difficile d'évaluer l'abus fait en résidence privée. Il m'apparaît important qu'il y ait une réglementation. Comment pouvons-nous intervenir dans les milieux clandestins qui sont inconnus complètement ?* TS-19

De façon générale, les intervenants s'entendent sur les principaux facteurs de risque : l'isolement des résidences, l'épuisement des responsables et les difficultés financières. Les petites résidences, caractérisées par l'insuffisance de personnel pour partager les tâches et la pression, présentent un haut niveau de risque d'être excédées et de développer des comportements négligents ou abusifs. Cependant, on reconnaît qu'il existe des pratiques abusives dans les grandes institutions publiques : surutilisation des contentions, nombre de bains et changements de couches insuffisants, etc.

Finalement, les personnes âgées rencontrées sont unanimes à reconnaître que les résidents ne sont pas assez protégés. Pour appuyer leur déclaration, elles font état d'inégalités flagrantes qui persistent d'une résidence à l'autre et ramènent sur la table les situations abusives rapportées précédemment. Pour ce, nous référons le lecteur à la sous-section 3.3.2 sur la qualité de vie.

Ces dernières réflexions invitent à discourir sur la pertinence d'une régulation des résidences privées et à présenter les résultats issus de la collecte de données.

3.4. OPINION SUR LA PERTINENCE D'UNE RÉGULATION

Après avoir demandé aux participants de l'étude de brosser un portrait de la situation eu égard à la vulnérabilité des résidents et au respect de leurs droits fondamentaux, nous les invitions à se prononcer sur la pertinence d'une intervention de l'État. Pour ce faire, nous avons recueilli leur opinion sur l'adéquation du cadre actuel pour ensuite leur demander d'identifier les mesures susceptibles d'améliorer le bien-être des résidents.

3.4.1. L'ADÉQUATION DU CADRE ACTUEL

L'éparpillement des mesures régissant les résidences privées et des instances habilitées à intervenir (voir la section 1.2.2. sur le cadre d'opération) rendait fort complexe l'évaluation du cadre actuel dans un questionnaire postal. Cette difficulté était accentuée par la méconnaissance des multiples mesures existantes et de leurs conditions d'exercice. Convaincue de la nécessité de poser une question sur l'adéquation du cadre actuel avant d'aborder directement la question de la pertinence d'une régulation, nous avons jugé bon de relever d'abord quelques mesures existantes. En voici le libellé exact :

Divers organismes peuvent intervenir si une situation problématique est portée à leur attention : la Régie du logement, s'il y a mésentente au niveau du bail, les régies régionales de la santé, s'il y a une plainte concernant des services dispensés à des personnes en perte d'autonomie, par exemple.

Selon vous, le niveau de protection dont bénéficient les personnes âgées en résidences privées est-il :

❑ très suffisant ?

❑ suffisant ?

❑ insuffisant ?

❑ très insuffisant ?

La question invitait à porter un jugement sur les mesures actuelles quant à leur niveau de protection pour les résidents. C'est spécifiquement la fonction « protectrice » de l'État qui est appliquée comme critère d'évaluation. En outre, il aurait été souhaitable et intéressant de demander aux acteurs concernés d'émettre une opinion plus générale sur l'adéquation du cadre actuel ; une telle appréciation aurait permis de faire une meilleure triangulation avec les données qualitatives recueillies par des questions ouvertes et générales. Ceci dit, les données recueillies n'en demeurent pas moins révélatrices de certaines tendances. Le tableau 15 présente l'opinion des acteurs du secteur public et du secteur privé sur le cadre actuel quant à son degré de protection ; deux propriétaires se sont abstenus de répondre

Compte tenu des différences déjà observées dans l'appréciation de la vulnérabilité des résidents et des enjeux éthiques, il n'est pas surprenant de constater qu'il y a une divergence statistiquement très significative dans le jugement porté sur le niveau actuel de protection des résidents. Nous sommes ici en présence de deux opinions opposées. En effet, 83 % des gestionnaires et travailleurs sociaux du réseau public jugent que le degré de protection dont bénéficient les personnes âgées est *insuffisant* ou *très insuffisant*, aucun ne le considère comme *très suffisant*. En contrepartie, le même pourcentage de propriétaires (83 %) estiment que le niveau de protection est *suffisant* ou *très suffisant*. Comment interpréter ces résultats ? Par cette réponse, les propriétaires font-ils valoir qu'ils traitent bien leurs résidents et que, conséquemment, ces derniers sont bien protégés ou plutôt que le cadre actuel est suffisamment « protecteur » et que l'État n'a

Tableau 15
Niveau de protection assurée aux résidents selon les acteurs du secteur public et du secteur privé

Selon vous, le niveau de protection dont bénéficient les personnes âgées
en résidences privées est-il :

(2 non-répondants)	Gestionnaires et travailleurs sociaux Secteur PUBLIC ($n = 65$)	Propriétaires d'une résidence Secteur PRIVÉ ($n = 70$)	Comparaison des 2 groupes (valeur p)
très suffisant ?	0	17 (24,3 %)	
suffisant ?	11 (16,9 %)	41 (58,6 %)	< 0,001
insuffisant ?	40 (61,6 %)	7 (10,0 %)	
très insuffisant ?	14 (21,5 %)	5 (7,1 %)	

Tableau 16
Opinion des acteurs du secteur public et du secteur privé sur la pertinence d'une intervention régulatrice de l'État

Quelle est votre opinion concernant la pertinence d'une intervention de l'État dans la régulation des résidences privées au Québec ? Y êtes-vous :

(1 non-répondant)	Gestionnaires et travailleurs sociaux Secteur PUBLIC (n = 65)	Propriétaires d'une résidence Secteur PRIVÉ (n = 71)	Comparaison des 2 groupes (valeur p)
très favorable ?	34 (52,3 %)	18 (25,4 %)	
plutôt favorable ?	29 (44,6 %)	27 (38,0 %)	< 0,001
plutôt défavorable ?	2 (3,1 %)	20 (28,2 %)	
très défavorable ?	0	6 (8,4 %)	

donc pas à intervenir à cet égard ? Les prochaines questions relatives à la pertinence d'une régulation étatique et à sa justification fournissent des informations qui tendent à soutenir la première hypothèse.

Comme le révèle le tableau 16, la majorité des propriétaires-répondants (63 %) se disent favorables à une intervention de l'État dans la régulation des résidences privées ; 25 % y sont *très favorables* et 38 %, *plutôt favorables*. Précisons que la notion de régulation était définie dans son sens large comme faisant référence à « *toute action des autorités publiques visant à encadrer un secteur d'activité* ». La différence très significative dans la position des acteurs privés et publics s'explique par la quasi-unanimité des intervenants du secteur public à l'égard de la pertinence d'une intervention étatique : 52 % y sont *très favorables* et 45 %, *plutôt favorables*. Le message est sans équivoque. Seulement 28 répondants sur 136, soit 20,6 % de l'échantillon total, affichent une opinion défavorable à l'intervention de l'État ; seulement deux proviennent du réseau public.

Quels sont les motifs invoqués pour appuyer ces positions ? Nous demandions aux participants de choisir deux énoncés, parmi les six proposés, qui reflètent le mieux les raisons pour lesquelles ils sont favorables ou défavorables à une intervention de l'État. Plutôt que de présenter le pourcentage de répondants ayant retenu chacun des énoncés comme premier et deuxième choix, nous avons établi une cote de « popularité » pour chaque motif. Ce score est calculé en fonction du nombre de sujets ayant retenu cet item, lequel est multiplié par deux s'il s'agit d'un premier choix.

Tableau 17

Raisons pour lesquelles les acteurs du secteur public et du secteur privé sont favorables à l'intervention de l'État

Quelles sont les raisons pour lesquelles vous êtes très favorable ou plutôt favorable ?

Cote de « popularité » $= \left(2 \times \dfrac{\text{Nombre de sujets}}{\text{l'ayant choisi au 1er rang}} \right) + \left(1 \times \dfrac{\text{Nombre de sujets}}{\text{l'ayant choisi au 2e rang}} \right)$

	Ensemble des répondants ($n = 108$)	Gestionnaires et travailleurs sociaux Secteur PUBLIC ($n = 63$)	Propriétaires d'une résidence privée Secteur PRIVÉ ($n = 45$)	
– pour assurer la protection des personnes âgées vulnérables.	130 (rang 1)	90 (rang 1)	40 (rang 1)	Pas de relation monotone entre les 2 séries de rangs rho = 0,77 p = 0,0724
– pour éviter les abus que peut entraîner un libre marché.	57 (rang 2)	24 (rang 4)	33 (rang 2)	
– afin d'établir des standards de base.	56 (rang 3,5)	33 (rang 3)	23 (rang 3)	
– parce que le bien-être des aînés est une responsabilité collective.	56 (rang 3,5)	35 (rang 2)	21 (rang 4)	
– pour augmenter l'offre de soins et de services publics.	22 (rang 5)	6 (rang 5)	16 (rang 5)	
– pour préserver un système public fort.	2 (rang 6)	1 (rang 6)	1 (rang 6)	

C'est d'abord et avant tout pour *assurer la protection des personnes âgées vulnérables* que les participants se montrent favorables à une régulation des résidences privées. Ce motif occupe le premier rang dans les choix invoqués par les acteurs du secteur public et du secteur privé, comme l'indique le tableau 13. Populaire chez les intervenants du public, cette valeur est suivie par celle relative à la *responsabilité collective*. L'État aurait une responsabilité envers ses citoyens âgés et devrait intervenir pour assurer leur bien-être. Selon les propriétaires, ce sont les abus que peut entraîner un libre marché qui justifient, en second lieu, la pertinence d'une intervention étatique. Ce choix traduirait une conception supplétive du rôle de l'État, en tant que gardien de l'ordre public. Au troisième rang des motifs invoqués, les deux acteurs ont retenu la nécessité d'établir des standards de base. Ce sont aussi les mêmes raisons qui occupent les deux derniers rangs de « popularité », soit celles relatives à l'offre de soins et de services publics. Faut-il comprendre que le maintien d'un système public fort dans le domaine de la santé et des services sociaux ne constitue plus une valeur prioritaire ou plutôt que les participants, compte tenu de la rareté des ressources et du « rétrécissement du public », n'osent plus l'invoquer comme motif d'intervention ? S'il y a certaines similitudes dans les raisons invoquées par les acteurs du secteur public et privé favorables à une régulation étatique, les analyses statistiques faites à l'aide du coefficient rho de Spearman indiquent qu'il n'y a pas de relation entre les rangs. Qu'en est-il des raisons à l'appui des opinions défavorables à l'intervention de l'État pour réguler les résidences privées ?

Rappelons d'abord que nous sommes en présence de cellules de très petite taille, lesquelles imposent une prudence dans l'interprétation des résultats, ne permettant pas de procéder à des tests statistiques de comparaison. Deux gestionnaires et travailleurs du réseau public et 26 propriétaires affirment être défavorables à la régulation par l'État. Le tableau 18, à l'instar du précédent, présente par ordre décroissant de « popularité » les différents motifs qu'ils ont invoqués. Les deux principales raisons ont trait à la préservation de la liberté des personnes âgées et au risque d'une intervention abusive de l'État. Certains participants ont aussi fait valoir que le bien-être des aînés est avant tout une responsabilité individuelle et familiale, et qu'il faut promouvoir une diversification des milieux de vie substituts.

Nous présentons maintenant les résultats de la collecte des données qualitatives sur l'adéquation du cadre actuel. Une partie des données proviennent des commentaires du questionnaire postal se rapportant à cette thématique ; 5 étaient rédigés par des acteurs du secteur public et 14 par ceux du privé. Les autres informations rapportées ont été recueillies auprès des groupes de discussion. Le lecteur peut se référer au tableau 19, qui

Tableau 18

Raisons pour lesquelles les acteurs du secteur public et du secteur privé sont défavorables à l'intervention de l'État

Quelles sont les raisons pour lesquelles vous êtes très défavorable ou plutôt défavorable ?
Cote de « popularité » $=$ $\left(2 \times \dfrac{\text{Nombre de sujets}}{\text{l'ayant choisi au 1}^{\text{er}}\text{ rang}}\right)$ $+$ $\left(1 \times \dfrac{\text{Nombre de sujets}}{\text{l'ayant choisi au 2}^{\text{e}}\text{ rang}}\right)$
de chacune des raisons

	Ensemble des répondants (*n* = 28)	Gestionnaires et travailleurs sociaux Secteur PUBLIC (*n* = 2)	Propriétaires d'une résidence Secteur PRIVÉ (*n* = 26)	
– pour respecter la liberté des personnes âgées.	32 (rang 1)	6 (rang 1)	26 (rang 3)	Test impossible car 2 sujets seulement dans le secteur public.
– pour éviter les abus que peuvent entraîner les interv. de l'État.	31 (rang 2)	1 (rang 2,5)	30 (rang 1)	
– parce que le bien-être des aînés est une responsabilité individuelle/familiale.	28 (rang 3)	1 (rang 2,5)	27 (rang 2)	
– afin de stimuler une diversité des ressources.	9 (rang 4)	0	9 (rang 4)	
– pour favoriser la libre entreprise.	8 (rang 5)	0	8 (rang 5)	
– par nécessité de rationaliser les services publics.	3 (rang 6)	0	3 (rang 6)	

Tableau 19

Analyse thématique comparative des groupes de discussion relativement à l'adéquation du cadre actuel

Gestionnaires et travailleurs sociaux Secteur PUBLIC	Propriétaires d'une résidence Secteur PRIVÉ	Résidents âgés
– Cadre actuel non réaliste et inadéquat – Système contradictoire – Manque de soutien de la part de l'État – Petites résidences débordées, problèmes financiers – Méconnaissance des recours en cas d'abus	– Loi sur SSS désuète quant au droit d'héberger des personnes en perte d'autonomie – non réaliste – Manque de ressources pour assister les résidences – Aucune aide financière du gouvernement	– Personne ne se préoccupe des personnes âgées en résidences – Aucune visite ou inspection

constitue une synthèse comparative des propos émis dans le cadre des *focus groups* réunissant chaque catégorie d'acteurs : les propriétaires, les intervenants du réseau public puis les résidents âgés.

Tous les participants du secteur public présents au groupe de discussion reconnaissent que l'État a un rôle à jouer et une responsabilité à assumer face aux citoyens âgés en perte d'autonomie vivant en résidence privée. Cette affirmation abonde dans le sens des motifs invoqués en faveur d'une intervention régulatrice de l'État. De l'avis des intervenants et gestionnaires, le développement du secteur privé d'hébergement et l'alourdissement des clientèles résultent des fermetures de lits et du virage ambulatoire qui ont été appliqués trop rapidement et sans planification suffisante. Ils considèrent que le gouvernement ne peut « se déresponsabiliser » et laisser la famille et le secteur privé compenser pour le manque de services sans soutien ; le fardeau se révèle trop lourd. Cette « urgence » se fait sentir aussi dans les écrits :

Important que les choses bougent dans ce secteur, c'est le laisser-faire depuis plusieurs années, avec les contraintes budgétaires imposées par les gouvernements et le vieillissement de la population, il est plus que le temps d'y voir. Bon travail. G-03

Quant au réseau public face aux résidences privées, son désengagement est très problématique. Les conflits idéologiques privés/public sont, à mon avis, très propices aux abus. Enfin, l'attitude de la Régie régionale dans ce dossier est éloquente : ce n'est ni une priorité ni un dossier régulier (pros).
TS-03

Je souhaite que cette recherche apporte des changements concrets dans ces réseaux. Que nous les intervenants du secteur public puissions avoir un mandat afin d'aider les aînées à se prévaloir de leurs droits. TS-18

Selon l'avis des gestionnaires et intervenants consultés, il faut reconnaître aux personnes âgées en perte d'autonomie vivant en résidence privée le même droit aux services que celles hébergées en institution ou qui résident dans leur domicile.

Les propos tenus tendent à démontrer que le cadre actuel n'est pas adéquat et ne correspond pas à la réalité. Le système actuel est contradictoire à plusieurs égards, soutient un participant : *Si on prend l'ensemble de la situation sous son aspect légal, on n'en sort pas. D'une part, on dit aux résidences privées qu'elles n'ont pas le droit d'héberger des personnes en perte d'autonomie, mais on y réfère des cas de plus en plus lourds et, d'autre part, on les définit comme un domicile.* On se retrouve ainsi dans une situation où certains CLSC offrent des services de soutien à domicile aux résidents en perte d'autonomie en résidence privée et d'autres pas ou à différentes conditions (taille de la résidence, type de services requis, etc.). Les gens s'inquiètent ; les ressources privées, surtout les petites, sont de plus en plus débordées, ont peu de répit et présentent des problèmes de rentabilité. De nombreux témoignages d'épuisement ont été recueillis chez les propriétaires à la fin du questionnaire postal ; en voici deux à titre d'exemple :

> *Les directeurs et directrices en résidences privées sont épuisés. Nous avons besoin d'un soutien. Merci beaucoup de vous préoccuper de ce qui se passe en résidence privée et surtout de nous demander notre opinion.* P-14

> *Peu de ressources – peu d'aide – beaucoup de travail nous allons vers l'épuisement des ressources. Le gouvernement travaille contre nous. J'en aurais tellement long à dire.* P-20

En revanche, précise un participant, si on reconnaît officiellement que les résidences privées sans permis hébergent des aînés en perte d'autonomie, cela implique qu'il faille les financer sinon seuls les résidents plus fortunés auront accès aux soins et services. On le constate, donc, la question de l'équité surgit à nouveau dans le débat.

Les propriétaires considèrent que le secteur privé a beaucoup évolué, qu'il a absorbé les importants changements survenus dans le système de santé. La clientèle s'est beaucoup alourdie et les nouveaux propriétaires sont maintenant mieux au fait des défis qui les attendent. Un répondant au questionnaire fait état de l'ensemble des ressources mises à leur disposition et de leur adéquation.

L'Association des résidences pour retraités du Québec et son code d'éthique aident la formation du personnel et la nôtre. À la base, il y a l'amour des aînés, la compréhension et le gros bon sens. Les conflits sont écoutés, traités et réglés sur place : résidents satisfaits. Le CLSC intervient sur demande pour relocalisation et problèmes spéciaux. Ils sont compétents et très efficaces. Suivons les normes de la régie du logement selon les coûts de la vie. Info-santé, salle d'urgence, cours de secourisme, les médecins et les pharmaciens, des aides impayables... et CLSC. Allocation au logement. [...] P-13

Les propriétaires font remarquer que la loi n'a pas été modifiée et, qu'en vertu de celle-ci, les résidences privées sans permis n'ont toujours pas le droit d'héberger des personnes en perte d'autonomie. *Mais tout le monde sait qu'il n'en est plus ainsi*, affirme un propriétaire. Il se souvient qu'on appelait *foyers clandestins* les résidences privées sans permis ministériel : une étiquette qui donnait *l'allure d'un fond de ruelle*, selon lui. De l'avis des participants, la situation évolue. Même le discours politique commence à changer. Le gouvernement n'aura plus le choix selon eux ; les personnes âgées requérant trois heures de soins par jour vont aller vivre en résidences privées puisque la clientèle admise CHSLD va bientôt passer à quatre heures de soins. *Avec tout ce que le privé fait actuellement, il ne manque qu'un petit coup de pouce*, est d'avis un participant. Il ajoute qu'il en coûte plus de 3 000 $ par mois pour héberger quelqu'un dans le réseau public alors que le gouvernement n'alloue aucun budget pour ceux hébergés dans le secteur privé. Or, au cours des dix dernières années, les hausses de loyer que les propriétaires considèrent modestes n'ont pu compenser l'augmentation des besoins des résidents, d'où le nombre important de résidences ayant déclaré faillite. Alors que jadis on considérait l'acquisition d'une résidence privée comme une affaire en or, il est connu maintenant que le marché est assez risqué. On insiste sur le manque de ressources pour assister les résidences. Les propriétaires sont d'avis que le gouvernement doit aider les résidences, surtout les résidents, précisent-ils. Les besoins et demandes d'aide ont été clairement exprimés dans les commentaires libres du sondage. À preuve :

Je me demande toujours ce que ça donne de remplir ce genre de questionnaire, il est supposé avoir des gens vieillissantes dans toutes les paroisses, on a de la misère à tenir nos résidences pleines, on est toujours à bout d'effort pour faire du recrutement alors que les « grosses boîtes » comme chez vous ne nous aident à aucun moment, on demande de l'aide aux hôpitaux, CLSC, centre de gérontologie afin de nous fournir une clientèle et on a jamais de réponse de votre part. Merci de m'avoir lue. P-18

Jusqu'à maintenant, l'État a été plus une ressource irritante qu'aidante. L'ouverture que le gouvernement semble démontrer dans le but d'aider financièrement les résidences privées m'apparaît comme la voie la plus logique à prendre. Il faudra que le gouvernement montre beaucoup de souplesse, car que je crains que les exigences en termes de (normes) amèneront la fermeture de plusieurs d'entre elles. P-26

Les prochaines remarques rédigées par des propriétaires révèlent quelques réserves à l'égard de l'intervention de l'État, compte tenu des risques d'abus qu'elle peut entraîner. Les gens se disent favorables à une assistance financière mais craignent l'excès d'ingérence.

> *La collaboration est très importante. L'indépendance des résidences privées est importante. La surveillance modérée par le CLSC est importante. L'aide pour maintien dans les centres et l'amélioration des besoins des usagers AVQ est nécessaire. Trop d'encadrement de l'État va nuire à ce type de service.* P-11

> *J'ai une résidence de 15 chambres. J'aimerais de l'aide financière. J'ai de beaux projets, mais c'est l'argent qui est un problème. [...] Je suis inquiète sur la pertinence d'une intervention de l'État. Raisons : l'abus de pouvoir sur les petites résidences, abus de taxes, d'exigences pour P.M.E. J'ai vu souvent des exigences qui ne correspondaient pas au vrai besoin des résidents(tes). J'ai déjà été approché pour l'achat de place dans les résidences privées à un prix ridicule, 12 $ par jour si chambre non occupée et 33 $ chambre occupée et complété le montant par le résident(te) ; 12 $ gouvernement et 33 $ (21 $ par le résident(te)). L'aide financière aux résidences est importante pour donner un meilleur service aux résidents(tes) [...].* P-34

Afin de nous enquérir de l'adéquation du cadre actuel régissant les résidences privées, nous avons demandé aux résidents ce qu'ils feraient face à une situation problématique. Les hésitations traduisent une méconnaissance évidente des ressources et recours possibles. Certains résidents en parleraient à un employé, d'autres feraient rapport à l'aide juridique. Aucun participant n'a fait mention du CLSC, de la Régie régionale, ni même d'un quelconque professionnel de la santé. Une certaine inquiétude s'est fait sentir : *On ne le sait pas trop nous autres. La FADOQ, peut-être ? Y doit sûrement y avoir un organisme chargé de surveiller les résidences.* Pourtant jamais personne n'est venu les visiter pour s'assurer que tout allait bien, ni leur poser des questions, fera remarquer un résident. *Il faudrait vraiment que quelqu'un s'en occupe. Il y en a beaucoup des résidences.*

3.4.2.   LES MÉCANISMES D'INTERVENTION PRIVILÉGIÉS

Puisque les participants à l'étude se sont clairement prononcés en faveur d'une régulation étatique des résidences privées afin de mieux protéger les résidents plus vulnérables, la présente section vient démontrer qu'il n'y a aucun consensus sur les modalités de cette intervention. Ce constat émane des données recueillies par l'enquête postale et les entrevues de groupe, lesquels se terminaient sur une note concrète en demandant aux participants d'identifier les mesures à privilégier. Plus précisément, la dernière section du questionnaire, intitulée *les scénarios d'intervention,* proposait

15 mécanismes d'intervention, regroupés selon leur objet en 4 catégories : le droit d'opérer une résidence, la collaboration privé-public, la qualité des services, puis, finalement, les coûts et le financement.

Les personnes interrogées devaient, sur une échelle de Likert à quatre degrés, allant de 1) très favorable à 4) très défavorable, donner leur opinion sur chacune des mesures listées. Puisque aucune précision n'était fournie quant aux conditions d'application de chaque mesure, l'opinion des participants constitue en quelque sorte un accord ou désaccord de principe. Cette question a une visée prospective, souhaitant cibler les mesures les plus « populaires » ou « prometteuses » aux yeux des principaux concernés et suggérer une orientation aux travaux futurs. Nous devons aussi faire état de quelques données manquantes ; 2 à 5 selon les items. Ces cas de non-réponse peuvent s'expliquer par la longueur de la question (15 items à cocher) et le fait qu'elle se situe à la fin du questionnaire.

Le tableau 20 révèle d'abord que les intervenants du réseau public sont nettement favorables aux mesures relatives au droit d'opérer. La différence d'opinion « privé-public » est statistiquement très significative (p < 0,001). En effet, 83 % des acteurs du secteur public sont très favorables à la détention d'un permis comparativement à 30 % des propriétaires, ceux-ci se disant plutôt favorables à 44 %. La proportion reste sensiblement la même pour l'obtention d'une accréditation, quoique étonnamment un peu plus basse pour le secteur public et légèrement plus élevée pour le privé. Afin de distinguer le permis de l'accréditation, cette dernière était définie comme impliquant « une évaluation par un organisme indépendant sur la base de critères connus ». La position « réservée » des propriétaires reflèterait-elle une certaine crainte à l'égard des exigences assorties à de telles mesures et des instances qui seraient chargées de leur application ?

Le tableau démontre aussi des différences d'opinion quant aux modalités de collaboration privé-public à privilégier. Outre la référence et le suivi de la clientèle par le réseau public, aspects jugés de façon assez similaire et favorable par les deux catégories d'acteurs, on constate que le développement de mécanismes de collaboration obtient la faveur des intervenants du réseau alors que l'augmentation des services à domicile par les CLSC retient celle des propriétaires. Ces résultats convergent avec le besoin d'aide exprimé de façon qualitative par les représentants des résidences.

Pour ce qui est des mesures visant la qualité des soins et services en résidences privées, les résultats de l'enquête démontrent qu'il y a, encore là, divergence entre les acteurs selon qu'ils appartiennent au

Tableau 20
Opinion des acteurs du secteur public et du secteur privé sur les moyens d'intervention reliés au permis d'opération et aux relations privé-public

Quelle est votre opinion sur les moyens suivants pour améliorer la qualité des résidences privées et le bien-être des résidents ?

	Gestionnaires et travailleurs sociaux Secteur PUBLIC	Propriétaires d'une résidence Secteur PRIVÉ	Comparaison des 2 groupes (valeur p)
En ce qui a trait au droit d'opérer une résidence privée :			
1. La détention d'un permis d'opération			
	($n = 65$)	($n = 69$)	
très favorable	54 (83,1 %)	21 (30,4 %)	< 0,001
plutôt favorable	8 (12,3 %)	30 (43,5 %)	
plutôt défavorable	3 (4,6 %)	6 (8,7 %)	
très défavorable	0	12 (17,4 %)	
2. L'obtention d'une accréditation			
	($n = 65$)	($n = 66$)	
très favorable	51 (78,5 %)	25 (37,9 %)	< 0,001
plutôt favorable	13 (20,0 %)	23 (34,9 %)	
plutôt défavorable	0	10 (15,2 %)	
très défavorable	1 (1,5 %)	8 (12,1 %)	
En ce qui a trait aux relations entre le secteur privé et le secteur public :			
3. Le développement de mécanismes de collaboration			
	($n = 65$)	($n = 68$)	
très favorable	50 (76,9 %)	36 (52,9 %)	0,012
plutôt favorable	15 (23,1 %)	23 (33,8 %)	
plutôt défavorable	0	6 (8,8 %)	
très défavorable	0	3 (4,4 %)	
4. L'augmentation des services à domicile par les CLSC			
	($n = 64$)	($n = 68$)	
très favorable	29 (45,3 %)	43 (63,2 %)	0,013
plutôt favorable	23 (35,9 %)	15 (22,1 %)	
plutôt défavorable	10 (15,6 %)	3 (4,4 %)	
très défavorable	2 (3,1 %)	7 (10,3 %)	
5. La référence et le suivi de clientèle par le réseau public			
	($n = 64$)	($n = 68$)	
très favorable	30 (46,9 %)	27 (39,7 %)	0,400
plutôt favorable	25 (39,1 %)	28 (41,2 %)	
plutôt défavorable	7 (10,9 %)	6 (8,8 %)	
très défavorable	2 (3,1 %)	7 (10,3 %)	

secteur privé ou public. Les gestionnaires et intervenants du réseau se révèlent très favorables à toutes les mesures énoncées, qu'elles soient préventives (formation du personnel ou des propriétaires, élaboration de normes et de standards de qualité) ou de nature contrôlante (visite annuelle d'inspection et renforcement d'un système de plainte). Il importe de préciser par contre, comme en témoigne le prochain tableau, que les propriétaires affichent une opinion majoritairement favorable à ces diverses mesures mais non « *très favorable* ». Autre donnée intéressante : les participants sont très favorables au signalement obligatoire des cas d'abus (72 %). Seuls 5 % des répondants du secteur public et du secteur privé y sont plutôt défavorables. Ce consensus abonde dans le sens de la recension des écrits sur les enjeux éthiques (chapitre 2, sous-section 2.2.2.) et confirme la tendance à revendiquer une intervention protectrice, voire une législation à cet effet.

Tableau 21
Opinion des acteurs du secteur public et du secteur privé sur les moyens d'intervention reliés à la qualité des soins et services

Quelle est votre opinion sur les moyens suivants pour améliorer la qualité des résidences privées et le bien-être des résidents ?

	Gestionnaires et travailleurs sociaux Secteur PUBLIC	Propriétaires d'une résidence Secteur PRIVÉ	Comparaison des 2 groupes (valeur p)
En ce qui a trait à la qualité des soins et des services en résidences privées :			
6. La formation du personnel			
	($n = 65$)	($n = 69$)	
très favorable	55 (84,6 %)	40 (58,0 %)	0,002
plutôt favorable	9 (13,9 %)	25 (36,2 %)	
plutôt défavorable	1 (1,5 %)	3 (4,4 %)	
très défavorable	0	1 (1,5 %)	
7. La formation des propriétaires			
	($n = 65$)	($n = 67$)	
très favorable	50 (76,9 %)	31 (46,3 %)	< 0,001
plutôt favorable	14 (21,5 %)	27 (40,3 %)	
plutôt défavorable	1 (1,5 %)	7 (10,5 %)	
très défavorable	0	2 (3,0 %)	

Tableau 21
Opinion des acteurs du secteur public et du secteur privé sur les moyens d'intervention reliés à la qualité des soins et services *(suite)*

Quelle est votre opinion sur les moyens suivants pour améliorer la qualité des résidences privées et le bien-être des résidents ?

	Gestionnaires et travailleurs sociaux Secteur PUBLIC	Propriétaires d'une résidence Secteur PRIVÉ	Comparaison des 2 groupes (valeur p)
8. L'élaboration de normes et standards de qualité			
	(*n* = 65)	(*n* = 69)	
très favorable	52 (80,0 %)	35 (50,7 %)	< 0,001
plutôt favorable	12 (18,5 %)	28 (40,6 %)	
plutôt défavorable	1 (1,5 %)	5 (7,3 %)	
très défavorable	0	1 (1,5 %)	
9. La tenue d'une visite annuelle d'inspection			
	(*n* = 65)	(*n* = 69)	
très favorable	47 (72,3 %)	35 (50,7 %)	0,032
plutôt favorable	15 (23,1 %)	22 (31,9 %)	
plutôt défavorable	2 (3,1 %)	9 (13,0 %)	
très défavorable	1 (1,5 %)	3 (4,4 %)	
10. Le renforcement d'un système de plaintes			
	(*n* = 65)	(*n* = 69)	
très favorable	39 (60,0 %)	25 (36,2 %)	0,008
plutôt favorable	23 (35,4 %)	31 (44,9 %)	
plutôt défavorable	3 (4,6 %)	8 (11,6 %)	
très défavorable	0	5 (7,3 %)	
11. Le signalement obligatoire des cas d'abus			
	(*n* = 65)	(*n* = 71)	
très favorable	47 (72,3 %)	51 (71,8 %)	1,000
plutôt favorable	15 (23,1 %)	16 (22,5 %)	
plutôt défavorable	3 (4,6 %)	4 (5,6 %)	
très défavorable	0	0	

En dernier lieu, les participants étaient invités à partager leur opinion sur différentes modalités reliées au financement. Le tableau 22 rapporte les résultats bruts et en pourcentage pour chacune des questions posées, selon les deux catégories de répondants. À l'instar des autres tableaux présentés dans ce chapitre, il permet une comparaison entre les deux groupes avec un seuil de signification de p < 0,05.

Tableau 22
Opinion des acteurs du secteur public et du secteur privé sur les moyens d'intervention reliés aux coûts et au financement

Quelle est votre opinion sur les moyens suivants pour améliorer la qualité des résidences privées et le bien-être des résidents?

	Gestionnaires et travailleurs sociaux Secteur PUBLIC	Propriétaires d'une résidence Secteur PRIVÉ	Comparaison des 2 groupes (valeur p)
En ce qui a trait aux coûts et au financement:			
12. L'établissement d'une grille de tarifs (loyer, services)			
	(*n* = 65)	(*n* = 69)	
très favorable	36 (55,4 %)	20 (29,0 %)	< 0,001
plutôt favorable	18 (27,7 %)	22 (31,9 %)	
plutôt défavorable	11 (16,9 %)	18 (26,1 %)	
très défavorable	0	9 (13,0 %)	
13. L'aide financière aux résidents défavorisés nécessitant des services			
	(*n* = 65)	(*n* = 71)	
très favorable	38 (58,5 %)	49 (69,0 %)	0,379
plutôt favorable	21 (32,3 %)	19 (26,8 %)	
plutôt défavorable	4 (6,2 %)	1 (1,4 %)	
très défavorable	2 (3,1 %)	2 (2,8 %)	
14. L'aide financière aux résidences (adaptation des lieux, etc.)			
	(*n* = 64)	(*n* = 69)	
très favorable	20 (31,3 %)	46 (66,7 %)	< 0,001
plutôt favorable	26 (40,6 %)	16 (23,2 %)	
plutôt défavorable	15 (23,4 %)	3 (4,4 %)	
très défavorable	3 (4,7 %)	4 (5,8 %)	
15. L'achat de places dans les résidences privées			
	(*n* = 64)	(*n* = 69)	
très favorable	20 (31,3 %)	32 (46,4 %)	0,174
plutôt favorable	30 (46,9 %)	20 (29,0 %)	
plutôt défavorable	9 (14,1 %)	10 (14,5 %)	
très défavorable	5 (7,8 %)	7 (10,1 %)	

Les données relatives aux coûts et au financement appellent une analyse spécifique à chacune des sous-questions. Soulignons d'abord que l'aide financière aux résidents nécessiteux est celle qui a suscité le plus d'intérêt chez les participants: 69 % des propriétaires et 59 % des intervenants du réseau y sont très favorables. Les acteurs des secteurs public et privé affichent aussi une opinion similaire, en ce qui a trait aux formules d'achat de places dans le privé, quoique celle-ci soit plus nuancée. En revanche, leurs positions divergent complètement face à l'établissement d'une grille de tarifs pour le loyer et les services; une mesure nettement moins populaire chez les propriétaires. Une différence très significative s'observe aussi en ce qui a trait à l'aide financière aux résidences, mais dans le sens opposé, les acteurs du réseau public y étant cette fois beaucoup moins favorables.

Il semble difficile de dégager de ces nombreux résultats des priorités d'intervention. Plusieurs répondants ont systématiquement coché 1) très favorable à tous les items énumérés, les jugeant probablement tous pertinents. Nous avons eu raison de demander aux répondants de choisir parmi les 15 sous-questions, et par ordre décroissant, les trois qu'ils jugent les plus importantes. La technique utilisée pour analyser les résultats est identique à celle employée pour dégager les principales raisons associées au fait d'être favorable ou non à la régulation des résidences privées. Ainsi, chaque item s'est vu octroyer une « cote de popularité » selon le nombre de répondants l'ayant retenu comme premier, deuxième ou troisième choix. Plus le score obtenu est élevé, plus l'item est privilégié. Le tableau 19 révèle le rang occupé par chacune des sous-questions, selon les acteurs des secteurs public et privé.

Les données qui se dégagent du tableau sont fort intéressantes, en plus d'être cohérentes avec les résultats de l'ensemble de l'étude. Elles s'inscrivent en outre dans la foulée des résultats observés précédemment.

Ces résultats indiquent qu'il n'y a pas de consensus entre les acteurs du secteur public et du secteur privé quant aux mécanismes d'intervention à privilégier (la mesure rho de Spearman ne suggère pas de relation). Si ces deux groupes d'acteurs reconnaissent la pertinence d'une régulation des résidences privées pour le même motif principal, soit la protection des résidents vulnérables, ils ne s'entendent pas sur la manière de procéder.

Les gestionnaires et intervenants du réseau de la santé et des services sociaux priorisent des mesures normatives qui standardisent et visent le rehaussement de toutes les résidences. Ces résultats reflètent-ils un biais de désirabilité sociale? Comme on le voit au tableau 23, les acteurs du réseau public choisissent dans l'ordre :

1. l'obtention d'une accréditation (rang 1),

2. l'élaboration de normes et de standards de qualité (rang 2),

3. la formation du personnel (rang 3).

Tableau 23

Mécanismes d'intervention privilégiés par les acteurs du secteur public et du secteur privé

Lesquels vous semblent les plus importants ?

Cote de « popularité » de chacun des moyens $= \left(\begin{matrix} 3 \times \text{Nombre de sujets} \\ \text{l'ayant choisi au } 1^{er} \text{ rang} \end{matrix} \right) + \left(\begin{matrix} 2 \times \text{Nombre de sujets} \\ \text{l'ayant choisi au } 2^e \text{ rang} \end{matrix} \right) + \left(\begin{matrix} 1 \times \text{Nombre de sujets} \\ \text{l'ayant choisi au } 3^e \text{ rang} \end{matrix} \right)$

(2 non-répondants)	Gestionnaires et travailleurs sociaux Secteur PUBLIC (n = 65)	Propriétaires d'une résidence privée Secteur PRIVÉ (n = 70)	Comparaison des 2 groupes (valeur p)
1. la détention d'un permis d'opération	34 (rang 4)	38 (rang 4)	Pas de relation monotone entre les 2 séries de rangs rho = 0,24 p = 0,3904
2. l'obtention d'une accréditation	95 (rang 1)	25 (rang 7)	
3. le développement de mécanismes de collaboration	28 (rang 5)	32 (rang 6)	
4. l'augmentation des services à domicile par les CLSC	27 (rang 6)	49 (rang 3)	
5. la référence et le suivi de clientèle par le réseau public	18 (rang 8)	13 (rang 12)	
6. la formation du personnel	44 (rang 3)	21 (rang 8)	
7. la formation des propriétaires	10 (rang 10)	8 (rang 13)	
8. l'élaboration de normes et standards de qualité	71 (rang 2)	20 (rang 9)	
9. la tenue d'une visite annuelle d'inspection	14 (rang 9)	17 (rang 10)	
10. le renforcement d'un système de plaintes	3 (rang 14)	0 (rang 15)	
11. le signalement obligatoire des cas d'abus	7 (rang 12)	16 (rang 11)	
12. l'établissement d'une grille de tarifs	9 (rang 11)	7 (rang 14)	
13. l'aide financière aux résidents défavorisés nécessitant des services	19 (rang 7)	74 (rang 1)	
14. l'aide financière aux résidences (adaptation des lieux, etc.)	2 (rang 15)	55 (rang 2)	
15. l'achat de places dans les résidences privées	5 (rang 13)	36 (rang 5)	

Les propriétaires de résidences, quant à eux, donnent priorité à des mesures incitatives qui visent l'aide financière aux personnes âgées dans le besoin puis aux résidences. Suivant le tableau 23, ils choisissent dans l'ordre :

1. l'aide financière aux résidents défavorisés en besoin de services (rang 1),

2. l'aide financière aux résidences (rang 2),

3. l'augmentation des services à domicile offerts par les CLSC (rang 3).

Soulignons que le choix « détention d'un permis d'opération » a été retenu en quatrième place par les deux catégories d'acteurs.

Ces constats qui émergent du volet quantitatif de l'étude convergent avec les principales données issues du volet qualitatif, comme en fait foi ce tableau synthèse. Tout comme pour les variables précédentes, nous constatons que les participants au groupe de discussion émettent des opinions plus nuancées que celles des répondants à l'enquête postale.

Il apparaît important pour les intervenants du secteur public de soutenir les résidences et d'établir plus de liens entre les secteurs public et privé.

Tableau 24
Analyse thématique comparative des groupes de discussion relativement aux mécanismes d'intervention

Gestionnaires et travailleurs sociaux Secteur PUBLIC	Propriétaires d'une résidence Secteur PRIVÉ	Résidents âgés
– État a une responsabilité envers citoyens âgés – Même droit aux services pour les résidents âgés en perte d'autonomie – Assurer plus d'équité – Soutenir les résidences – Donner de la formation – Établir des liens privé-public – Favoriser des initiatives – Développer de nouvelles ressources – Standards minimaux – Établir des lignes directrices – Renforcer les mécanismes de protection	– Aide financière requise – Budget spécial pour les résidences privées (dans les CLSC) – Travailleur social attitré à chaque résidence – Suivi des clientèles dans le privé – Ouverture face au permis d'opération – Mécanismes devant relever de structures gouvernementales provinciales – Exigences de qualification ou de formation pour les propriétaires jugées non nécessaires	– Présence d'employé, personnel compétent – Visite régulière d'un médecin – Visite d'inspection – Ne pas payer 3 mois de loyer lors d'un déménagement

Nous n'avons pas le choix de formaliser le partenariat avec les résidences privées. Il s'agit d'un phénomène incontournable. En effet, les personnes âgées veulent rester dans la communauté; aussi bien supporter cette volonté, dans des conditions gagnantes pour tout le monde. G-01

Les gestionnaires réunis en groupe constatent d'ailleurs qu'une foule d'initiatives émergent du « flou juridique actuel ». Ils relatent diverses expériences en cours dont le projet ministériel d'achats de places et diverses formules d'ententes régionales. S'ils sont favorables à de nouvelles avenues, ils trouvent nécessaire de déterminer des standards minimaux et d'établir des lignes directrices à l'échelle provinciale. Selon certains, le développement de nouvelles ressources d'hébergement implique différentes catégories de permis ou d'accréditation et divers modes d'allocation financière. Plusieurs commentaires sur le questionnaire se rapportaient à l'achat de places, processus qui était d'ailleurs en voie d'implantation dans la région au moment de la collecte de données, de même qu'aux exigences à imposer. Le lecteur dénotera dans les propos suivant une nécessité d'encadrer les résidences.

Accréditation à partir de critères, de normes et standard de qualité. Un suivi de la personne âgée hébergée sur une base régulière. La formation du personnel et propriétaires est d'une grande importance (Processus du vieillissement, communication, savoir-être... communication avec les personnes atteintes de déficits cognitifs et interventions adaptées – Sensibilisation au respect des aînées...) Aide financière aux résidents défavorisés à partir « d'évaluation » et s'assurer que la ressource privée respecte les besoins et demandes pour la personne en baisse d'autonomie. TS-07

Il faut être très prudent dans l'achat de places pour éviter que les résidences privées deviennent des CHSLD de second ordre. Si on accorde de l'aide aux résidences privées, il faudra aussi s'assurer de la qualité que l'on peut recevoir – en n'oubliant pas que leur premier but est le profit. TS-10

Je souhaite fortement que le réseau public encadre davantage les résidences privées tout en favorisant une meilleure collaboration. TS-20

Tous considèrent qu'une meilleure pénétration des milieux privés diminuerait les risques de négligence et d'abus. Sur la question des soins inadéquats et des mauvais traitements envers les personnes hébergées en perte d'autonomie, les intervenants relatent des failles importantes dans le système de plaintes aux Régies régionales. D'abord, les résidents et leurs proches, de même que les intervenants du réseau, connaissent peu ce recours et hésitent à signaler les cas problématiques. Ils notent de plus que des correctifs ne sont apportés que si le propriétaire de la résidence visée est volontaire et veut coopérer avec la Régie régionale. Un intervenant souligne aussi que le système de traitement des plaintes étant confidentiel, il n'est pas possible de connaître les résidences problématiques d'où le risque d'y référer à nouveau des personnes âgées. Bien que les cas d'abus graves demeurent à leur avis très marginaux, certains jugent nécessaire de renforcer le système de plaintes et de repenser les mécanismes de protection. Un participant ramène à la table le débat sur la nécessité d'une loi de protection des personnes âgées qui avait été écartée à cause de son caractère infantilisant. Il observe d'ailleurs une migration des idées depuis un an qui va dans le sens d'une loi de protection visant les individus avec incapacités ; une loi d'exception qui leur garantirait des droits dont celui aux services de santé et aux services sociaux. Les autres participants semblent reconnaître la pertinence de remettre ces enjeux à l'ordre du jour des décideurs politiques, dont l'obligation de dénoncer les cas d'abus qui ressort si clairement dans l'enquête.

Les propriétaires rencontrés, conformément aux opinions affichées dans l'enquête postale, ont surtout insisté sur les types d'aide que pourrait leur apporter le gouvernement. Certains suggèrent que les CLSC reçoivent un budget spécial pour les résidences et qu'une travailleuse sociale soit affectée à chaque résidence. D'autres considèrent qu'un suivi des clientèles hébergées s'impose ; il pourrait s'agir d'une visite annuelle à tous les résidents. De telles mesures d'aide assureraient selon eux une meilleure protection aux résidents. Les avis allant dans ce sens sont nombreux.

> *Je souhaite que les services des CLSC soient donnés à toutes personnes en résidences privées ou autres « sans conditions ». Les résidences privées devraient bénéficier d'une aide financière supplémentaire gouvernementale pour répondre aux besoins spécifiques des personnes selon le cas. Merci.* P-07

> *Ajout d'argent nécessaire pour le maintien à domicile incluant résidence privée. Raison : virage ambulatoire. Une logique simple pour combler le suivi du post-hospitalisation et postopération retourner hâtivement dans leur milieu de vie.* P-19

> *Avec le vieillissement de la population, je crois qu'il est grand temps que le gouvernement fournisse de l'Aide aux propriétaires de résidences privées. Les personnes qui ne sont plus autonomes n'ont pas d'autres choix que de finir leurs jours dans des hôpitaux transformés en CSLD. Plusieurs propriétaires de résidences privées se disent intéressés d'accueillir ce genre de clientèle. Cependant l'aide gouvernementale n'est pas suffisante.* P-23

En ce qui a trait à l'imposition de normes ou d'exigences de qualité pour les résidences privées (outre celles relatives au bâtiment), le propriétaire de grandes résidences s'est dit ouvert à une forme d'accréditation des résidences ou de permis d'opération. Il est d'avis que ces mécanismes doivent relever d'une structure gouvernementale et être appliqués à l'échelle provinciale. Tout comme le suggèrent les résultats de l'enquête (tableau 16), et les commentaires libres, l'idée d'un droit ou permis d'opération ne plaît pas à tous.

> *Il serait d'une grande importance que l'État aide financièrement les résidences privés et mette à exécution le projet d'achat de places dans les résidences privés. Qu'il mette en place un système obligatoire d'obtention d'un permis d'opération.* P-03

> *Je pense que les résidences privées devrait avoir un permis d'opération, mais d'un autre côté pour une petite entreprise comme chez moi (trois personnes), cela ajoutera au coût d'opération déjà élevé.* P-28

Unanimement, les propriétaires ayant participé au *focus group* ne perçoivent pas la nécessité d'être assujettis à des exigences de qualification ou de formation. Cette position se démarque de celle adoptée par les propriétaires ayant répondu au questionnaire, qui s'affichent majoritairement favorables à cette mesure (tableau 21). L'opinion exprimée en groupe est que si les propriétaires sont bons et savent s'entourer de gens compétents, ils vont se bâtir une clientèle et *qu'on n'a pas besoin de diplôme ou de cours pour donner du service à la clientèle.*

Tous les résidents rencontrés souhaitent qu'il y ait du personnel compétent en résidences privées ; la présence d'une infirmière est grandement désirée. *Le gouvernement devrait mettre un docteur dans tous les foyers.* Cette demande est *essentielle, surtout depuis qu'on ne garde plus les malades dans les hôpitaux,* précisera-t-on. Sur le plan financier, les résidents considèrent qu'ils ne devraient pas avoir à payer trois mois de loyer lorsqu'ils changent de milieu. *Un mois de notice* serait suffisant selon eux. Finalement, dans les deux groupes réunissant des aînés, il fut question de visites d'inspection… au moins une fois par année. Une dame qui s'était peu exprimée durant la rencontre reviendra d'ailleurs sur la notion de vulnérabilité :

> *Pour revenir à votre première question sur la vulnérabilité des personnes âgées, je répondrais oui. Oui, les personnes âgées qui vivent en résidences privées sont vulnérables, pas toutes bien entendu, mais la très grande majorité.*

Le présent chapitre sur les résultats de l'étude se termine sur ces quelques recommandations des principaux concernés. Malgré leur quantité et leur ampleur, les données recueillies et analysées par thème présentent une bonne cohérence horizontale et verticale, soit entre elles et les unes par rapport aux autres. Elles démontrent aussi l'intérêt et la richesse des méthodologies mixtes. Le qualitatif aide à mieux interpréter et comprendre le sens des données quantitatives, alors que ces dernières donnent du poids à certaines tendances. Les données recueillies et exposées dans ce chapitre confirment aussi la pertinence de comparer les points de vue des différents acteurs concernés par un objet d'étude. Chaque acteur a sa propre logique, son schème de référence, que nous nous apprêtons à décrire dans le prochain chapitre. Des divergences observées et analysées se dégagent toutefois de grands enjeux relatifs au développement du secteur privé d'hébergement pour les personnes âgées. Ces enjeux seront présentés pour ensuite être débattus en faisant ressortir leurs conséquences sur les futures politiques sociales.

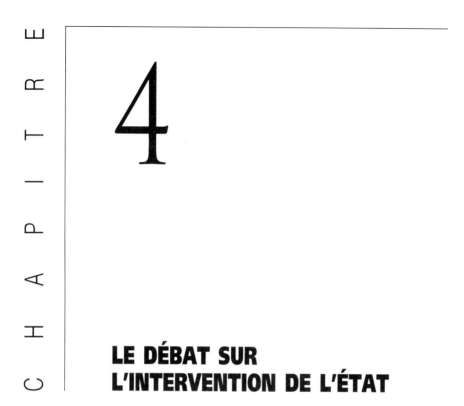

LE DÉBAT SUR
L'INTERVENTION DE L'ÉTAT

Comme nous l'avons relevé précédemment, le présent ouvrage et l'ensemble des travaux ne mettent pas en cause l'existence des résidences privées, ni leur légitimité, mais questionnent le rôle de l'État, notamment son rôle régulateur, en situant le débat dans une perspective d'éthique publique (Day, 1996 ; Rocher, 1996 ; Giroux, 1997 ; Boisvert, 1997). Les faits et les valeurs analysés dans les trois chapitres précédents forment une toile de fond qui sous-tend et oriente le procédé d'analyse et d'élaboration des politiques sociales (Clark, 1993 ; Dumont, 1994 ; Rocher, 1996).

Ce dernier chapitre constitue donc une synthèse critique des données recueillies établie à la lumière des principes directeurs et hypothèses qui ont inspiré notre démarche. Nous proposons ici une lecture et une interprétation de ces résultats. Quels sont les principaux constats qui émanent de ces travaux ? Peut-on mieux définir et cibler les grands enjeux que soulève l'expansion d'un secteur privé d'hébergement pour les personnes âgées ? Finalement, l'État doit-il intervenir pour réguler les résidences privées et, dans ce cas, quelles orientations doit-il donner aux futures politiques sociales ?

4.1. DIVERGENCE OU CONSENSUS SOCIAL : LES CONSTATS

4.1.1. LE PRIVÉ ET LE PUBLIC : DEUX LOGIQUES, DEUX CULTURES

Les résultats quantitatifs et qualitatifs permettent de conclure, dans un premier temps, qu'il y a consensus entre les acteurs concernés, ceux du privé et du public, quant à la vulnérabilité des clientèles hébergées. L'hypothèse évoquée au début de l'étude est ainsi confirmée en ce qui a trait à la dimension « santé » ou à l'« autonomie fonctionnelle », mais infirmée eu égard à la vulnérabilité économique et psychosociale. Ainsi, les participants à l'étude reconnaissent que 75 % de la clientèle en résidence privée est âgée de plus de 75 ans et que plus de la moitié serait en perte d'autonomie. Le pourcentage estimé de résidents en perte d'autonomie oscille entre 25 à 50 % et 50 à 75 % (tableau 8) ; un écart qui peut être attribué à l'interprétation du concept même de » perte d'autonomie ». Toutefois, contrairement aux intervenants du secteur public, les propriétaires de résidences privées jugent qu'une plus faible proportion de personnes âgées vivant en résidences privées, moins de 25 %, sont démunies financièrement et isolées socialement.

Il est particulièrement intéressant de constater que le jugement porté sur la vulnérabilité de la clientèle appelle des interprétations différentes selon les acteurs.

La présente étude vient ainsi mettre en évidence que l'analyse de la situation des résidences privées, faite par les acteurs du réseau public et du secteur privé, ne s'inscrit pas dans une logique commune et partagée. Elle donne lieu à deux lectures de la réalité, bien qu'il y ait quelques éléments communs comme la reconnaissance d'une clientèle en perte d'autonomie. Pour expliquer le phénomène, reprenons les principaux constats et tentons de comprendre comment s'articulent ces deux perceptions, qui renvoient à des « cultures ».

Les gestionnaires et intervenants du réseau de la santé et des services sociaux s'inquiètent de l'alourdissement des clientèles du privé et en attribuent largement la responsabilité à l'État. Ils apparaissent inquiets des conditions de vie en résidence ; ce qui se traduit par l'attribution de scores significativement plus bas que ceux octroyés par les propriétaires pour le respect des droits des résidents et le niveau actuel de protection (voir les tableaux 9 et 10). Leurs propos relatent l'existence de rapports de dépendance aux plans économique et affectif entre les résidents et les propriétaires, surtout dans les petites résidences. Selon eux, ces situations sont propices à l'émergence d'un haut risque de maltraitance. Les acteurs du réseau public font-ils de la projection ? En fait, il y a lieu de se demander dans quelle mesure la dégradation du réseau public et la morosité des travailleurs affectent leur lecture de la situation qui prévaut dans le secteur privé d'hébergement.

Comparativement aux acteurs du secteur public, les propriétaires fournissent une appréciation favorable de la qualité des résidences privées, jugeant le respect des droits comme étant supérieur (dont l'accès aux soins requis) et suffisant ou très suffisant le niveau de protection. Ils reconnaissent qu'il y a des résidents démunis mais renvoient la responsabilité à l'État, en ce qui a trait à leurs incapacités et aux soins requis, puis à la famille, pour ce qui est de leurs besoins financiers et psychosociaux. Leur discours sur la vulnérabilité des résidents fait largement état de la dépendance de ces derniers envers leurs enfants, et ce, au plan économique (cas litigieux de gestion des biens, abus financiers) et au plan psychologique (pression psychologique, absence de consultation dans les prises de décision). Bien que leur analyse globale de l'état du marché des résidences privées soit plus positive et optimiste que celle des intervenants du réseau de la santé, elle n'exclut pas la reconnaissance de quelques résidences de mauvaise qualité, qui, au regard des entrepreneurs privés, entachent leur réputation. Il y a lieu de se demander ici dans quelle mesure cette auto-évaluation très favorable des propriétaires est conditionnée par leurs intérêts propres. Comme le notait un participant du groupe de discussion : « c'est notre gagne-pain ».

Les données recueillies dans l'étude recèlent d'ailleurs un double message. D'une part, les résultats montrent que, dans l'ensemble, les résidences relèvent très bien le défi, offrant à leurs résidents un environnement sécuritaire, une bonne qualité de vie, et, d'autre part, les témoignages traduisent un essoufflement, parfois même un épuisement. Les propriétaires affirment que, globalement, leurs résidences vont bien mais demeurent favorables à une intervention de l'État, avec une légère majorité de 63 %. Ce point sera développé un peu plus loin dans la discussion.

Il est pertinent ici d'établir un parallèle entre ces deux lectures de la situation en résidences privées et les écarts de perception chez les aidants familiaux et les intervenants en CLSC mis en perspective par Lesemann et Chaume (1989) dans leurs travaux sur le maintien à domicile des personnes âgées en perte d'autonomie. Les logiques observées s'inscrivent toutes deux dans des rapports similaires privé-public ; l'acteur privé étant une entreprise morale ou physique dans notre étude et un membre de la famille dans l'autre cas. Il se dégage que les acteurs-ressources de la communauté (membres de la famille ou propriétaires) appartiennent à une « culture de la fierté » et veulent faire valoir leur capacité de bien faire, d'où l'opinion favorable qu'ils ont de leurs réalisations. Ils croient sincèrement être les mieux placés pour répondre aux besoins de leur clientèle

âgée ; nous renvoyons ici le lecteur aux commentaires des propriétaires eu
égard à la dimension humaine et chaleureuse de leurs services (voir la
sous-section 3.3.2. sur la qualité de vie). La visite guidée d'une résidence
en compagnie de son propriétaire suffit à convaincre de la fierté de ce
dernier à l'égard de son entreprise. Cette perception positive de la qualité
de leur contribution ne les empêche pas de manifester le désir de recevoir
un peu d'aide dans leur action, mais pas trop. Les acteurs de la communauté veulent préserver leur spécificité et surtout leur indépendance ; ils
craignent l'ingérence de l'État. Dans l'enquête postale, les propriétaires
réfractaires à l'intervention étatique invoquent les abus qu'elle risque
d'entraîner comme principal motif de leur opposition (tableau 18). Dans
cette optique, on comprend mieux pourquoi, globalement, ils privilégient
des mesures d'assistance financière et de services plutôt que des modalités
de collaboration, d'accréditation, d'élaboration de normes ou de contrôle
de la qualité (visite annuelle d'inspection).

Les intervenants du réseau public appartiennent à une autre
culture ; une « culture de la problématique » qui s'appuie sur un diagnostic sévère de la situation et interpelle leur désir d'aider. Intervenir, c'est
leur gagne-pain ! Ils reconnaissent l'apport des autres citoyens dans les
services aux personnes âgées en perte d'autonomie (familles, proches,
groupes communautaires, entreprises privées), mais en perçoivent davantage les limites : manque de formation, soins inadéquats, etc. La documentation en gérontologie a largement fait état du scepticisme des acteurs du
réseau public, surtout les intervenants, à l'égard des services non professionnels (Neysmith et Macadam, 1999 ; Roy, 1996 ; Lesemann et Martin,
1993). Selon leur point de vue, le bien-être des personnes âgées relèverait
de la responsabilité de l'État, d'où la nécessité d'intervenir pour les protéger et même rehausser leurs conditions de vie en résidence. Unanimement ou presque (97 %), les artisans du réseau public se sont prononcés en
faveur d'une intervention étatique pour les trois raisons suivantes : la protection des plus vulnérables, le bien-être des aînés et l'établissement de
standards de base (tableau 17). Il y a lieu de croire que leur appartenance
à un réseau complexe, ultra-structuré, spécialisé et fortement réglementé,
pourrait expliquer en partie leur propension à revendiquer plus de normes.

Qu'en est-il du regard porté par les résidents ? Selon les propos
recueillis, ceux-ci considèrent que la clientèle en résidences privées présente deux profils : autonome et moins autonome. Ils considèrent que les
résidents non-autonomes sont majoritaires. Les personnes âgées rencontrées ne veulent pas faire porter la charge de leur perte d'autonomie,
actuelle ou probable, ni au gouvernement, ni à leurs enfants. C'est dans
ce contexte qu'il faut comprendre leur grande inquiétude face à une
éventuelle maladie ou perte d'autonomie. La résidence va-t-elle accepter

de les garder? Seront-ils capables de défrayer le coût des soins et des services requis, ne connaissant pas la fréquence, la durée ni l'intensité de leurs besoins? Ces aînés, majoritairement des femmes, ont compris que leur autonomie et leur bien-être passent par leur indépendance financière. Nous sommes portée à croire, sur la base de la présente recherche et de notre expérience en intervention sociale, que les personnes âgées pauvres et nécessitant des services d'hébergement, sont résignées à accepter des conditions douteuses, même médiocres, pour ne pas être «placées», lire institutionnalisées, ou avoir à «quémander» (Charpentier, 1995). Les recherches récentes sur les conditions de vie des Québécoises âgées seules et pauvres confirment leur résignation devant l'absence de marge de manœuvre dont elles disposent (Tremblay, 2000). Ces femmes, peut-on lire, ont toujours vécu avec peu, et parfois même avec moins que le nécessaire.

> En somme, les femmes âgées seules et pauvres ne sont pas simplement pauvres. Elles sont aussi silencieuses. Leur silence est celui des gens qui ne haussent que «rarement le ton», celui des «gens de peu» (Sansot, 1991, p. 216). En effet, ce sont des gens de peu d'avoir, de peu de savoir reconnu et finalement de peu de pouvoir (Paquet, 1989). C'est pourquoi on ne les voit pas. Ce silence peut-il justifier notre indifférence? (Tremblay, 2000, p. 24)

Ces considérations renvoient à une réflexion plus théorique sur les enjeux éthiques, dont ceux de protection. Est-il possible de dégager de ces résultats, et ce, malgré les logiques différentes qui les animent, un projet d'éthique collective qui pourrait servir de guide dans l'élaboration de futures politiques sociales?

4.1.2. L'ACCORD SUR LES PRINCIPES, LE DÉSACCORD SUR LES MOYENS

Notre étude confirme le courant actuel favorable à une intervention régulatrice de l'État dans le secteur marchand de l'hébergement. Près de 80 % des personnes interrogées se déclarent favorables ou très favorables à une régulation des résidences privées, et ce afin d'assurer la protection des personnes âgées les plus vulnérables. Cette majorité dépasse nos prédictions dans la mesure où nous nous attendions à ce que les propriétaires affichent une position nettement défavorable, laquelle aurait eu un effet à la baisse sur le score global. Cela dit, le principe directeur qui guidait notre démarche de recherche, voulant qu'il y ait une différence de point de vue entre les acteurs du secteur privé et public, se voit confirmé, du moins avec quelques nuances. Notre hypothèse posait que les propriétaires de résidences seraient «plus réfractaires à l'intervention étatique que les intervenants du réseau public».

Les résultats de l'enquête confirment en effet la différence d'opinion pressentie, laquelle est statistiquement significative (tableau 16). Toutefois, dans la mesure où 63 % des propriétaires ont répondu être plutôt ou très favorables à une intervention de l'État, on ne peut affirmer sans réserves qu'ils y sont réfractaires. Il est plus juste de conclure que les acteurs du réseau public sont beaucoup plus favorables que les répondants du privé à l'intervention de l'État : la moitié d'entre eux se disant même très favorables. Cette interprétation est conforme aux deux cultures « privé-public » décrites dans la section précédente et rejoint leurs visions respectives du rôle de l'État. Ces visions semblent ainsi converger en ce qui a trait à la pertinence d'une intervention de l'État et à sa finalité première, mais diverger quant aux modalités de régulation.

Nous nous sommes demandé toutefois si ces résultats favorables à l'intervention étatique n'étaient pas attribuables à un effet de cohorte. De nombreux sujets de l'étude appartiennent à la génération dite de l'État-providence, pouvant être associés à une vision pro-étatique ou anti-privé. De même, il y a lieu de se demander si ce ne sont pas les quelques sujets de trente ans et moins qui croient le moins en une intervention de l'État, adhérant surtout à une idéologie néolibérale du « moins d'État ». Le tableau 25 démontre clairement qu'il n'y a pas de relation entre l'âge des répondants et leur opinion quant à la pertinence d'une intervention de l'État.

Cette dernière explication étant non retenue, on pourrait soutenir que l'affirmation du rôle de l'État reposerait essentiellement sur des considérations éthiques et serait étroitement associée à la protection dont bénéficient les personnes âgées. Comme l'indique le tableau 26, il y a dans la

Tableau 25
Lien entre l'âge du répondant et son opinion quant à la pertinence d'une intervention de l'État

Groupe d'âge	Pertinence d'une intervention de l'État					
	Très favorable	Plutôt favorable	Plutôt défavorable	Très défavorable	Total	
Moins de 30 ans	5	5	1	0	11	Test exact
Entre 30 et 50 ans	29	29	9	2	69	de Fisher
Plus de 50 ans	18	22	12	4	56	p = 0,6771
Total	52	56	22	6	n = 136	

logique des intervenants du réseau public une relation significative «protection-régulation». Ceux qui trouvent le niveau de protection très insuffisant sont presque tous très favorables à une intervention de l'État. Ceux qui jugent le niveau de protection insuffisant sont partagés : la moitié étant *très favorables* à une intervention de l'État et l'autre, *plutôt favorables*.

Le lien entre les deux variables est significatif chez les acteurs du secteur privé, mais le «sens» de la relation est impossible à cerner. Cette difficulté peut être due au fait que, probablement par fierté, la majorité des propriétaires (58/70, soit 83 %) affirment que les résidents du privé bénéficient d'une protection suffisante ou très suffisante. Pourtant ils évoquent, tout comme les acteurs du public, la nécessité d'assurer la protection des plus vulnérables comme principale raison pour justifier une

Tableau 26
Relation entre l'appréciation du niveau actuel de protection des personnes âgées et la pertinence d'une régulation
a) Pour les acteurs du secteur public (gestionnaires et travailleurs sociaux)

Niveau de protection perçu	Pertinence d'une intervention de l'État					
	Très favorable	Plutôt favorable	Plutôt défavorable	Très défavorable	Total	
Très suffisant	0	0	0	0	0	Test exact
Suffisant	4	6	1	0	11	de Fisher
Insuffisant	19	21	0	0	40	p = 0,0167
Très insuffisant	11	2	1	0	14	
Total	34	29	2	0	$n = 65$	

b) Pour les propriétaires d'une résidence privée

Niveau de protection	Pertinence d'une intervention de l'État					
	Très favorable	Plutôt favorable	Plutôt défavorable	Très défavorable	Total	
Très suffisant	3	3	9	2	17	Test exact
Suffisant	9	21	9	2	41	de Fisher
Insuffisant	2	3	1	1	7	p = 0,0091
Très insuffisant	4	0	0	1	5	
Total	18	27	19	6	$n = 70$	

intervention de l'État. Les acteurs des secteurs privé et public affichent ainsi une même préoccupation pour les plus démunis, ce qui corrobore la pensée de Rawls en ce qui a trait au sort des défavorisés.

Les résultats de l'étude tendent ainsi à démontrer que, malgré des intérêts divergents et une lecture différente de la situation, la position des acteurs repose sur une vision éthique commune. Cette découverte milite dans le sens d'une adhésion à la théorie de la justice sociale comme fondement de la légitimité d'une intervention de l'État. La démarche empruntée part ainsi de l'analyse stratégique et institutionnelle pour remonter ensuite à la dimension éthique. Étonnamment, toutefois, cette justification partagée n'appelle pas le même type d'intervention pour les uns et les autres. Comme nous l'avons mentionné précédemment, et révélé au tableau 23, les gestionnaires et travailleurs sociaux du réseau de la santé préconisent des mesures d'accréditation et de normalisation alors que les propriétaires espèrent de l'aide financière et des services directs. Serait-ce que l'éthique, compte tenu de la mode actuelle, constitue un argument efficace au service d'intérêts divergents, tout le monde étant pour la vertu ? Nous nous permettons de faire référence à notre cadre théorique d'analyse pour expliquer les points de vue différents sur l'intervention.

Pour bien comprendre les opinions des acteurs et établir les liens pertinents avec la théorie de la justice de Rawls, il faut prendre acte des autres motifs pour lesquels ils sont favorables à une intervention de l'État. Ainsi, outre la protection des plus démunis, les intervenants du public invoquent le bien-être des aînés. Conformément au premier principe de Rawls, il y a, selon eux, nécessité d'une intervention étatique pour garantir à tous les résidents le respect de leurs droits fondamentaux. Les résidences privées, dans leur vision des choses, n'offrent pas des conditions de vie ni une protection suffisante, d'où la demande de normes pour rehausser les standards.

Selon les propriétaires de résidences privées, l'intervention de l'État est requise en second lieu pour éviter les abus que peut entraîner un libre marché. Ce motif renvoie davantage au rôle supplétif de l'État qui vient corriger après coup les inégalités engendrées par le libre marché. Une telle justification trouve écho dans le second principe de la théorie de Rawls, soit le principe de la différence. Dans la mesure où les propriétaires affichent une opinion positive du rendement global des résidences privées, jugeant les « biens primaires » assurés, soit la protection suffisante, leurs préoccupations sont orientées vers la répartition des ressources de façon à favoriser les résidents moins nantis, ce qui va dans le sens de leurs intérêts. La revendication de mesures d'assistance se révèle ainsi cohérente avec la théorie de la justice sociale de Rawls et sa hiérarchie des principes. Un tel argument suppose par contre que l'on juge que le premier principe, relatif à une vie décente, a atteint un niveau raisonnable pour une société libre et démocratique comme la nôtre. Cette opinion sur le niveau de vie assurée en résidences privées constitue un élément déterminant des mesures à privilégier.

Il demeure tout de même étonnant que les propriétaires réclament en priorité une aide financière pour les résidents économiquement défavorisés alors que près de la moitié d'entre eux estiment que moins de 25 % des personnes hébergées sont touchées par ce problème. Il y a lieu de penser qu'en revendiquant une telle mesure, les propriétaires visent davantage l'obtention d'une aide déguisée pour les résidences que la diminution de la pauvreté ou des inégalités socioéconomiques.

Cette première étape de la discussion a tenté de mettre en perspective les positions des acteurs, d'en comprendre la logique propre et les principes qui les sous-tendent. Nous avons dégagé des éléments qui, nous semble-t-il, renferment une certaine valeur explicative, tout en respectant profondément les points de vue de chaque groupe concerné. Les deux prochaines sections se situent principalement au niveau prospectif. Au terme de ces travaux de recherche, elles proposent une lecture des principaux enjeux en présence et des mécanismes susceptibles de susciter un impact positif sur le bien-être des résidents âgés.

4.2. PRIVATISATION ET PRIVATION DE SERVICES: LES GRANDS ENJEUX

4.2.1. LA PRIVATISATION ET L'ACCÈS AUX SOINS REQUIS

La présence accrue de personnes très âgées et en perte d'autonomie dans les résidences privées soulève de façon très particulière l'enjeu de leur droit d'accès aux soins et services requis par leur condition. Dans sa finalité, le système sociosanitaire au Québec, avec son réseau d'institutions, repose sur un concept égalitaire: les soins et services de santé (incluant l'hébergement, du moins en principe) doivent être accessibles à tous les membres de la société, peu importe leur âge. Or, « le panier de services publics » et la qualité des soins dispensés ne sont plus ce qu'ils étaient; il y a à la base même du principe évoqué plus haut des brèches importantes dans l'universalité, l'accessibilité et même la qualité (*cf.* section 3.3.3.).

En fait, la question de la privatisation de l'hébergement et de l'accès aux soins s'inscrit dans un débat beaucoup plus large qui concerne toute la conception des soins de longue durée dans une société vieillissante. Dans la conjoncture actuelle dite d'après-réforme ou de réingénierie du réseau de la santé, le discours officiel prône le maintien dans la communauté des personnes en perte d'autonomie par un ensemble de services. Or, comme nous l'avons soutenu à plusieurs reprises, il y a un décalage évident entre le discours et la pratique ; l'allocation des ressources ne suit pas les intentions. En principe, la personne aurait droit à une certaine aide (selon son profil d'autonomie « *iso-smaf* » dans le nouveau jargon largement inspiré d'ailleurs du secteur privé), laquelle aide serait allouée peu importe le type de « domicile » de la personne (une maison unifamiliale, un appartement, une résidence privée ou de type familial, un HLM, etc.). La présente étude a mis en évidence le manque de services de soutien à domicile des CLSC et des autres organismes. Les gens âgés doivent s'organiser pour trouver les services (et les payer), ou compter sur leurs proches. Compte tenu du manque d'aide, nous atteignons actuellement une limite du maintien dans l'environnement naturel, un seuil critique… dont témoigne l'épuisement des acteurs de la communauté qui sont impliqués : la personne âgée et sa famille d'abord, les groupes communautaires et maintenant les résidences privées. C'est dans ce contexte qu'il faut comprendre la tendance chez les personnes âgées à minimiser ou même à camoufler leurs incapacités de peur d'être évincer de la résidence et de faire l'objet d'un « placement ». Plusieurs témoignages ont été recueillis à cet effet. Les intervenants en CLSC commencent à être confrontés à des cas d'éviction de résidents en perte d'autonomie. Cette problématique semble émerger en milieu urbain et périphérique où il y a une forte demande pour les résidences privées « réputées » et d'imposantes listes d'attente.

L'accroissement du nombre de citoyens très âgés et maintenant centenaires, avec la prévalence des troubles reliés aux démences et autres pathologies qui l'accompagne, impose une réévaluation du nombre de lits en soins de longue durée dont il faudra disposer dans le futur (Hébert, 1999). Parallèlement, il faudra aussi définir le statut de ces lits (privé, public, mixte, communautaire, etc.) et les critères sur lesquels seront fondées les admissions. « L'étiquette du lit », soit le type d'organisation qui le gère (privé, public, à but non lucratif, etc.) nous apparaît secondaire, pourvu que les personnes qui en auront besoin puissent y avoir accès et y recevoir des soins de qualité. C'est avec beaucoup de conviction que le Conseil des aînés dans son avis sur les milieux substituts pour aînés vient soulever cet enjeu clé de l'accès à l'hébergement dans une société vieillissante et demander aux autorités publiques d'augmenter le nombre de lits disponibles (*cf.* annexe).

Comme nous l'avons soutenu précédemment, le manque de places dans le réseau sociosanitaire contribue, et risque de continuer à contribuer, à la très forte expansion du secteur marchand. Or, en ce qui a trait à la quantité et à la qualité des soins offerts par les résidences privées, les opinions sont partagées ; les intervenants du réseau public sont apparus plus sceptiques que les propriétaires. Il est difficile, quant à nous, de porter un jugement global sur la qualité du réseau privé compte tenu de l'importante disparité entre les ressources et de l'hétérogénéité des clientèles. Sur la base de nos recherches antérieures et de notre expérience clinique (plus de 100 résidences visitées en milieu urbain et rural), nous pouvons attester que certaines résidences collent parfaitement à la réalité et aux besoins de leurs résidents, mais que dans d'autres la situation est plutôt affligeante ; la majorité nous semble bien moyenne. Faut-il dès lors privilégier des mesures qui imposent à toutes les résidences des normes minimales (présence ou visite occasionnelle d'une infirmière, adaptation des salles de bain, etc.) ou fournir de l'aide à celles en difficulté pour améliorer sensiblement l'offre et la qualité des soins et services ?

Rappelons ici que le questionnement sur la qualité des services d'hébergement s'applique aussi au secteur public ou agréé. Depuis environ deux ans, la situation dans les centres d'hébergement publics, dénoncée par plusieurs groupes et organismes (Vérificateur général du Québec, 2002 ; Commission des droits de la personne et des droits de la jeunesse, 2001 ; Association des CLSC et des CHSLD, 2001 ; Conseil des aînés, 2000), fait la manchette des journaux et mobilise l'attention. La presse montréalaise signait d'ailleurs une série d'articles misérabilistes sur les institutions d'hébergement titrés : « Le début de la fin ? La vie en centre d'hébergement et de soins de longue durée », « Choisir le pire pour sa mère » et « J'aime mieux aller voir le bon Dieu » (Sirois, décembre 2000). Avec le virage « milieu » et la diminution du taux d'institutionnalisation des personnes âgées, les coupures budgétaires et les fusions, les CHSLD se sont retrouvés avec une clientèle très handicapée, qui présente des troubles cognitifs et de comportements sévères ; ils ne répondent plus qu'à 68 % des besoins (ACCQ, 2001 ; Conseil des aînés, 2000 ; MSSS, 1997). Les équipements physiques sont inadéquats, le personnel insuffisant et peu formé, la nourriture pauvre, etc., et ce malgré la complexité du cadre réglementaire qui régit les ressources d'hébergement agréées (voir section 1.2.1. et tableau 6). Voilà qui sème le doute quant à l'utilité et à l'efficacité de définir toute une panoplie de normes avec modalités de contrôle pour assurer une qualité de vie et de services ! Le nombre de lits en CHSLD étant très limité et les conditions de vie étant dénoncées dans les médias, la population âgée est de plus en plus conditionnée à rester chez elle ou en résidence privée... à tout prix. Bien que ces critiques acerbes traduisent des problèmes réels en milieu institutionnel, un fait demeure : les personnes qui y sont hébergées payent en fonction de leur revenu et sont assurées d'avoir accès aux soins de base que requiert leur condition. Qu'en est-il de ceux et celles qui vivent en résidences privées et qui n'ont pas les moyens d'assumer les coûts additionnels de services pour suppléer à leurs incapacités ? L'enjeu de l'accès aux soins et services pour les résidents devient dès lors étroitement associé à celui des inégalités sociales. L'économiste Soderstrom soutenait au terme de son mémoire commandé par la Commission Rochon : *Privatisation : adopt or adapt* : « la loi du marché est incompatible avec l'important principe de l'équité dans l'accès » (1987, p. 185, traduction libre)[1].

4.2.2. LES INÉGALITÉS SOCIALES : UN SYSTÈME « À DEUX VITESSES »

Non seulement la privatisation de l'hébergement des personnes âgées entretient-elle les inégalités inhérentes à tout système basé sur la libre entreprise, mais elle tend également à en créer de nouvelles dans la mesure où la qualité et l'étendue des soins et services dépendent des moyens financiers des particuliers. Car, contrairement à ce qui fut soutenu jadis par certains auteurs (Vaillancourt *et al.*, 1987 ; Brissette, 1992a, p. 76) et à ce qui est véhiculé dans l'opinion publique, nous ne sommes pas ici en présence d'un système « à deux vitesses » : soit un pour les riches (le privé) et un pour les pauvres (le public). Un tel système repose sur un a priori : les services publics sont offerts (bien que rares) et le recours au privé constitue une option que pour ceux qui ont la capacité de payer. Or, en raison du peu de places d'hébergement dans le réseau public, la « dépendance » de nombreuses personnes âgées en perte d'autonomie n'est pas « suffisante » pour qu'elles soient admises en CHSLD. Elles n'ont conséquemment pas d'autre choix que de recourir au réseau privé d'hébergement, et ce, peu importe leurs conditions socioéconomiques. Dans un système basé sur l'offre et la demande, compte tenu de l'augmentation de la population âgée de 80 ans et plus et de la diminution de l'offre de services publics, on aurait pu s'attendre à des hausses importantes de loyer en résidences privées. Or, si quelques résidences luxueuses ciblent les retraités nantis, la majorité (surtout celles de petite et moyenne taille) sont confrontées aux limites financières de la clientèle type, soit des femmes âgées de plus de 75 ans et vivant seules. Notre étude corrobore les travaux antérieurs de Bravo, Charpentier *et al.* (1997, 1998) et met en évidence qu'une proportion de la clientèle des résidences privées est démunie financièrement (de 25 à 50 % selon les estimations de nos sujets). Les témoignages recueillis confirment qu'il y a lieu de s'inquiéter des conditions de vie et de l'accès aux services pour ces résidents défavorisés.

1. « [...] *thus, price competition is incompatible with the important principle of equity of access* » (Soderstrom, 1987, p. 185).

La majorité des personnes aînées n'ont pas les ressources suffisantes pour un hébergement dans le réseau privé. À moins de choisir une résidence qui offre moins de services. C'est la même chose lorsque les gens ont besoin de convalescence en postopération en raison des diminutions de la durée de séjour. TS-04

C'est à l'intérieur du secteur privé que se développe un système à deux vitesses ! Les citoyens âgés plus pauvres se retrouvent ainsi dans des ressources précaires, souvent de neuf locataires et moins, lesquelles doivent accepter des versements de 800 $-900 $ par mois (logé-nourri-soigné) pour survivre. Il y a une relation directe entre les difficultés financières vécues par certaines résidences privées et la pauvreté de leurs résidents. La dynamique prix-compétition du privé engendre ainsi deux types de standards : un pour les non-pauvres et un autre, inférieur, pour les pauvres (Soderstrom, 1987). La réalité pluriforme des résidences privées reflète ces écarts : d'une part, on retrouve des entités économiques à dimension familiale et plus personnelle, et, d'autre part, de grandes sociétés qui tendent à être plus sélectives au regard de leur clientèle. Or, entre le petit entrepreneur, généralement une femme dans la cinquantaine, dont le revenu est inférieur au salaire moyen et le quotidien comparable à celui des aidants naturels, et le propriétaire d'une société d'hébergement à actions, la marge est énorme ! « Une barrière économique et sociale sépare les deux agents économiques » (O'Neill, 1998, p. 258). Une barrière peut-être encore plus grande que celle qui les sépare de certains acteurs du réseau public comme nous le verrons en analysant les nouvelles alliances.

Ces iniquités affichées, nous aimerions analyser leurs conséquences pour les dispensateurs, puis surtout pour les bénéficiaires concernés. Disons d'entrée de jeu que la frustration des petites résidences était palpable.

Je considère qu'il est très injuste pour les résidences privées (neuf personnes et moins) d'être pleinement imposées par les deux gouvernements comparativement aux familles d'accueil qui, elles, ne paient pas un sou d'impôt, car nous faisons le même travail. Le nombre d'heures qu'on investit pour le bien-être des personnes âgées n'est aucunement reconnu. C'est très dommage, car le secteur public perdra de très bonnes ressources privées si le gouvernement ne nous vient pas en aide bientôt, car l'épuisement prend le dessus sur nous. Après tout, nous sommes des êtres humains avec des limites corporelles comme les familles d'accueil. P-02B

Depuis le virage ambulatoire, nos personnes âgées nous arrivent beaucoup plus lourdes. Nous sommes presque obligés de donner des soins à un coût très minime, car la personne ne veut pas payer car ce serait trop cher. Une aide du gouvernement pour les moins favorisés serait appréciée de la résidence et de la personne âgée. Peu de ressources – peu d'aide – beaucoup de travail nous allons vers l'épuisement des ressources. Le gouvernement travaille contre nous. J'en aurais tellement long à dire. P-20

Il ne fait aucun doute que la précarité financière des résidences affecte à moyen terme la qualité des services offerts et se répercute sur la nourriture (alimentation insuffisante ou pauvre) et les piètres conditions de travail (manque d'employés, grand roulement du personnel, absence de surveillance la nuit, etc.). De telles difficultés économiques peuvent inciter les propriétaires à garder des résidents devenus très lourds et nécessitant trop de soins, par crainte de se retrouver avec un lit inoccupé. On pourrait invoquer en contrepartie la liberté qu'ont les personnes âgées de choisir un milieu de vie mieux adapté à leurs besoins. Or, cette liberté se révèle plutôt illusoire, surtout lorsque les résidents âgés cumulent plusieurs signes de vulnérabilité : grand âge, perte d'autonomie physique et cognitive, pauvreté et faible réseau social. La protection des résidents, particulièrement ceux qui ont des déficits cognitifs et sont sans voix, soulève alors d'importants enjeux. Rappelons que les aînés inaptes sont généralement sans représentants légaux chargés de veiller à leur bien-être et de défendre leurs intérêts. En effet, peu d'aînés ont rédigé un mandat en cas d'incapacités et peu de proches demandent une ouverture de régime de protection ou une homologation de mandat lorsque leur parent âgé est atteint de déficit cognitif. Le problème ne se situe pas au plan de la loi, quant aux différents régimes de protection (mandat, tutelle, curatelle) mais au plan de la pratique (Neysmith et Macadam, 1999 ; Bravo, Charpentier *et al.*, 1999). Les personnes âgées inaptes constituent une clientèle très exigeante en termes de surveillance et d'encadrement, mais aussi une clientèle très dépendante et captive.

Les intervenants du réseau sociosanitaire que nous avons rencontrés dans les *focus groups* étaient particulièrement sensibles à l'épuisement des propriétaires de petites résidences qui gardent des résidents en perte importante d'autonomie physique et cognitive et aux risques d'abus que peuvent receler ces situations. Il nous semble évident toutefois que d'imposer des normes et de hausser les exigences de ces ressources ne fera qu'exacerber la pression déjà sentie ou mener à moyen terme à des fermetures. En outre, l'élimination des petites résidences à dimension plus personnelle et qui affichent de moins bons profits ne nous apparaît pas comme une solution souhaitable.

À l'opposé, il y a lieu de s'inquiéter du comportement parfois abusif de certains propriétaires de plus grandes résidences et de milieux prisés, qui, par souci d'une rentabilité financière accrue, cherchent à évincer les résidents qui nécessitent « trop » de surveillance et de soins, alléguant un besoin de relocalisation, et ce, afin d'accueillir des personnes plus autonomes.

Force est de constater que les iniquités observées dans le cas des résidences privées pour personnes âgées ne soulèvent pas ou très peu de débats, comme si cela était dans l'ordre des choses. De plus, le projet « mobilisateur sur les résidences privées » annoncé dans le plan d'action gouvernemental 2001-2004 risque d'accentuer les écarts. En misant sur un programme d'appréciation volontaire de la qualité, le projet va contribuer à sanctionner et même à publiciser les « bonnes » résidences privées, soient celles qui rencontrent les exigences préétablies[2]. Mais qu'en est-il des résidences qui sont en difficulté et dispensent des services et des soins inappropriés ? On ne semble pas s'en inquiéter ; ni des difficultés financières des résidences privées, ni de leurs impacts sur les conditions de vie des personnes hébergées, particulièrement celles qui sont vulnérables. Les résidents âgés rencontrés savent que « personne ne s'en préoccupe » ; ils sont inquiets. Sachant que ni les résidences privées, ni le gouvernement, ni leurs enfants ne peuvent absorber les coûts de leur perte d'autonomie, auront-ils la capacité financière de s'offrir eux-mêmes les services complémentaires requis s'ils tombent malades et y auront-ils accès : soins de base, aide pour le bain, le lever et les repas, etc. ?

Comment, à la lumière de ces grands enjeux relatifs à la justice sociale et à l'accessibilité à des soins de qualité, expliquer le silence politique dans le dossier des résidences privées ?

4.2.3.   L'ATTITUDE PERMISSIVE DE L'ÉTAT ET L'AMBIGUÏTÉ DES ALLIANCES

La privatisation et la dérégulation durables de plusieurs champs d'activités dévolues traditionnellement à l'État-providence comptent parmi les traits les plus frappants des transformations de la société moderne (Eisner, 2000). Ces nouveaux rapports entre le privé et le public s'observent dans de nombreux domaines : services d'urbanisme, postes, transports, télécommunications, etc. Soulignons que ces privatisations sont généralement basées sur des décisions politiques et encadrées par des « régulations juridiques », des lois-cadres. Or, l'hébergement n'est pas n'importe quel bien de la société moderne ou de la consommation. Il s'agit d'un service essentiel qui touche le quotidien et la qualité de vie de quelque 100 000 personnes âgées

---

2. Les critères d'appréciation de la qualité des résidences font présentement l'objet d'une consultation et s'inspirent largement du programme Roses d'Or développé par la FADOQ (section 1.3.4.). Secrétariat aux aînés. *Appréciation de la qualité des résidences privées avec services pour les personnes âgées*. Critères d'appréciation proposés. Document de travail. Comité interministériel responsable du projet mobilisateur sur les résidences privées avec services pour personnes âgées, Ministère de la Famille et de l'Enfance, mai 2002.

dont près de la moitié sont en perte d'autonomie. De plus, son expansion dans le secteur marchand est intimement associée à des besoins qui ne sont pas suffisamment couverts par le réseau public. Comment expliquer dès lors l'absence d'intervention étatique pour réguler et soutenir ce secteur d'activité ? C'est le rôle de l'État de répartir les responsabilités et de définir le cadre à l'intérieur duquel les acteurs vont intervenir (OCDE, 1996 ; Conseil de la santé et du bien-être, 1997, p. 7). Serait-ce que les règles du jeu actuelles lui conviennent ? L'économie de marché apparaîtrait comme le modèle type et il serait préférable, aux yeux des décideurs politiques, de laisser aller les forces en présence ? Cette position va à l'encontre de celle adoptée par les principaux concernés qui, dans le cadre de notre recherche, se sont prononcés à 80 % en faveur d'une régulation de l'État. Comme nous l'avons noté précédemment, le consensus s'effrite lorsqu'il s'agit de définir les modalités de cette intervention. Il y a lieu de croire, à cause de cette hétérogénéité de notre société, que le gouvernement a opté pour la voie qui lui paraît la moins coûteuse politiquement soit celle du laisser-faire, assorti de quelques mesures éparpillées çà et là : recensement des résidences par les régies régionales, adoption de codes d'éthique dans les résidences, appréciation volontaire de la qualité par un tiers (dont la FADOQ) assortie d'un bottin des « bonnes résidences », etc. (Gouvernement du Québec, 2001). L'approche postmoderniste de l'éthique développée par Boisvert explique très bien cette attitude permissive de l'État et cet « appel » à la responsabilisation de tous les membres de la société.

> Dans cette optique, la fascination qu'ont les gouvernements pour l'éthique pourrait bien s'accroître dans une perspective fondamentalement utilitaire, puisqu'elle leur permettrait de se libérer de certaines obligations qui porteraient trop à la controverse ou qui les enfermeraient dans le carcan de l'indécision. Lorsque l'on examine ce processus, l'État commence déjà à considérer la dynamique éthique comme un moyen fort efficace de lui enlever une certaine pression face à la multiplication des revendications sociales. (Boisvert, 1997, p. 70)

Ainsi, devant l'absence ou le peu d'arbitrage politique, on assiste au déploiement d'une foule d'initiatives éparses et à la multiplication des acteurs, de même qu'à la constitution d'alliances qui visent à créer un rapport de force dans le but d'influencer l'adoption d'éventuelles mesures.

Nous pouvons par exemple établir un parallèle entre la position de la FADOQ, qui revendique une augmentation des services de soutien à domicile dispensés par les CLSC pour les résidences privées, et les demandes exprimées par les propriétaires dans le cadre de la présente étude. Nous invitons le lecteur à lire en annexe le texte de la FADOQ rédigé spécialement pour cette publication. La FADOQ, la plus imposante association de personnes âgées au Québec en termes de *membership*, n'est pas favorable à une régulation étatique des résidences privées qui se traduirait uniquement par une nouvelle législation et l'imposition de normes. Elle prône l'augmentation des services offerts par l'État aux résidents en perte d'autonomie. Quant au programme Roses d'Or qu'elle a mis sur pied, il vise l'appréciation volontaire et l'amélioration continue des résidences d'un territoire à partir d'une série de critères (voir section 1.3.4.). Sans parler d'alliance, il y a lieu de faire mention d'une vision commune entre le privé et le communautaire, les propriétaires et la FADOQ, quant au rôle « limité » de l'État.

Nos travaux tendent aussi à démontrer qu'il y a rapprochement entre l'Association des résidences pour retraités du Québec (ARRQ), qui représente surtout les résidences de moyenne et grande taille, et les gestionnaires-intervenants du réseau public en ce qui a trait à l'imposition d'un permis d'opération et l'accréditation. Les deux semblent plus ouverts à une intervention régulatrice et à l'imposition de certains standards ou exigences, comme en témoigne le texte de l'ARRQ joint en annexe. Nous tenons d'ailleurs à remercier l'Association pour cette contribution. On perçoit déjà clairement que l'ARRQ exerce une influence certaine en tant que groupe d'intérêts sur la politique de l'hébergement et du maintien à domicile. À preuve, après un important lobbying le crédit d'impôt pour les soins à domicile peut s'appliquer en résidences privées. L'Association est d'ailleurs présente sur plusieurs comités et groupes de travail en matière de services et de logement aux personnes âgées.

Dès lors, il y a lieu de se demander, dans une perspective d'éthique politique, dans quelle mesure les sociétés démocratiques comme la nôtre peuvent tolérer l'influence d'intérêts privés dans l'élaboration de politiques sociales en matière de santé et de vieillissement (Eisner, 2000).

4.3. IMPACTS SUR LES POLITIQUES SOCIALES

4.3.1. NON AU STATU QUO ET À L'INTERVENTIONNISME ÉTATIQUE

Les résultats de cette étude confirment que le statu quo, soit l'expansion d'un libre marché des résidences privées très peu réglementé et très peu soutenu, n'est pas acceptable, et ce, pour la très grande majorité des acteurs impliqués dans le dossier. Par contre, force est de constater que les intervenants du public s'inquiètent davantage du manque d'encadrement, de normes, tandis que les propriétaires sont préoccupés par l'absence de soutien, d'aide concrète. Mais quelles conséquences néfastes aurait le maintien du cadre actuel ?

À notre avis, les deux principaux risques consistent, d'une part, en une prolifération des résidences inadéquates (de qualité douteuse) et, d'autre part, en une accentuation des fermetures des bonnes résidences qui gardent les gens moins nantis et/ou en perte d'autonomie, faute de ressources, de soutien. Certes, il s'agit là des effets pervers de tout système basé sur la libre entreprise. Soulignons que les acteurs du réseau public sont apparus plus sensibles au premier effet négatif et les propriétaires des résidences au second, comme le démontrent les témoignages suivants.

> *Espérant qu'il y aura une suite à court terme. Actuellement, les résidences privées poussent comme des champignons. Cela semble faire l'affaire du gouvernement, mais il n'y a pas suffisamment de contrôle et/ou de normes établies pour régir cette alternative. Malheureusement, plusieurs aînés sont inconfortables et parfois abusés dans ces nouvelles ressources.* [...] TS-16

> *À la suite de problèmes administratifs, j'ai fermé mes portes, car je n'avais pas de soutien de la part d'aucun organisme. Je regrette que cela arrive, car les personnes en place étaient très heureuses et je leur offrais un confort impeccable. J'étais toujours avec eux et leur apportais le bonheur et la sérénité dans les derniers moments de leur vie. Avec la fermeture, ils se retrouvent dans les grands centres* [...] P-09A

> *Après bientôt huit ans sans relâche, je dois mettre mon centre d'hébergement privé en vente, car même si j'ai de belles chambres, bonne nourriture et bons soins, j'ai toujours trois chambres de libres présentement. Les services apportés aux personnes âgées chez elles ne nous donne pas de chance.* [...] P-14

Quel poids accorder à ces conséquences néfastes? Leur ampleur justifie-t-elle une intervention régulatrice de l'État ou doit-on s'en remettre à la loi du marché pour exercer un arbitrage suffisant, comme le soutiennent les tenants de l'idéologie néolibérale? Reprenons brièvement les principaux arguments à l'appui de l'une et l'autre position. On peut admettre, sur la base de nos résultats et de la recension des écrits, que les résidences privées «problématiques» qui n'offrent pas une qualité de vie décente sont marginales ; la majorité faisant bien ou très bien selon le cadre d'analyse (lire la position ou l'occupation). Cependant, on ne peut rester passif devant la maltraitance en milieu d'hébergement, surtout que les risques augmentent en raison de la vulnérabilité accrue de la clientèle. La protection des personnes âgées vulnérables constitue d'ailleurs le principal motif invoqué à l'appui d'une intervention étatique. Il y a à cet égard unanimité quant à la nécessité de revoir les mécanismes de prévention et de protection.

Faut-il dès lors, dans une visée de protection, pousser plus loin l'intervention et imposer des normes et exigences? À cet égard, il n'y a ni consensus social ni évidence scientifique permettant d'établir les facteurs associés à la qualité de vie en résidences ou les normes offrant une garantie contre les abus (se référer à la section 2.1.2.). Il y a danger de basculer dans l'autre extrême, du statu quo à l'interventionnisme étatique, et ainsi accentuer les risques de fermeture et de faillite des résidences privées comme l'ont souligné certains propriétaires dans notre étude, privant ainsi la clientèle de services d'hébergement déjà insuffisants.

Trop d'exigences vont nuire à ce type de service. P-11

Il faudra que le gouvernement montre beaucoup de souplesse, car je crains que les exigences en termes de [normes] *amèneront la fermeture de plusieurs d'entre elles.* P-26

Par ailleurs, l'imposition de normes risque d'entraîner une certaine standardisation et homogénéisation des résidences privées, ce qui n'est pas souhaitable à notre avis. Il ne faudrait surtout pas tenter de créer des centres d'accueil de second ordre, avec les mêmes corridors roses pâles et les grands balcons où il n'y a jamais personne! Ce commentaire d'un participant nous apparaît tout à fait juste.

Il est bien et pertinent que le réseau de la santé et des services sociaux vise à améliorer la qualité de vie et surtout la sécurité des personnes âgées vivant dans les résidences privées. Par contre, il faut reconnaître le désir d'autonomie de celles-ci et ne pas chercher à en faire des résidences qui devront se soumettre à tous les critères du public sans subvention au bout du compte. P-24

La grande diversité des résidences privées, selon la localité et même la paroisse, est une caractéristique à préserver; les aînés ne constituent pas non plus un groupe homogène. L'étude de Maltais (1999b) sur les caractéristiques organisationnelles des résidences privées pour aînés a démontré que ces dernières devaient offrir des environnements diversifiés pour répondre aux différents besoins. Les résultats de ses travaux de doctorat révèlent que les aînés plus vulnérables s'intègrent mieux dans une résidence offrant plus de services et de sécurité. En contrepartie, les milieux permettant aux résidents de jouer un rôle plus actif dans la gestion conviennent mieux aux personnes âgées plus autonomes.

Nous pouvons donc conclure que pour les acteurs consultés et impliqués dans le dossier des résidences privées, ni le statu quo (soit le laisser-faire) ni l'intervention musclée ou le contrôle serré de l'État ne constituent des voies d'avenir. Que penser alors de la stratégie politique visant à reléguer aux municipalités le pouvoir de réglementer... l'aménagement et le bâtiment?

4.3.2. ENTRE LE PUBLIC ET LE PRIVÉ : DES NOUVEAUX « ESPACES »

Les dernières considérations relatives aux besoins et profils diversifiés des clientèles hébergées invitent à discuter du manque de ressources alternatives et communautaires en matière d'hébergement et de logement avec services pour les aînés. Le Québec affiche un retard quant au développement des ressources dites intermédiaires ou familiales qui se situeraient à mi-chemin entre l'institution publique (très réglementée et lourde) et la résidence privée issue d'un libre marché. Dans son rapport sur les milieux substituts, le Conseil des aînés recommande de favoriser le développement de ressources d'hébergement moins lourdes que les CHSLD, principalement pour les aînés qui vivent une perte d'autonomie modérée.

> [...] Ces ressources peuvent être publiques ou privées, provenir d'un maillage public/privé, être obtenues par achat de places [...] ou par adoption de services de logements sociaux. (Conseil des aînés, 2000, p. 68)

Le bilan que nous avons dressé de la situation depuis la réforme de la santé des années 1990 (section 1.2.) fait toutefois état d'un décalage important entre la volonté des autorités d'opérer un rééquilibrage ou un transfert effectif des ressources institutionnelles à des ressources non médicales (non professionnelles) et l'évolution des services. Le manque de modalités de soutien à de nouvelles initiatives ou nouveaux milieux substituts de vie est flagrant. De plus, les règles qui encadrent leur développement tendent trop souvent à alourdir le processus, risquant d'avoir un effet dissuasif sur les éventuels partenaires. Nous pensons notamment à la complexité du contrat type de ressources intermédiaires (RI), au nouveau statut des résidents « inscrits » et à ses conséquences sur les services dispensés, à l'outil d'évaluation des clientèles et aux grilles de tarification pour les ressources de type familial (RTF), etc.

L'achat de places d'hébergement dans les résidences privées suscite beaucoup d'intérêt depuis quelques années. Plusieurs participants à l'étude, autant du secteur privé que public, y voient une formule souple et prometteuse, comme en témoigne cet extrait.

> *On devrait mettre de l'énergie pour que les personnes apprivoisent le phénomène du vieillissement et se préparent au lieu de le nier. La société devrait aussi admettre que le maintien à domicile a des lacunes. Une forme d'hébergement qui respecte le besoin d'intimité mais qui serait plus communautaire serait peut-être à inventer ou à valoriser et les personnes pourraient y accéder alors qu'elles sont encore capables et lucides et non en catastrophe. L'achat de places dans le privé peut-être intéressant si le foyer privé est déjà bien organisé (personnel formé, bonne organisation des lieux, du matériel spécialisé), et s'il y a un très bon suivi des plans d'intervention, par la famille et les intervenants du réseau. Plus de personnes devraient être*

formées pour détecter les abus de toutes sortes envers les personnes aînées, ainsi que les manques de respect et les problèmes de communication à tous les niveaux. TS-08

Pour comprendre l'engouement certain suscité par les formules d'achat de places, il faut prendre acte du fait qu'elles étaient en voie d'implantation dans la région de l'Estrie au moment de la collecte de données. Comparativement aux propriétaires et gestionnaires du réseau public qui les expérimentent depuis plusieurs années, notamment dans les régions de la Montérégie et de Laval, les participants des deux réseaux n'avaient pas encore été confrontés aux difficultés inhérentes à ces ententes de services privé-public. Nous faisons référence à la sélection des résidences-partenaires et aux critères exigés (normes du bâtiment, formation du personnel, etc.), au pourcentage de lits achetés ou financés (pour assurer le caractère privé de la ressource), à la rétribution (prix fixe ou indemnités quotidiennes établis selon la lourdeur de la clientèle), etc. Ces limites figurent parmi celles rapportées dans une étude que nous avons réalisée pour le compte du MSSS (1999). Outre ces difficultés d'ordre administratif et organisationnel, il nous semble que le principal obstacle a trait aux préjugés qu'entretiennent, réciproquement, le privé et le public. Les résultats de notre recherche, exposés dans le chapitre précédent, tendent à démontrer que leurs logiques et cultures propres sont assez enracinées et qu'elles freinent l'établissement d'un véritable partenariat. Il y a risque de voir se reproduire la même dynamique de « pater-nariat » que celle analysée par Jean Panet-Raymond dans ses travaux sur les rapports entre le communautaire et le public. Ce commentaire d'un travailleur social illustre bien le hiatus entre le discours favorable au partenariat et à la collaboration privé-public et l'intention (à peine voilée) des acteurs du réseau public d'en assurer le contrôle.

Je souhaite fortement que le réseau public encadre davantage les résidences privées tout en favorisant une meilleure collaboration. TS-20

La reconnaissance de barrières quasi endémiques à l'établissement de nouvelles formes de partenariat privé-public en matière d'hébergement pour les personnes âgées en perte d'autonomie ne pouvant ou ne voulant demeurer à domicile n'exclut pas la nécessité de créer de nouveaux « espaces » entre le secteur marchand et l'institutionnalisation. Le développement d'organismes sans but lucratif d'habitation (OSBL-H) avec services pour les aînés à faible revenu et en perte d'autonomie est une avenue qui suscite l'intérêt mais se heurte aussi au manque de fonds (Ducharme et Vaillancourt, 2002 ; Lalande, Mercier et Tremblay, 2001). D'ici là, le libre marché des résidences privées continue de prendre de l'expansion, laissant ouvert le débat sur le rôle régulateur de l'État.

4.3.3. LA PERTINENCE D'UNE RÉGULATION : QUI AIDER ET QUOI CONTRÔLER ?

Les résultats de l'étude permettent d'établir, d'une part, qu'il y a une reconnaissance d'un secteur privé dominant dans l'hébergement et, d'autre part, que la foi dans le maintien d'un secteur public fort est ébranlée. Toutefois, une conviction demeure : l'hébergement et les soins aux personnes âgées en perte d'autonomie font partie de ces champs d'intervention où l'État a un rôle à jouer. L'allocation des ressources d'hébergement pour les âgés, surtout pour les plus démunis, ne saurait être laissée au seul jeu de l'offre et de la demande (MSSS, 1994b, p. 5). À notre avis, il est impérieux de clarifier a priori la place que l'État choisirait d'occuper et, conséquemment, celle du privé et du communautaire. Devant les faibles réalisations de la réforme Côté, eu égard à l'augmentation du nombre de lits (en soins de longue durée comme en ressources intermédiaires) et à l'allocation des services à domicile, les besoins demeurent criants.

En ce qui a trait à la présence accrue du secteur privé d'hébergement, la recherche d'une plus grande équité, plus précisément la lutte contre les inégalités dénoncées, devrait constituer l'objectif premier des futures politiques sociales. Dans ce sens, nous partageons l'opinion des propriétaires consultés dans le cadre de cette étude quant à l'importance de développer des modalités de soutien, en termes d'assistance financière et de services directs par les organismes du réseau public (soins infirmiers et d'hygiène, consultations et évaluations professionnelles, etc.). Nous nous questionnons toutefois à savoir qui doit faire l'objet des mesures : les résidences ou les résidents démunis sur le plan économique et dépendants physiquement et intellectuellement. Faut-il cibler la ressource (soit le milieu) ou le client (l'usager) ?

D'après notre expérience en développement communautaire, nous croyons qu'une intervention dans le milieu, pour soutenir des ressources organisationnelles (formation du personnel, programme d'adaptation des installations, etc.), a plus de chances d'avoir un effet à long terme qu'une aide qui ne cible que les résidents. Ce ne serait pas la première fois que le public finance ou subventionne des initiatives privées à même ses deniers. Politiquement et socialement, de telles mesures risquent d'être impopulaires au Québec. Il est peu probable que des fonds publics soient alloués pour soutenir des résidences privées alors que les centres d'hébergement publics sont sous-financés et que les conditions de vie s'y détériorent. De plus, l'image d'un secteur privé à la recherche de profits sur le dos des « pauvres » personnes âgées est encore largement répandue chez nous.

En Grande-Bretagne, comme dans d'autres pays dont la France, on assiste à l'instauration d'une «régulation concurentielle subventionnée» dans laquelle les différents prestataires de services sont mis en concurrence, qu'ils émanent du privé, du secteur associatif ou à but non lucratif ou du secteur public (Laville et Nyssens, 2001, p. 204; Kendall, 2001). Une part du financement est attribué à la demande, c'est-à-dire aux consommateurs, et ce, sous diverses formes: allocations ou exonérations fiscales, assurance-dépendance, etc.[3]. Les chercheurs constatent que les Fonds du régime de sécurité sociale alloués aux services résidentiels en Angleterre ont favorisé l'essor de petites entreprises privées qui font la preuve de leur pertinence et inspirent davantage confiance.

C'est qu'elles ne sont pas mues par la recherche d'une forte rentabilisation du capital investi. Les promoteurs combinent au fond trois objectifs: au désir d'être plus indépendants est associé celui de mieux contrôler leur travail ainsi que celui de développer une qualité des prestations basée sur une connaissance du vécu quotidien des personnes âgées. (Laville et Nyssens, 2002, p. 243)

La voie engagée au Québec, bien que nettement insuffisante, est celle de l'aide directe aux résidents. Nous faisons allusion aux services de soutien à domicile offerts par certains CLSC aux résidents admissibles en raison de leur degré de perte d'autonomie et de leur situation financière. Or, témoignages à l'appui, ces services demeurent sporadiques et inégalement distribués. La réforme Côté envisageait l'adoption d'une «allocation directe pour les résidents du privé à faible revenu» afin qu'ils puissent se payer eux-mêmes les services requis (Gouvernement du Québec, 1990): un projet malheureusement laissé aux oubliettes. Le gouvernement provincial a plutôt opté pour un crédit d'impôt de 23 % pour les services de soutien à domicile (repas, aide domestique, etc.), lequel s'adresse uniquement aux personnes âgées de 70 ans et plus, reconnues comme étant en perte d'autonomie par le CLSC. À la suite d'un important lobbying de l'Association des résidences pour retraités du Québec, leurs résidents peuvent maintenant y avoir droit pour les services dispensés par la résidence. Dans la publicité de leurs services, plusieurs résidences luxueuses font de l'admissibilité à ce nouveau crédit d'impôt un outil promotionnel. Or, s'il faut accueillir favorablement cette mesure qui allège le fardeau financier des personnes âgées de la classe moyenne et favorisée non institutionnalisées, force est de constater qu'elle n'a aucun impact sur les aînés plus défavorisés qui n'ont même pas assez de revenus pour s'offrir des soins

---

3. Il faut préciser que les services résidentiels, dont les privés lucratifs, font l'objet d'une réglementation nationale garantissant le respect de normes quant aux conditions d'organisation des services (Kendall, 2001).

et services. Il est donc impérieux de porter une attention particulière aux besoins de ces citoyennes et citoyens âgés oubliés, voire négligés, et de poursuivre les études sur différentes modalités d'assistance, tout en reconnaissant leurs limites et les difficultés de leur mise en œuvre. Comme le soulignait Soderstrom dans son étude pour la Commission Rochon :

> Le problème ne pourrait être complètement évité en allouant des subventions spéciales aux familles à faible revenu. Il y aurait très certainement des problèmes administratifs. Qui serait admissible ? Est-ce que tous ceux qui sont admissibles feraient usage des fonds spéciaux ? (Soderstrom, 1987, p. 185, traduction libre.)

C'est sans contredit la situation des personnes âgées inaptes ou incapables de gérer leurs biens, et généralement sans représentants légaux, qui pose les problèmes d'application les plus difficiles. Qui devrait être chargé de s'assurer que l'aide financière est utilisée comme il se doit pour les soins et services directs à la personne démente : un membre de sa famille, une personne significative, un organisme indépendant ? Sûrement pas le propriétaire de la résidence privée qui, même bien intentionné, se retrouverait en conflit d'intérêts.

La présente étude met aussi en évidence le consensus social relativement à la lutte contre les mauvais traitements envers les aînés. S'il y a un contrôle à exercer dans les résidences privées, c'est sur les abus qu'il doit principalement porter. Mais comment ? L'analyse socio-juridique des mesures actuelles de protection des victimes de pratiques abusives a démontré de façon convaincante que leurs mécanismes d'application sont inadéquats et limitent considérablement leur efficacité. L'étude des rapports de plaintes traitées par les Régies régionales de la santé et des services sociaux et la Commission des droits de la personne révèle que les recours sont peu utilisés (Charpentier, 1999b). Ce phénomène peut être attribué notamment à la méconnaissance des recours, à un certain défaitisme face au pouvoir de changement, à la peur de représailles, mais surtout à l'incapacité de nombreux résidents d'exercer leur droit (Spencer, 1994). Presque unanimement, les sujets ayant répondu au questionnaire se sont montrés très favorables au signalement obligatoire des cas d'abus, mais encore faudrait-il en prendre connaissance, être présents dans les milieux. L'isolement des ressources problématiques et de leurs résidents a été identifié comme étant l'un des principaux facteurs de risque. À l'instar des participants, nous croyons à la nécessité de renforcer le système actuel de plaintes et de procéder à une visite annuelle de toutes les résidences privées. Nous sommes en outre convaincue que la meilleure stratégie pour prévenir les situations abusives et de soins inadéquats en résidences privées est de mieux soutenir ces milieux d'hébergement. Nous partageons ainsi l'opinion de ce gestionnaire ayant participé à cette étude :

> *Il serait temps, selon moi, qu'on mette les sous et la volonté indispensable pour offrir à nos vieillards (et bientôt à nous) des services de qualité et suffisants. Pour ce faire, nous devons impliquer tous les partenaires qu'ils soient privés ou non. C'est la meilleure façon d'éviter les abus qui ne sont pas toujours causés par l'appât du gain mais par ignorance et manque cruel de ressources.* G-02

Or, pour soutenir les ressources privées, il faut d'abord et avant tout reconnaître leur existence et aussi leur rôle accru dans la dispensation des soins et services d'hébergement à des personnes âgées en perte d'autonomie, ce que le cadre juridique en vigueur dénie toujours. Pis encore, le contrôle des résidences privées qui hébergent des personnes en perte d'autonomie et exercent des activités pour lesquelles un permis est requis engendre de l'hostilité et ne contribue aucunement à améliorer la qualité des services. Par surcroît, ce sont les résidents qui, malgré eux, font l'objet des mesures de relocalisation, quand ce n'est pas directement les propriétaires qui les invoquent pour se « libérer » d'un cas trop lourd. Or, on sait l'attachement des personnes âgées à leur milieu de vie, voire aux personnes qui y travaillent, et l'impact d'un déménagement pour eux. Le modèle de régulation à privilégier doit tenir compte de la vulnérabilité des résidents âgés concernés et des enjeux éthiques soulevés eu égard aux iniquités et difficultés d'accès à des soins de qualité.

Nous faisons nôtres les propos de Johnson *et al.* (1998, p. 310) : « Tout système de régulation repose dans une certaine mesure sur la confiance. L'évaluation, le repérage et l'inspection sont coûteux en temps et en argent et un contrôle total ou complet n'est pas souhaitable[4]. » La solution ne passe donc pas par une réglementation rigide, laquelle imposerait un fardeau trop lourd aux résidences privées, surtout celles de petite et moyenne taille, ce qui risquerait de compromettre la qualité des services, voire leur survie. Prenant assise sur la théorie de la justice sociale de Rawls, l'intervention de l'État doit avoir pour finalité de garantir aux personnes âgées hébergées le respect de leurs droits fondamentaux tout en tenant compte des besoins des plus défavorisés. L'enregistrement obligatoire de toutes les résidences ou la détention d'un permis d'opération apparaît comme un premier pas qui pourrait d'ailleurs faciliter leur reconnaissance et une certaine transparence. Dans notre société, il faut même obtenir un permis

---

4. « *All regulatory systems are to some extent dependent on trust. Evaluation, monitoring and inspection are time-consuming and costly and complete policing is undesirable.* »

pour faire une vente de garage ! L'établissement de standards minimaux de qualité, d'exigences dans la formation des propriétaires ou d'un membre responsable du personnel, assorti d'une visite annuelle de toutes les résidences, constitue une des voies à explorer pour s'assurer que le réseau privé offre un niveau de vie et de soins décent à tous les résidents, et pour dépister les milieux abusifs. La procédure devrait s'appuyer sur des pouvoirs discrétionnaires dévolus à une autorité publique régionale ou locale. Or, le projet annoncé par le gouvernement mise sur un programme d'appréciation de la qualité qui, à cause de son caractère volontaire et très normatif, risque de mobiliser presque uniquement les résidences déjà bien outillées et organisées (Secrétariat aux aînés, 2002). De plus, les documents restent vagues au sujet de l'instance, autre que la FADOQ, qui procédera aux évaluations des résidences privées intéressées par cette possibilité de faire connaître leurs services. Malgré les difficultés, il importe, à notre avis, de renforcer les liens entre le réseau public de santé et le secteur privé d'hébergement et de développer des modalités de collaboration efficaces. Nous prônons donc le rapprochement entre les deux cultures, tout en préservant une saine distance et une vigilance réciproque.

Toutefois, l'enjeu principal demeure sans contredit l'allocation de fonds publics pour assurer aux personnes âgées dépendantes qui vivent en résidences privées une vie décente et un accès aux soins requis. Évidemment, l'allocation de ressources financières publiques implique l'adoption de mécanismes de contrôle : dépistage des clientèles, conditions d'admissibilité, etc. De tels contrôles sont légitimes si leur but n'est pas de diminuer l'offre et la demande d'assistance, mais d'assurer une plus grande équité.

CONCLUSION

Cet ouvrage a porté sur la privatisation d'un secteur en pleine expansion au Québec : les résidences pour personnes âgées. Près de 100 000 personnes, de plus en plus âgées et en perte d'autonomie, vivent dans ces ressources d'hébergement en marge des pouvoirs publics, ce qui soulève des questionnements sur les conséquences néfastes de cette privatisation et sur le rôle régulateur de l'État. Cette problématique a été étudiée dans une perspective sociojuridique (effets des mesures actuelles) et éthique (vulnérabilité des citoyens concernés et valeurs en cause). Le cadre théorique de l'étude a pris assise sur la théorie de la justice sociale de John Rawls comme fondement de la légitimité d'une intervention publique.

Nous souhaitions jeter un regard nouveau sur ce phénomène de privatisation de l'hébergement et analyser l'adéquation du cadre le régissant au regard : 1) de la vulnérabilité accrue des clientèles hébergées et 2) du respect des valeurs de liberté individuelle, de qualité de vie, d'accès aux soins et de protection contre les abus. Les travaux de recherche visaient à connaître et à comparer la position des principaux acteurs des réseaux public et privé et de débattre de la pertinence d'une régulation étatique. Puisqu'il s'agissait d'un champ peu investigué, l'étude a privilégié une méthode mixte, combinant un volet qualitatif (groupe de discussion) et quantitatif (questionnaire postal). La population mère de l'étude était composée des gestionnaires et travailleurs sociaux du réseau public de la santé, des propriétaires de résidences privées et des résidents âgés de la région de l'Estrie. La statistique du χ^2 et l'analyse thématique de contenu ont entre autres été utilisées comme outils d'analyse des données.

Les données recueillies confirment la vulnérabilité des clientèles vivant en résidences privées. Selon l'enquête postale, plus de la moitié des résidents seraient en perte d'autonomie physique ou cognitive, les trois quart seraient âgés de plus de 75 ans. De leur côté, les résidents rencontrés ont insisté sur leur « fragilité économique » et la précarité de leur situation financière. S'il y a consensus entre les acteurs des secteurs privé et public en ce qui a trait à la lourdeur de la clientèle en résidences privées, les résultats révèlent une vision fort différente de leurs conditions de vie. Les gestionnaires et travailleurs sociaux, comparativement aux propriétaires, attribuent des scores significativement plus bas pour la qualité de vie et l'accès aux soins requis. Ils jugent insuffisant le niveau actuel de protection. D'un autre côté, la perception positive affichée par les propriétaires n'exclut pas la reconnaissance de milieux problématiques et la nécessité d'une certaine intervention étatique. Les témoignages font d'ailleurs état d'un essoufflement des propriétaires, voire d'un risque d'épuisement.

Cet ouvrage confirme un courant favorable à une intervention régulatrice de l'État dans le secteur marchand de l'hébergement. Près de 80 % des répondants se déclarent favorables à une régulation des résidences privées, et ce, afin d'assurer la protection des résidents plus démunis. Les positions des acteurs convergent en ce qui a trait à la pertinence d'une régulation et à sa finalité, mais divergent quant aux modalités de cette intervention. Les intervenants du réseau public préconisent des mesures d'accréditation et de normalisation alors que les propriétaires espèrent des services et une aide financière de l'État.

Le privé et le public forment deux cultures qui adhèrent à une éthique commune : le droit pour nos aînés à un minimum de base sans abus.

Outre ces principaux résultats, nous voulions, en guise de conclusion, faire état de certains éléments qui constituent des contributions intéressantes et ouvrir la discussion sur quelques pistes à explorer.

D'abord, sur le plan méthodologique, ces travaux confirment l'intérêt de la mixité des méthodes pour appréhender des phénomènes sociaux complexes. Nous avons été à même de constater la convergence des approches qualitatives et quantitatives, de même que leur complémentarité. Soulignons notamment que les commentaires libres écrits sous le couvert de l'anonymat dans l'enquête postale se sont révélés plus « incisifs » que ceux recueillis dans les groupes de discussion. En contrepartie, les propos tenus en groupe affichaient plus de nuances et de profondeur. Cette dernière stratégie d'observation a permis de relever des éléments de la dynamique qui nous avaient jusque-là échappé. Nous pensons en l'occurrence à la notion d'«attachement mutuel» dans la relation résidents-propriétaires, au fardeau et au risque d'épuisement des responsables de résidences privées. Ces concepts méritent d'être approfondis.

Ces exemples illustrent la pertinence de donner la parole aux acteurs concernés par nos recherches. À cet égard, il y a lieu, dans des travaux ultérieurs, d'aller chercher davantage le point de vue des personnes âgées qui vivent en résidences privées. Compte tenu de la diversité et de la «fragilité» de la clientèle hébergée, il serait approprié de procéder par entrevues individuelles et d'appliquer la technique du cas contraire. Ce type de design permettrait d'enrichir les connaissances et de mieux cerner la réalité dans divers milieux d'hébergement: urbains et ruraux, franco-phones et allophones, riches et pauvres, résidences de petite et grande taille, etc. Un tel projet de recherche interpelle l'expertise du travail social et nous entendons nous y investir.

Sur le plan conceptuel et théorique, nos travaux ouvrent la voie à une réflexion et à une redéfinition des concepts de domicile et d'héber-gement. Nous observons actuellement une tendance à étendre, voire à extrapoler, la notion de maintien à domicile comme pour masquer la réalité toujours omniprésente de l'hébergement des personnes âgées au Québec, et ce, malgré la volonté de diminuer le taux d'institutionnalisa-tion. Or, dans les faits, les résidences privées prennent le relais des res-sources institutionnelles et, de surcroît, connaissent un essor important. La politique de maintien à domicile du MSSS, en considérant les rési-dences privées comme un domicile, entretient une certaine confusion: les résidences privées ne constituent pas un domicile mais un milieu substitut et collectif de vie, une ressource non institutionnelle d'hébergement. Était-il nécessaire de s'adonner à une telle extrapolation du concept de maintien à domicile pour que les résidents en perte d'autonomie vivant en résidences privées puissent être admissibles aux services des CLSC?

Parallèlement, ces travaux invitent à réfléchir sur les enjeux politiques et économiques qui sous-tendent la conception actuelle de l'autonomie, laquelle est étroitement associée à un vieillissement réussi et au maintien à domicile. Ces concepts de l'autonomie et du «bien-vieillir» entretiennent la culpabilisation et la dévalorisation des personnes âgées qui sont confron-tées à la maladie et à la perte d'autonomie. Ces représentations com-mencent à être intégrées par les personnes âgées qui tendent à camoufler leurs limitations, ne voulant surtout pas être jugées en perte d'autonomie ou dépendantes, ou, encore pire, être «placées». Voilà qui n'est certes pas étranger au mouvement de transformation du rôle de l'État, que certains qualifient de désengagement, et à sa politique anti-hébergement.

Ces extensions des notions de domicile et de personnes autonomes expliquent en partie l'ambiguïté du cadre actuel régissant les résidences privées et les hésitations quant aux orientations à donner aux futures politiques sociales. Il nous semble urgent de reconnaître la place et le rôle exercé par les résidences privées dans l'hébergement et les soins de longue durée, pour mieux en définir les limites et, conséquemment, les besoins d'assistance. En termes de soutien, nous croyons qu'il faut développer une approche milieu, laquelle pourrait d'ailleurs s'inspirer des modèles de développement communautaire local, et ce parallèlement aux services et soins offerts aux résidents en difficulté. Certains CLSC et CHSLD expérimentent de nouvelles pratiques en affectant des travailleurs de rue dans les résidences, en établissant des ententes de services, en dispensant de la formation ou en mettant sur pied des projets de partenariat. Pour relever le défi de la qualité de vie en résidences privées et de l'accès aux soins pour les résidents en perte d'autonomie, il faut mobiliser et mettre à profit l'expertise des CLSC, au niveau des services de soutien à domicile et de développement communautaire, de même que l'expertise des CHSLD, en matière d'hébergement et des soins de longue durée, particulièrement pour les clientèles atteintes de déficits cognitifs.

Ces dernières considérations nous amènent à ouvrir la discussion sur les politiques sociales. Vers quelle conclusion nous conduisent les présents travaux ? Les données recueillies affirment la pertinence d'une régulation étatique dans le dossier des résidences privées. Le rôle de l'État est perçu comme devant garantir aux résidents vulnérables un minimum de base sans abus. Les acteurs consultés partagent cette visée : l'État doit assurer un minimum aux plus démunis, soit des conditions décentes de vie et une équité dans l'accès aux soins de base. L'étude met aussi en évidence le consensus social relativement à la lutte contre les abus et les mauvais traitements envers les aînés : tolérance zéro.

Or, la tendance actuelle est de tenir à jour une liste de résidences privées et de donner aux municipalités le pouvoir de réglementer « la brique », soit l'aménagement et les normes de construction. Quant au programme d'appréciation de la qualité des résidences, inspiré de l'initiative de la FADOQ, il permet de faire connaître et de promouvoir les ressources qui répondent aux critères prédéterminés mais n'est assorti d'aucune mesure d'intervention dans les milieux problématiques. La participation étant laissée à la discrétion des résidences, il est peu probable que les milieux inadéquats et abuseurs se portent volontaires et soient visités. Par surcroît, compte tenu du contexte de rareté des ressources et des faibles taux d'inoccupation des résidences privées, on peut craindre une augmentation des tarifs exigés dans les milieux « bien cotés » et une intensification de la tendance à sélectionner les résidents qui jouissent d'une meilleure situation financière et d'une bonne auto-nomie fonctionnelle. Il y a donc lieu d'anticiper peu d'impact réel sur les conditions de vie des résidents moins nantis et sur l'atténuation des iniquités sociales engendrées et entretenues par la marchandisation des services d'hébergement.

Ces résultats viennent appuyer la décision d'introduire la réflexion éthique dans la démarche d'évaluation et d'élaboration de nouvelles normes sociales. Nous pouvons y voir une évolution des politiques sociales, qui va au-delà de l'ajustement des structures et des programmes, au-delà du débat privé-public, pour s'étendre à des considérations éthiques et se poser en termes de justice sociale.

Voilà qui apparaît quelque peu rafraîchissant et mobilisateur.

Cet enthousiasme se heurte toutefois à la difficulté de traduire cette «éthique émergente» en mesures concrètes. Des divergences très évidentes apparaissent lorsqu'il s'agit de déterminer les mécanismes d'intervention. Mais avant de convoquer les acteurs concernés à une table de travail pour s'entendre sur les moyens à mettre en œuvre, une étape essentielle reste à franchir. Il faut définir le «minimum de base» que la société est prête à assurer à ses citoyens en perte d'autonomie et majoritairement très âgés, qui ne peuvent plus vivre chez eux, dans leur propre domicile. Quelles sont les exigences qui s'imposeront aux milieux d'hébergement substituts de demain: résidences privées, ressources intermédiaires et de type fami-lial, CHSLD, logement social avec services, milieux alternatifs, etc., qui seront appelés, compte tenu du contexte social, démographique et sani-taire, à accueillir un nombre croissant de personnes âgées très vulnérables?

Tout au long de ces travaux, nous avons gardé en mémoire cette image typique du quotidien des résidents âgés rencontrés au fil des ans. Nous étions très soucieuse de ne pas «déraper» et surtout de ne pas oublier leur réalité, leur silence.

Pendant ce temps, à la Résidence Le Bonheur Gris de Saint-Quelquepart, qui accueille une vingtaine de pensionnaires, madame Lemay est assise dans le coin gauche de sa chambre devant un téléviseur éteint. Le regard fixe, perdu, elle est très mai-gre, presque dénutrie. Elle est là depuis six ans!

Le personnel de la résidence l'aime bien; on la lève le matin, l'habille et vient la chercher pour le dîner à 11 h 20 et le souper à 16 h 40.

Elle n'est pas maltraitée.

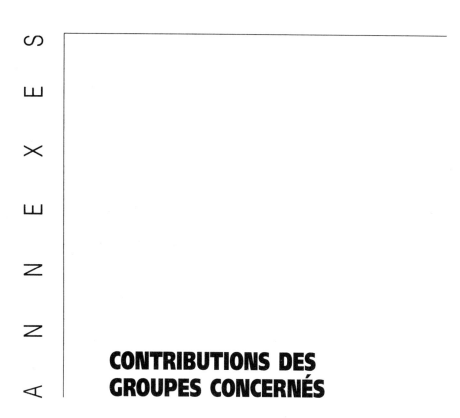

ANNEXES

CONTRIBUTIONS DES GROUPES CONCERNÉS

1

POUR ASSURER UN CONTINUUM DE SERVICES AUX PERSONNES ÂGÉES... UN RÉSEAU DE RÉSIDENCES PRIVÉES AVEC SERVICES
Avis de l'Association des résidences pour retraités du Québec

Robert Chagnon
vice-président au développement
Association des résidences pour retraités du Québec

L'ASSOCIATION DES RÉSIDENCES POUR RETRAITÉS DU QUÉBEC (ARRQ)... *EN BREF*

L'Association des résidences pour retraités du Québec (ARRQ) est la plus importante association de résidences privées avec services au Québec. Elle regroupe près de 400 résidences qui offrent, à travers toutes les régions du Québec, plus de 28 000 unités de logement ou chambres. Elle a été fondée en 1992, il y a déjà 10 ans.

L'Association des résidences pour retraités du Québec (ARRQ) est un organisme à but non lucratif dont la mission et les principaux buts sont de promouvoir et défendre les droits et intérêts de ses membres. L'ARRQ organise, offre et développe des services pour le bénéfice de ses membres et de la clientèle de ses membres, ce qui fait de l'ARRQ un gage de qualité, une force de représentation et un pouvoir économique.

C'est avec intérêt que l'Association des résidences pour retraités du Québec (ARRQ) reçoit le travail de recherche et de publication effectué par madame Michèle Charpentier. L'ARRQ se réjouit des résultats obtenus à la suite de plusieurs travaux entrepris au cours des dernières années et qui ont largement contribué à bien positionner les enjeux relativement à la situation des personnes âgées vivant en résidences privées avec services.

Ce travail permet de constater un véritable consensus des partenaires sur la nécessité et l'importance d'assurer un minimum de vie convenable aux aînés vivant en résidences privées. Par contre, certaines divergences peuvent surgir lorsqu'il est question des raisons et circonstances pouvant soutenir un tel consensus.

L'ARRQ tient à commenter les résultats de la recherche à la lumière de quelques principes mis de l'avant, à savoir: une approche basée sur l'équité et le respect du choix des personnes, la responsabilité de l'État à assurer l'accessibilité aux services et soins et assurer la population de la qualité des résidences.

LE CONTEXTE

Dans ses orientations, l'ARRQ accorde la priorité aux personnes âgées et privilégie le maintien à domicile, de la façon la plus économique possible, tout en voulant s'assurer que les personnes âgées puissent exercer leur choix du type de domicile dans un système équitable.

Les personnes âgées souhaitent demeurer à domicile le plus long-temps possible. On s'entend généralement pour dire que le fait d'aider les personnes âgées à demeurer ainsi dans leur environnement a un effet positif sur leur santé et leur longévité et leur permet de conserver leur autonomie et leur dignité. Au Québec, près de 100 000 personnes âgées, ont choisi, comme domicile et à cause des circonstances, une résidence spécialisée pour ce groupe d'âge et offrant une gamme de services. Le tiers d'entre elles habitent dans des logements publics (HLM) et les deux tiers dans des résidences privées, y incluant les résidences d'organismes à but non lucratif (OSBL).

Il faut constater que les personnes âgées autonomes réussissent à se loger convenablement. Il existe différents programmes gouvernementaux pour aider les personnes âgées qui ont des difficultés financières pour se loger; qu'il s'agisse des programmes de la sécurité de la vieillesse, de logements à loyer modique (HLM), de l'allocation logement et du crédit d'impôt remboursable pour le maintien à domicile qui s'adressent aux personnes âgées autonomes. Les centres hospitaliers de soins de longue durée (CHSLD) publics ou privés hébergent environ 43 500 personnes âgées non autonomes.

La situation est beaucoup plus complexe pour les personnes âgées en perte d'autonomie qui ne font partie d'aucune des deux catégories précédentes. On estime en effet que la dépendance qu'entraîne leur état nécessite des services d'assistance qui sont, dans une proportion de 75 à 85 % de nature non médicale. Une grande partie de la population âgée n'a pas les ressources financières suffisantes pour assumer le coût des services de soutien à l'autonomie.

Depuis plusieurs années déjà, les propriétaires et gestionnaires de résidences sont bien conscients de la difficulté financière de résidents à pouvoir se procurer les services dont ils ont besoin. C'est ce qui les incite à décrier la situation et inciter l'État à assumer la responsabilité de l'accessibilité aux services par un financement adéquat.

UNE APPROCHE BASÉE SUR L'ÉQUITÉ ET LE RESPECT DU CHOIX DES PERSONNES ÂGÉES

La résidence spécialisée avec services ou la résidence dite supervisée constitue une alternative au logement conventionnel. L'ARRQ considère que les personnes âgées devraient pouvoir choisir le domicile qui leur convient et qu'elles devraient être traitées de façon équitable.

Cela signifie qu'en toute équité les personnes âgées vivant en résidence doivent pouvoir recevoir, comme tous les autres citoyens dans une situation comparable, toute la gamme de services d'assistance à domicile requis par leur état. Il est donc important que soit défini clairement un panier de services uniformes auxquels elles ont droit et que l'on précise la contribution financière que doivent assumer les personnes âgées s'il y a lieu selon leur revenu.

LE CONTINUUM DE SERVICES AUX RÉSIDENTS EN PERTE D'AUTONOMIE

Lorsque les personnes âgées sont en perte d'autonomie, elles se doivent, ou leur famille ou la résidence, de demander au CLSC de procéder à une évaluation du niveau d'autonomie et des services requis. Le CLSC doit avoir recours aux ressources les plus appropriées, voire les plus économiques, comme c'est le cas avec d'autres types de clientèle comme les adultes handicapés ou les anciens combattants.

Pour pallier cette iniquité, l'ARRQ croit qu'il faudrait mettre en place un régime d'allocation directe permettant aux personnes en perte d'autonomie d'avoir le libre choix de se procurer les services à domicile de la façon la plus appropriée auprès d'un CLSC, d'un organisme communautaire, de la résidence ou d'une agence privée. Le rapport de la Commission sur les services sociaux et de santé, présidée par Michel Clair, a d'ailleurs bien fait la distinction entre la responsabilité étatique de légiférer pour assurer l'accessibilité des services et la possibilité d'en déléguer la responsabilité à un tiers. C'est dans ce sens que l'allocation directe contribuerait, en outre, à diminuer la pression sur les salles d'urgence et les centres de soins de longue durée.

DES RÉSIDENCES DE QUALITÉ RECONNUE

Les personnes âgées qui cherchent une résidence doivent avoir l'assurance d'être hébergées dans des résidences de qualité offrant des services appropriés.

Le vieillissement de la population et la rareté des centres d'hébergement de soins de longue durée (CHSLD) entraînent une prolifération de maisons privées logeant des personnes âgées, sans nécessairement faire l'objet d'un permis, même municipal. Il est généralement admis que ces résidences pour personnes âgées, malgré les lacunes constatées, représentent une ressource importante.

Le véritable enjeu présentement vient du fait que les résidences de dix unités et plus font l'objet de plusieurs lois et règlements, sans liens les uns avec les autres, et qu'il n'y a aucune instance qui a le pouvoir d'émettre ou de retirer un permis d'opération. Les résidences de type familial peuvent, selon les milieux, se développer dans la plus totale anarchie. Effectivement, tout citoyen peut héberger plusieurs personnes, soit un parent, un ami, un voisin ou un étranger sans se soumettre à quelque exigence que ce soit, pour ainsi dire, en pleine clandestinité. Ce type de résidence n'a pas à se conformer à quelque règlement que ce soit.

Devant ce vide juridique, tous et chacun des organismes municipaux, sociaux ou communautaires y vont de leur propre initiative. La situation est bien différente d'un milieu à l'autre. C'est dans ce contexte que l'ARRQ a développé un *Guide d'autoévaluation* permettant aux propriétaires et gestionnaires d'être bien conscients des exigences requises pour opérer une résidence de qualité.

L'ARRQ est tout à fait en accord avec les dispositions prises par le gouvernement du Québec selon lesquelles une Régie régionale devra constituer et tenir à jour un registre afin d'identifier les résidences pour personnes âgées sur son territoire.

Des normes de qualité émises par le Secrétariat des aînés constitueront la base de l'évaluation des résidences qui s'y soumettront sur une base volontaire. De plus, jusqu'à ce que chacun des partenaires, municipalités, CLSC assument leurs responsabilités, le protocole d'entente du Secrétariat des aînés, avec la FADOQ (Fédération de l'âge d'or du Québec) confirme le rôle important, provisoire et substitut que le Programme des Roses d'Or peut jouer dans l'appréciation des résidences. La mise en place de ce programme, les interventions de certaines régies régionales et l'application des critères d'admissibilité comme membre de notre association, l'ARRQ, ont largement contribué à reconnaître les résidences de qualité. À l'avenir, les évaluateurs devront prendre en considération l'intervention des municipalités dans l'inspection des bâtiments, plutôt que le faire eux-mêmes.

Et même s'il y avait un caractère obligatoire au respect des normes, il manque un aspect important, c'est la satisfaction des résidents. L'ARRQ souhaiterait développer un outil plus articulé qui permettrait de procéder à l'évaluation de la satisfaction des résidents par les organismes d'aînés représentant en fait les consommateurs. Le nombre de « Roses » accordées à une résidence représenterait bien la satisfaction que les résidents ont d'une résidence.

C'est dans le contexte de la déréglementation que le gouvernement du Québec a confié à une corporation indépendante la responsabilité d'évaluer les établissements touristiques et de faire recommandation au ministre pour l'émission d'un permis d'opération. Dans ce sens, l'ARRQ propose la création d'une corporation, du type Corporation de services et établissements touristiques du Québec (CSETQ). Cette corporation, composée des principaux partenaires, établit les orientations et détermine les critères, et émet le permis d'opération sur la base des attestations fournies par chacun des partenaires.

La mise en vigueur d'un processus d'évaluation doit reposer sur le partenariat à l'échelon local entre tous les acteurs concernés par la question du logement des personnes âgées. Les partenaires doivent dans un cadre de concertation, assumer, au niveau local et selon leur juridiction, des rôles et responsabilités complémentaires.

- Les **municipalités** doivent vérifier la conformité du bâtiment aux règlements municipaux de salubrité et de sécurité, accepter les plans d'évacuation, émettre les permis et certificats d'occupation et traiter les plaintes.

- Les **CLSC** doivent évaluer les besoins des personnes âgées et le niveau des services offerts, offrir les services à domicile en résidence, donner l'information et référer aux ressources appropriées.

- Les **associations de personnes âgées** doivent apprécier, à titre de représentants des consommateurs, la qualité du milieu de vie, participer à des visites d'amitié et informer leurs membres des démarches à entreprendre au moment de choisir une résidence.

- Les **propriétaires de résidences** doivent s'engager à respecter les normes relatives au bâtiment, assurer que les services offerts sont en conformité avec la description qui en a été faite et offrir un milieu de vie approprié.

- Les **associations de résidences** doivent vérifier les demandes de candidature des résidences privées répondant aux exigences définies, offrir des programmes de formation de personnel et traiter les plaintes concernant les résidences membres.

EN GUISE DE CONCLUSION

La recherche de madame Charpentier démontre que les principaux partenaires conviennent des objectifs à atteindre en vue d'assurer un minimum de vie convenable aux aînés vivant en résidences. Il s'en dégage, à notre avis, la nécessité de normes nationales de base à être vérifiées par des gens compétents en la matière et que soit assurée l'accessibilité aux services et soins par une allocation directe qui permette un traitement équitable et respecte le choix de la personne âgée.

Les résidences sont d'abord le domicile de la personne. C'est pourquoi il importe de s'assurer de la qualité du toit offert, d'où la responsabilité des municipalités. Mais c'est encore plus, à cause des services offerts, d'où la responsabilité des organismes sociaux et de santé à s'assurer du bon traitement de la personne, peu importe son lieu de domicile, compte tenu de ses besoins et de son niveau d'autonomie. Mais cela ne fait pas de la vieillesse une maladie et des résidences des mini-hôpitaux sous la responsabilité du ministère de la Santé et des Services sociaux (MSSS) ou, par extension, des régies régionales. Et comme la qualité des services repose en bonne partie sur la formation du personnel, l'ARRQ joue un rôle de premier plan et compte prendre en considération l'évaluation de la satisfaction des résidents.

Il demeure cependant important que chacun des partenaires assume ses responsabilités et, entre-temps, se poursuit l'évaluation des résidences sur une base volontaire et en substitution aux **partenaires actuellement absents.**

2

Les résidences privées pour aînés et l'accès aux services
Avis de la Fédération de l'âge d'or du Québec

LA FÉDÉRATION DE L'ÂGE D'OR DU QUÉBEC (FADOQ)... *EN BREF*

La Fédération de l'âge d'or du Québec (FADOQ) est un regroupement volontaire de personnes âgées de 50 ans et plus dont l'objectif principal est de maintenir et d'améliorer la qualité de vie de ses membres et, par voie de conséquence, de l'ensemble des aînés québécois.

Aujourd'hui, la FADOQ est présente dans 17 régions du Québec, rassemble près de 900 clubs qui offrent particulièrement des activités de loisir aux 280 000 membres qui s'y retrouvent. De plus, la FADOQ défend les droits de ses membres et offre un terrain propice à leur épanouissement, quel que soit le domaine de compétence ou l'endroit où ils habitent. Finalement, l'implication sociale de ses membres collabore aussi au mieux-être de la communauté et à l'équilibre de notre société. C'est à ce titre que la FADOQ a mis sur pied le programme d'appréciation des résidences privées pour aînés, le Programme ROSES D'OR.

Un état de la situation

Le Programme ROSES D'OR épouse totalement les objectifs poursuivis par la FADOQ puisqu'il vise le maintien et la qualité de vie des aînés. Comme le logement est un des éléments importants de cette qualité de vie, il est normal que la Fédération s'inquiète de ce qu'on offre aux aînés en matière de résidences privées.

Bien que la FADOQ reconnaisse la contribution positive du réseau d'hébergement privé, elle demeure vigilante quant à sa reconnaissance, notamment à cause de la grande diversité qui le caractérise tant au niveau des lieux physiques que des services qu'on y offre.

De plus, comme organisme représentant les aînés, il est de son devoir de fournir aux personnes âgées toute l'information nécessaire pour porter un jugement éclairé sur les résidences et les services qu'elles peuvent y recevoir.

Depuis le début des années 1980, le marché de l'hébergement privé pour les aînés a connu une forte croissance. Ces résidences privées pour les aînés ont, jusqu'à ce jour, été peu régies par une réglementation comme le sont les établissements publics. Il est très difficile pour les personnes ou pour les organismes qui pourraient les y référer de sélectionner la résidence qui soit la mieux adaptée aux besoins d'un aîné puisqu'il n'existe pas de normes ou de critères d'appréciation de ces résidences qui soient reconnus au niveau provincial. Il est également difficile d'identifier ces résidences puisqu'il existe peu de répertoires descriptifs et, surtout, pas de répertoires qualitatifs sur l'ensemble du territoire québécois.

Les objectifs du Programme ROSES D'OR

Le Programme ROSES D'OR vise avant tout à améliorer la qualité de vie des aînés qui vivent en résidence privée. Le Programme procède à l'appréciation des résidences privées pour les aînés à partir d'une grille d'appréciation validée comportant 62 normes réparties en deux volets (une partie couvrant les aspects physiques et sécuritaires du bâtiment et une partie couvrant les aspects de la qualité de vie des aînés et leur sécurité) et d'une démarche rigoureuse encadrée par le guide d'implantation du Programme *ROSES D'OR*. L'aboutissement ultime de ce processus est l'édition d'un bottin régional servant d'outil de référence pour les aînés et les organismes ou le public en général à la recherche d'un lieu d'hébergement privé de qualité.

La ministre responsable des Aînés, Linda Goupil, a annoncé au printemps 2002 l'intention du gouvernement du Québec d'aller de l'avant en matière de réglementation des résidences privées pour personnes âgées. La ministre Goupil reconnaît également le Programme ROSES D'OR instauré par la FADOQ, et promet de le bonifier et de l'étendre partout au Québec.

Bien entendu, toutes les ficelles ne sont pas encore attachées et bien des aspects restent encore à éclaircir, mais cet engagement est rassurant pour les aînés vivant en résidences privées qui verront enfin leur milieu de vie être sécuritaire en tous points.

UNE QUESTION DE PARTENARIAT

Nous souhaitons ardemment que les divers ministères touchés par le logement des aînés s'impliquent dans ce Programme avec enthousiasme. Un tel partenariat est absolument nécessaire ; car sans lui, une telle aventure ne pourrait représenter une aussi grande réussite. Les Régies régionales de la santé et des services sociaux, les CLSC, les municipalités, les associations de résidences sont autant d'acteurs qui doivent prendre des responsabilités bien précises. Par leur support financier et leur rôle de diffusion dans leur milieu respectif, ces acteurs démontrent que la coopération et le partenariat sont résolument gagnants.

Cependant, les inégalités régionales nous font réfléchir quant aux mandats que les ministères adoptent et aux orientations qu'ils choisissent et aux directives qu'ils donnent à leurs organisations régionales. Le Programme ROSES D'OR devrait protéger les aînés, peu importe la région où ils habitent et les orientations des Régies et des CLSC de leur territoire.

Rappelons que les administrateurs de la FADOQ provinciale sont particulièrement préoccupés par la qualité de vie des personnes âgées dans cette période de profusion d'ouvertures de résidences. Ils ont appuyé le Programme et y ont investi des ressources humaines et financières importantes afin d'élaborer plus avant ce projet et le soutenir tout au long de son développement et de ses multiples ajustements.

Les aînés procédant à des démarches afin de trouver une résidence correspondant à leurs besoins peuvent, grâce au Programme ROSES D'OR, choisir une résidence en toute confiance. N'oublions pas que le Programme ROSES D'OR a obtenu le Prix d'excellence en habitation de la Société canadienne d'hypothèque et de logement de l'an 2000, dans la catégorie Processus et Gestion. C'est à bout de bras que la FADOQ provinciale, les FADOQ régionales et les divers comités aviseurs régionaux et provincial, composés de partenaires, selon les régions, tels les Régies, les CLSC et les acteurs sociaux préoccupés par cette question, ont développé et maintenu ce Programme d'envergure provinciale depuis maintenant six ans. N'oublions pas qu'il y a maintenant 12 régions administratives sur 17 qui participent au Programme d'appréciation pour résidences privées ROSES D'OR et une 13ᵉ devrait se joindre au groupe sous peu. Ce n'est pas rien !

LES LIMITES DU PROGRAMME ROSES D'OR

Le Programme a permis quelque chose que peu d'organismes ou de gens avaient réussi jusqu'à maintenant : connaître les résidences et franchir le seuil de leurs portes. En effectuant la visite des résidences, nous avons pu constater les limites de nos actions : en effet, certains aspects relevaient naturellement de ministères bien précis et la FADOQ n'avait pas nécessairement à jouer un rôle qui ne lui était pas dévolu.

À titre d'exemple, la Régie du logement n'a pas le mandat d'appliquer la loi qui édicte la signature obligatoire de baux entre les résidents et les propriétaires de résidences privées. La Régie n'est là que pour intervenir en cas de plaintes et de conflits. Mais si son rôle était dicté par le bon sens et qu'elle voyait à ce que tous les propriétaires de résidences fassent signer des baux, les résidents seraient déjà protégés contre les augmentations abusives de loyer.

Nous avons également pris conscience de l'existence de ce que nous avons appelé une « zone grise ». En théorie, ces résidences devraient accueillir des personnes autonomes ou en légère perte d'autonomie. Dans la réalité, en partie à cause du manque de places en CHSLD, des personnes en perte d'autonomie relativement importante ou atteintes d'un déficit cognitif vivent dans ce type de résidences. Et il ne s'agit pas de mauvaise volonté : les propriétaires de petites résidences s'attachent à leurs résidents, ces derniers sont heureux là où ils vivent et ne veulent pas être déplacés. Une dynamique s'installe et la personne ne reçoit pas nécessairement les services dont elle aurait besoin. N'oublions pas que, dans bon nombre de CLSC, les services de soins à domicile sont offerts en priorité aux personnes vivant seules ou isolées. Les personnes vivant en résidence sont en quelque sorte négligées, jugées non prioritaires par les services, étant donné qu'elles peuvent déjà recevoir un peu d'aide. Bien entendu, pour nous, c'est une situation tout à fait inacceptable, mais pour laquelle nous n'avons pas beaucoup de solutions : ou le nombre de places en CHSLD augmente ou le gouvernement reconnaît officiellement cette zone grise et incite ses CLSC à offrir les services adéquats à ces personnes.

Certains allégueront que des normes ne sont pas nécessairement gage d'une bonne qualité de vie dans ce milieu, notamment à cause de l'état de fragilité d'un certain nombre de personnes qui y résident. À cela, nous rétorquons qu'il s'agit d'un début et que notre expérience nous démontre que les situations potentiellement abusives ont été éliminées au passage du Programme ROSES D'OR. Nous croyons également que si tous les partenaires concernés jouaient leur rôle en ce domaine, les risques d'abus et de violence auprès des aînés n'existeraient presque plus.

Malgré ces limites, nous avons la ferme conviction que le Programme ROSES D'OR permet d'améliorer la qualité de vie des aînés, d'éliminer en bonne partie la violence et les abus faits aux aînés et de permettre à ces derniers de couler des jours paisibles par son approche préventive. N'oublions pas que le Programme permet de mieux encadrer des résidences laissées à elles-mêmes et d'offrir un volet de conscientisation et de formation quant au rôle joué par un propriétaire de résidence.

3

LES MILIEUX DE VIE SUBSTITUTS POUR LES AÎNÉS EN PERTE D'AUTONOMIE : LA QUALITÉ DE VIE AVANT TOUT[1]
Avis du Conseil des aînés

Hélène Wavroch
Présidente
Conseil des aînés

LE CONSEIL DES AÎNÉS... *EN BREF*

Le Conseil des aînés est la seule instance gouvernementale, composée majoritairement d'aînés, qui peut conseiller le gouvernement sur toutes les questions qui les concernent. Le Conseil joue un rôle essentiel, non seulement auprès des aînés, mais également auprès du gouvernement puisque l'on retrouve un nombre très restreint d'aînés tant chez les décideurs politiques que chez les administrateurs publics.

Le Conseil se compose de dix-neuf membres dont douze ont droit de vote. Ces derniers sont choisis pour leur intérêt envers les personnes âgées et de façon à refléter la composition de la société québécoise et sont, pour la plupart, eux-mêmes des aînés.

---

1. Ce texte fait suite au rapport publié par le Conseil des aînés et intitulé : *Avis sur l'hébergement en milieux de vie substituts pour les aînés en perte d'autonomie*, D. Gagnon et A. Michaud, 2000.

> *Le Conseil se veut être l'interlocuteur privilégié auprès des instances gouvernementales en assurant la liaison et la communication entre les aînés et le gouvernement non seulement en présentant les doléances des aînés, mais en agissant de façon proactive sur l'intégration des politiques actuelles et la définition de nouvelles approches mieux adaptées à leurs besoins.*
>
> *Le Conseil a principalement pour fonctions de promouvoir les droits des aînés, leurs intérêts et leur participation à la vie collective ainsi que de conseiller le ministre sur toute question qui concerne ces personnes.*

Depuis plusieurs années, les aînés sont préoccupés par la situation des personnes âgées de 65 ans ou plus qui présentent une perte d'autonomie à différents niveaux et à des intensités diverses, et tout particulièrement de celles qui doivent quitter leur logement pour aller vivre dans un endroit qui leur permette de pallier leurs difficultés. En effet, le manque de ressources publiques d'hébergement et la prolifération des ressources privées peu ou pas encadrées inquiètent la population en général et les aînés de façon plus spécifique.

Ces préoccupations ont été signalées en maintes occasions par les aînés et plus particulièrement lors de la tournée provinciale que le Conseil des aînés a effectuée avec le Bureau québécois de l'Année internationale des personnes âgées (BQAIPA), dans le cadre des activités de l'Année internationale des personnes âgées (AIPA) qui s'est déroulée durant l'année 1999.

Par ailleurs, le Conseil des aînés, à l'écoute des besoins des aînés québécois, a élaboré un avis qui lui a permis de faire un état de la situation dans les milieux de vie substituts et d'en faire diverses recommandations qu'il a adressées au gouvernement.

Lors de la réalisation de ses travaux, il est apparu au Conseil que le mot d'ordre en matière de services sociaux et de santé est de maintenir et de soutenir l'aîné en perte d'autonomie, le plus longtemps possible, dans son milieu de vie naturel. Pour ce faire, le gouvernement doit mettre à la disposition des personnes présentant une perte d'autonomie, et de celles qui les soutiennent, des mesures qui leur permettent d'atteindre cet objectif. Dans les faits, il est loin d'être évident que ces mesures existent de façon adéquate et suffisante. On constate souvent que des personnes en perte d'autonomie importante et leurs aidants sont très peu soutenus par le réseau de la santé et des services sociaux ainsi que par les services municipaux. Ce constat est encore plus important lorsque ces aînés présentent des pertes cognitives importantes, et cela même si des efforts ont été faits ces dernières années, notamment dans le cadre des programmes d'économie sociale. Conséquemment, plusieurs aînés et leur famille sont confrontés à la situation de devoir envisager le recours à l'hébergement dans un milieu de vie substitut afin d'avoir accès aux services et à l'environnement sécuritaire dont ils ont besoin en raison de leur perte d'autonomie.

L'ACCÈS AUX MILIEUX DE VIE SUBSTITUTS

Or, l'accès à des services d'hébergement publics est de plus en plus difficile. En effet, les orientations prises par le ministère de la Santé et des Services sociaux (MSSS) en matière de services d'hébergement, au cours des dernières années, ont eu pour conséquence la diminution de la disponibilité des places. Déjà en 1992, Brissette faisait mention dans une étude que : « L'État [...] se désengage du secteur de l'hébergement des personnes âgées en perte d'autonomie moyenne et légère[...] la vocation hébergement glissant lentement vers le secteur privé. » Il appert qu'en 1990, on comptait autour de 7 lits d'hébergement pour 100 personnes âgées de 65 ans ou plus. Le gouvernement planifie de les réduire à 4,2 et certains mentionnent même à 3,5 places par 100 personnes de 65 ans ou plus au cours des prochaines années.

Selon les recherches et analyses du Conseil réalisées en 1999, le réseau public disposait en réalité de 34 631 lits pour les aînés en perte d'autonomie âgés de 65 ans ou plus. Comme cette même année, le Québec comptait quelque 926 000 personnes âgées de 65 ans ou plus, ce n'est donc pas à 7 % tel que généralement véhiculé, ni à 5 % comme visé dans les projections ministérielles de 1995, ni même à 4,2 % tel qu'actuellement préconisé par le MSSS, que se situe la proportion d'aînés de 65 ans ou plus hébergés dans le réseau public d'hébergement, mais bien à 3,74 %. Il faut cependant préciser que bien que cette baisse en ressources publiques d'hébergement se soit fait sentir dans la grande majorité des régions du Québec, elle n'a pas été de la même importance partout.

Afin de répondre aux besoins de cette population, le réseau privé d'hébergement s'est développé de façon importante, et souvent de manière anarchique. En 1998, une étude de marché de la Société canadienne d'hypothèques et de logement (SCHL) concernant les résidences privées de 20 unités et plus, dans la région métropolitaine de Montréal, révélait que leur nombre était passé de 37 à 102 en 10 ans, pour une augmentation de plus de 175 %. L'importance du besoin en ressources d'hébergement apparaît encore plus probant lorsqu'on constate, dans cette même étude, que le taux d'inoccupation de ces ressources est passé de 12,4 % en 1987 à 3,1 % en 1998, dans ce même territoire. Même si ces données sont très partielles, elles nous donnent un bon aperçu de l'évolution du besoin de ce type de ressources.

La diminution du nombre de places d'hébergement public et l'augmentation des services d'hébergement privé sont-elles les résultats d'une planification articulée et visent-elles une meilleure qualité des services à la population ? Il nous semble qu'il faille répondre à cette question par la négative. L'objectif visé nous apparaît être uniquement la diminution des montants consentis par le gouvernement dans ce secteur d'activité.

Depuis une vingtaine d'années et plus particulièrement au cours des dix dernières années, le visage des milieux d'hébergement a grandement changé. La population hébergée s'est « alourdie ». Selon l'Équipe de recherche opérationnelle en santé (EROS, 1990), l'augmentation des caractéristiques diagnostiques, telle la maladie d'Alzheimer, et comportementales, telles l'agressivité, la confusion et les fugues, contribuent à cet alourdissement. En matière de besoins de services, une étude de Trahan réalisée en 1997, à partir de données de 1994, nous apprend que les gens orientés vers les centres d'hébergement et de soins de longue durée (CHSLD) requièrent en moyenne 3,5 heures/soins/jour (83 % des personnes exigent plus de 3 heures/soins/jour) et 95 % ont besoin d'une surveillance constante. Dans plusieurs régions, on mentionne que pour une personne requérant moins de 3 heures/soins/jour, l'accès est quasi impossible dans un CHSLD public ou privé conventionné.

La pénurie de services adéquats de soutien à domicile et de places d'hébergement publiques incite plusieurs aînés en perte d'autonomie à se tourner vers le secteur privé pour obtenir les services qu'ils nécessitent. Ils doivent cependant en avoir les moyens financiers, généralement pour une longue période de leur vie.

LA QUALITÉ DE VIE ET DE SERVICES EN MILIEUX DE VIE SUBSTITUTS

Outre la quantité de services, les résidents ont besoin de services de qualité. Plus que jamais, en milieux de vie substituts, les résidents ont besoin d'une qualité de vie. Mais qu'en est-il de ces notions de qualité de vie et de milieu de vie aujourd'hui ? Il semble, à plusieurs égards, qu'on en soit encore aux étapes de la conception et des vœux pieux. En effet, bien que nous puissions remarquer certaines améliorations dans quelques établissements, il nous apparaît que le réseau d'hébergement, tant public que privé, n'a entrepris que timidement ce virage garantissant aux résidents un milieu de vie de qualité.

Dans le secteur des résidences privées avec services pour aînés, et ce, malgré plusieurs demandes d'établissements et d'associations d'aînés, aucune méthode de suivi et de contrôle n'est mise en place, ni par le MSSS, ni par ses régies régionales, pour s'assurer que les services rendus par les ressources privées sont adéquats, sauf en ce qui concerne les normes du bâtiment pour les ressources de dix chambres ou plus. La qualité des services offerts n'y est aucunement évaluée. Elle est laissée à la responsabilité unique des gestionnaires d'établissements et des propriétaires. Certaines régions ont bien mis en place diverses mesures de contrôle, mais rien de concerté avec le MSSS.

À maintes occasions, les associations d'établissements d'hébergement publics ont signalé qu'au cours des ans, on a demandé aux établissements d'hébergement de s'adapter à une population dont les besoins variaient continuellement sans que le ministère ne leur donne réellement les moyens de faire face à ces nouveaux besoins. Dans un document de 1997, on précise que les CHSLD ont adopté une approche dite « hospitalière » considérant le résident comme un patient ayant besoin de soins. Les besoins actuels des résidents exigent plutôt une approche orientée vers la qualité de vie, donc une approche de milieu de vie.

Pour leur part, les recommandations du Conseil des aînés contenues dans l'*Avis sur l'hébergement en milieux de vie substituts pour les aînés en perte d'autonomie* considèrent, en premier lieu, la nécessité d'améliorer les services de soutien à domicile en précisant qu'il est manifeste qu'un manque de services de soutien à domicile complets et adéquats aura un impact inflationniste sur la demande de services en milieux de vie substituts, qu'il s'agisse des services publics ou privés.

Les principaux volets considérés dans les recommandations de l'avis concernent : l'accessibilité aux services en ce qui a trait à la disponibilité des ressources et aux conditions d'accès et la qualité des services en lien avec la dispensation des services, la formation, l'environnement physique, le contrôle de la qualité et la coordination des services.

La plupart des recommandations et des moyens proposés par le Conseil, afin de rendre disponibles les services requis pour aînés présentant une perte d'autonomie et vivant en milieu de vie substituts, sont élaborés de façon générale afin qu'ils soient applicables tant dans un établissement privé que public.

Ainsi, le Conseil des aînés propose, entre autres recommandations et moyens, de :

- Rendre disponible, à la grandeur de la province, un nombre suffisant de milieux de vie substituts diversifiés et adaptés au niveau d'autonomie des utilisateurs et de leurs particularités afin de leur offrir un

véritable choix. Pour ce faire, il propose de favoriser le développement de ressources d'hébergement moins lourdes que les CHSLD,
provenant des secteurs publics ou privés, ou encore d'un maillage
public/privé, principalement pour les aînés présentant une perte
d'autonomie modérée.

- Faire en sorte que toute personne âgée qui a besoin de services en
  milieux de vie substituts ait une évaluation complète du CLSC qui
  tienne compte de tous les aspects de sa situation, et ce, à partir d'un
  outil d'évaluation standardisé.

- Faire en sorte que les résidents des milieux de vie substituts reçoivent
  les services en quantité et de qualité, selon leur condition de santé
  et leur degré de perte d'autonomie.

- Développer des stratégies afin que les milieux de vie substituts permettent le maintien des liens de leurs résidents avec leurs proches
  et leur communauté et d'en développer de nouveaux dans leur nouvel environnement.

- Inciter tous les établissements, tant publics que privés, à élaborer et
  suivre un code d'éthique qui priorise les besoins et les attentes des
  résidents et qui tient compte des orientations de l'établissement et
  du personnel. Aussi, les établissements devront se donner et respecter une méthode de travail basée sur les besoins des résidents et plus
  particulièrement de ceux présentant des déficits cognitifs, comme
  par exemple l'« approche prothétique élargie ».

- Développer, en établissement, de véritables milieux de vie épanouis-
  sants en tenant compte : du respect de l'identité des individus, du
  contrôle et de l'adaptation de leur environnement, de leur intimité,
  leur sécurité et leur confort, tout en leur permettant de donner un
  sens à leur vie. Les milieux d'hébergement doivent aussi faire en
  sorte de prévenir les abus ou toute autre forme d'exploitation. Pour
  ce faire, il est proposé de :
  - favoriser l'aménagement de chambres individuelles dans leur éta-
    blissement et en considérant la chambre du résident comme lui
    appartenant en propre, par conséquent, en respectant son intimité ;
  - faire en sorte que les résidents reçoivent leurs soins personnels
    par une personne du même sexe ;
  - bannir les comportements familiers, infantilisants et contrôlants
    de la part du personnel ;
  - mettre en place tous les moyens favorisant la sécurité des résidents
    tout en maintenant une liberté d'action et en corrigeant le plus
    tôt possible les anomalies ;

- faire en sorte que les aménagements physiques soient le plus nor-
  malisés possibles, c'est-à-dire qu'ils se rapprochent autant que
  faire se peut de la résidence personnelle ;
- se doter d'outils pour détecter toute forme d'abus ou d'exploitation de même que de moyens pour corriger les situations d'abus ;
- favoriser l'implication des résidents, des familles et des bénévoles
  à l'intérieur de l'établissement et en les soutenant dans leurs
  actions ;
- etc.

• S'assurer que le MSSS mettra à la disposition de tous les intervenants
  des milieux de vie substituts privés et publics, et des services de
  soutien à domicile, les moyens financiers et les programmes en vue
  d'offrir une formation, un suivi et un soutien adéquats de leur personnel, en collaboration avec les associations d'établissement et les
  régies régionales.

• Encourager et favoriser l'implication des familles et des bénévoles
  dans les différentes actions qui peuvent être accomplies. Pour ce
  faire, une information adéquate doit leur être fournie et même une
  formation lorsque nécessaire.

• Inciter le MSSS et les gestionnaires de milieux de vie substituts à
  mettre en place des moyens de soutenir, de motiver et d'encourager
  le personnel œuvrant auprès d'aînés en perte d'autonomie.

• Faire une priorité, en milieu de vie substitut, de l'amélioration de la
  qualité des services et de la qualité de vie des résidents et des intervenants.

• Développer et utiliser des outils d'évaluation de la qualité des services
  à partir de l'évaluation des besoins du résident et de son appréciation
  des services qu'il reçoit ainsi que de celle de ses proches. Chaque
  établissement devra intégrer la notion de « contrôle de qualité » et
  mettre en place les moyens pour l'opérationnaliser. À titre d'exemple,
  on pourra intégrer cette notion dans les programmes de formation
  qu'il dispense à son personnel, dans l'élaboration d'un mécanisme
  d'autoévaluation et dans celui de correction de situations.

En ce qui a trait aux éléments spécifiques touchant les résidences
privées avec services pour aînés, le Conseil propose :

• Que soit élaboré et adopté un système de reconnaissance des résidences privées pour aînés avec services et qu'un programme de suivi
  et de soutien soit instauré. Pour opérationnaliser cette recommandation, il est proposé que le MSSS, le ministère des Affaires municipales

et de la Métropole (MAMM) et les régies régionales, en collaboration avec les associations d'établissements d'hébergement privé et public, et d'autres instances lorsque nécessaire (ministère de la Sécurité publique [MSP], Fédération de l'âge d'or du Québec [FADOQ], etc.), élabore un cadre de référence établissant, entre autres normes, le type de personnes que ces établissements peuvent desservir et le rôle de chacun dans la dispensation des services et du suivi à accorder. Aussi, que les régies régionales et les CLSC rendent disponible un bottin des milieux de vie substituts de leur territoire le plus à jour possible, incluant leurs conditions d'accès et la description des services qui y sont offerts.

- Que les citoyens vivant en résidence privée avec services pour aînés aient accès aux services sociaux et de santé que leur condition nécessite lorsque ces services ne sont pas offerts dans l'entente contractuelle qui les lie à la résidence, ou que leurs moyens financiers sont insuffisants pour couvrir les services que leur état de santé requiert. Pour ce faire, il est recommandé que :
  - l'utilisation de l'annexe au bail de la Régie du logement soit obligatoire lorsqu'un aîné choisit de recevoir ses services dans une résidence privée avec services pour personnes âgées ;
  - les CLSC prennent des ententes avec leur réseau de résidences privées avec services pour aînés afin de mettre sur pied un système d'accès à leurs services ;
  - le MSSS envisage des mécanismes, comme l'allocation directe, afin que la population ait accès aux services dont elle a besoin.

Enfin, vous trouverez, dans l'*Avis sur l'hébergement en milieux de vie substituts pour aînés en perte d'autonomie* du Conseil des aînés, l'ensemble de ces recommandations et plusieurs autres, qui ont été acheminées aux diverses instances gouvernementales.

RÉFÉRENCES

LOIS ET JURISPRUDENCES

Charte des droits et libertés de la personne, LRQ, chap. C-12.

Code civil du Québec, LQ 1991, chap. 64, art. 1457, 1895, 1974.

Loi sur la régie du logement, LRQ, chap. R-8.1.

Loi sur le protecteur des usagers en matière de santé et de services sociaux et modifiant diverses dispositions législatives (projet de loi n° 27), 2ᵉ sess., 36ᵉ lég., Québec, 2001.

Loi sur les services de santé et services sociaux, LRQ, chap. S-4.2.

Loi modifiant la Loi sur les services de santé et les services sociaux concernant les résidences pour personnes âgées (projet de loi n° 101), 2ᵉ sess., 36ᵉ lég., Québec, 2002.

Loi modifiant diverses dispositions législatives concernant le domaine municipal (projet de loi n° 106), 2ᵉ sess., 36ᵉ lég., Québec, 2002.

Règlement sur les formulaires de bail obligatoires et sur les mentions de l'avis au nouveau locataire, D. 907-96 (1996) 128 G.O. II, 4855, art. 2, annexe 6.

Commission des droits de la personne du Québec c. Brzozowski [1994] RJQ 1447.

Commission des droits de la personne c. Jean Coutu [1995] RJQ 1628.

Services de santé et services sociaux—7 [1994] CAS 330.

Services de santé et services sociaux—7 [1987] CAS 579.

Services de santé et services sociaux—13 [1982] CAS 1057.

Services de santé et services sociaux—3 [1982] CAS 388.

DOCUMENTS OFFICIELS

ASSOCIATION DES CLSC ET DES CHSLD DU QUÉBEC (2001). *CLSC, CHSLD et Centre de santé : état de situation.*

ASSOCIATION DES PRATICIENS DE SERVICE SOCIAL EN MILIEU DE SANTÉ (1996). *Le virage ambulatoire et le service social en milieu de santé.*

ASSOCIATION DES CENTRES DE SERVICES SOCIAUX DU QUÉBEC (1989). *Les résidences d'hébergement privé non agréées, de la tolérance à l'intervention.*

ASSOCIATION DES RÉSIDENCES POUR RETRAITÉS DU QUÉBEC (1999). *La résidence,* vol. 1, n° 1, p. 2.

ASSOCIATION DU BARREAU CANADIEN (1994). Groupe de travail sur les soins de santé. *Un droit à la santé ? Réflexions en vue d'une réforme canadienne.*

CORPORATION PROFESSIONNELLE DES TRAVAILLEURS SOCIAUX DU QUÉBEC (1992). *L'utilisation des ressources d'hébergement privées non agréées et la pratique professionnel des travailleurs sociaux.*

COMMISSION D'ENQUÊTE SUR LA SANTÉ ET LE BIEN-ÊTRE SOCIAL (Commission Castonguay-Nepveu) (1967). *Les établissements à but lucratif,* vol. VII, tome II, Québec, Gouvernement du Québec.

COMMISSION D'ENQUÊTE SUR LES SERVICES DE SANTÉ ET SERVICES SOCIAUX (Commission Rochon) (1988), *Rapport,* Québec, Les Publications du Québec.

COMMISSION DES DROITS DE LA PERSONNE DU QUÉBEC ET DES DROITS DE LA JEUNESSE (2001). *L'exploitation des personnes âgées : vers un filet de protection resserré,* Rapport de consultation.

COMMISSION DES DROITS DE LA PERSONNE DU QUÉBEC ET DES DROITS DE LA JEUNESSE (1997). *Rapport annuel 1996,* Gouvernement du Québec.

COMMISSION DES DROITS DE LA PERSONNE DU QUÉBEC (1996). *La violence faite aux aînés dans les résidences privées : canevas en vue d'une intervention concertée.*

COMMISSION DES DROITS DE LA PERSONNE DU QUÉBEC (1983). *L'exploitation des personnes âgées ou handicapées. Avis,* Montréal.

COMMISSION ROYALE D'ENQUÊTE SUR LES SERVICES DE SANTÉ (Commission Hall) (1964). Ottawa, Gouvernement du Canada.

CONSEIL CONSULTATIF NATIONAL SUR LE TROISIÈME ÂGE (1992). *Qualité de vie et soins de longue durée en institution : une approche concertée,* Ottawa.

CONSEIL DE LA SANTÉ ET DU BIEN-ÊTRE (2001). *Avis. Vieillir dans la dignité,* Gouvernement du Québec.

CONSEIL DE LA SANTÉ ET DU BIEN-ÊTRE (1997). *Évolution des rapports public-privé dans les services de santé et services sociaux,* Rapport remis au ministre de la Santé et des Services sociaux, Gouvernement du Québec.

CONSEIL DE LA SANTÉ ET DU BIEN-ÊTRE (1999) (Rapport Arpin). *La complémentarité du secteur privé dans la poursuite des objectifs fondamentaux du système public de santé au Québec. Constats et recommandations sur les pistes à explorer,* Ministère de la Santé et des Services sociaux, Gouvernement du Québec.

CONSEIL DES AÎNÉS (2000). *Avis sur l'hébergement en milieux de vie substituts pour les aînés en perte d'autonomie.* D. Gagnon et A. Michaud, Gouvernement du Québec.

ENQUÊTE SOCIALE ET DE LA SANTÉ 1992-1993 (1995). Santé Québec.

FORUM NATIONAL SUR LA SANTÉ (1997). *La santé au Canada : un héritage à faire fructifier,* Rapport de synthèse du groupe de travail sur les valeurs.

GOUVERNEMENT DU QUÉBEC (2001). *Le Québec et ses aînés : engagés dans l'action. Engagements et perspectives 2001-2004.*

GOUVERNEMENT DU QUÉBEC (1992) (M.-Y. Côté). *La politique de santé et de bien-être.* Ministre M.-Y. Côté, Ministère de la Santé et des Services sociaux.

GOUVERNEMENT DU QUÉBEC (1990) (M.-Y. Côté). *Une réforme axée sur le citoyen.* Ministre M.-Y. Côté, Ministère de la Santé et des Services sociaux.

GOUVERNEMENT DU QUÉBEC (1989) (T. Lavoie-Roux). *Pour améliorer la santé et le bien-être. Orientations.* Ministre T. Lavoie-Roux, Ministère de la Santé et des Services sociaux.

MINISTÈRE DE LA SANTÉ ET DES SERVICES SOCIAUX (2001). *Orientations ministérielles concernant les services aux personnes âgées en perte d'autonomie.*

MINISTÈRE DE LA SANTÉ ET DES SERVICES SOCIAUX (1999). *Analyse du projet ministériel d'achats de place et de certaines autres formules dans le secteur privé d'hébergement des personnes âgées.* M. Charpentier, Direction de la planification et de l'évaluation.

MINISTÈRE DE LA SANTÉ ET DES SERVICES SOCIAUX (1998). *Comparaison de statistiques évolutives sur les services d'hébergement et de soins de longue durée au Québec et en Ontario, 1993-1994 à 1995- 1996.* C. Boucher et G.P. Sanscartier, Direction générale de la planification et de l'évaluation.

MINISTÈRE DE LA SANTÉ ET DES SERVICES SOCIAUX (1997). *Indicateurs sociosanitaires. Le Québec et ses régions.* Direction générale de la santé publique.

MINISTÈRE DE LA SANTÉ ET DES SERVICES SOCIAUX (1997). *Les ressources intermédiaires. Cadre de référence.* Direction générale de la planification et de l'évaluation, Québec.

MINISTÈRE DE LA SANTÉ ET DES SERVICES SOCIAUX (1997). *Les mécanismes régionaux d'orientation et d'admission : une mise à jour.* L. Trahan, Direction de la recherche et de l'évaluation.

MINISTÈRE DE LA SANTÉ ET DES SERVICES SOCIAUX (1995). *Cadre de référence sur les services à domicile de première ligne,* Québec.

MINISTÈRE DE LA SANTÉ ET DES SERVICES SOCIAUX (1995). *Guide d'information, résidence pour personnes âgées autonomes.* Direction générale de la coordination régionale, Québec.

MINISTÈRE DE LA SANTÉ ET DES SERVICES SOCIAUX (1994a). *Les résidences privées pour personnes âgées, non titulaires d'un permis du ministère de la Santé et des Services sociaux. Plan d'action,* Québec.

MINISTÈRE DE LA SANTÉ ET DES SERVICES SOCIAUX (1994b). *L'évaluation économique des modes d'hébergement pour les personnes âgées en perte d'autonomie : recension des méthodes et des résultats.* S. Rhéault, Direction de la planification et de l'évaluation, Québec.

MINISTÈRE DE LA SANTÉ ET DES SERVICES SOCIAUX (1993). *Cadre de référence. Les interventions effectuées dans les ressources sans permis en vertu des dispositions de l'article 489 de la Loi sur les services de santé et services sociaux.* Direction générale de la coordination régionale, Québec.

MINISTÈRE DE LA SANTÉ ET DES SERVICES SOCIAUX (Groupe d'experts sur les personnes âgées) (1991). *Vers un nouvel équilibre des âges.* Direction des communications.

ORGANISATION POUR LA COOPÉRATION ET LE DÉVELOPPEMENT ÉCONOMIQUES – OCDE (1994). *Protéger les personnes âgées dépendantes. Nouvelles orientations.* Étude de politique sociale nº 14.

RÉGIE RÉGIONALE DE LA SANTÉ ET DES SERVICES SOCIAUX DE LA MONTÉRÉGIE (2000). *Hébergement des personnes âgées dans les résidences privées : un projet montérégien d'accréditation.* C. Viens, S. Moisan et S. Tessier, Direction de la santé publique, de la planification et de l'évaluation.

RÉGIE RÉGIONALE DE LA SANTÉ ET DES SERVICES SOCIAUX DE LA MONTÉRÉGIE (1994). *Politique de prévention et de coordination des interventions dans les installations sans permis hébergeant des personnes en perte d'autonomie.*

RÉGIE RÉGIONALE DE LA SANTÉ ET DES SERVICES SOCIAUX DE MONTRÉAL-CENTRE (1998). *Cadre de référence concernant les ressources d'habitation privées,* Montréal.

RÉGIE RÉGIONALE DE LA SANTÉ ET DES SERVICES SOCIAUX DE MONTRÉAL-CENTRE (1998). *Rapport sur les plaintes des usagers 1997-1998,* Montréal.

RÉGIE RÉGIONALE DE LA SANTÉ ET DES SERVICES SOCIAUX DE MONTRÉAL-CENTRE (1995). *Programme de contrôle sur la qualité dans les ressources d'habitation non titulaires d'un permis d'hébergement pour dispenser des services de santé et services sociaux.* Services aux personnes âgées, Montréal.

RÉGIE RÉGIONALE DE LA SANTÉ ET DES SERVICES SOCIAUX DE QUÉBEC (1996). *Cadre de référence concernant les résidences privées,* Document de travail, Québec.

RÉGIE RÉGIONALE DE LA SANTÉ ET DES SERVICES SOCIAUX DES LAURENTIDES (1998). *Cadre de référence concernant les personnes âgées en perte d'autonomie qui sont hébergées dans des résidences privées non titulaires d'un permis du ministère de la Santé et des Services sociaux.*

SECRÉTARIAT AUX AÎNÉS. *Appréciation de la qualité des résidences privées avec services pour les personnes âgées.* Critères d'appréciation proposés. Document de travail. Comité interministériel responsable du projet mobilisateur sur les résidences privées avec services pour personnes âgées, Ministère de la Famille et de l'Enfance, mai 2002

VÉRIFICATEUR GÉNÉRAL DU QUÉBEC (2002). *Rapport à l'Assemblée nationale pour l'année 2001-2002.* Tome 1, chap. 2 : Services d'hébergement offerts aux personnes âgées, Québec.

MONOGRAPHIES ET ARTICLES

AARONSON, W.E., J.S. ZINN et W.D. ROSKO (1994). «Do for-profit and not-for profit nursing homes behave differently?», *The Gerontologist*, 34(6), p. 775-786.

ALEXANDER, E.R. (1997). «Regulation and evaluation criteria for housing for the elderly: An international comparison», *Journal of Housing for the Elderly*, 12(1-2), p. 147-168.

ATTIAS-DONFUT, C. (1997). «La construction sociale de la dépendance», dans F. Kessler (dir.), *La dépendance des personnes âgées*, 2ᵉ éd., Paris, Droit sanitaire et social, p. 15-24.

AUDARD, C. (1988). «Principes de justice et principes du libéralisme: la "neu-tralité" de la théorie de Rawls», dans *Individu et justice sociale autour de John Rawls*, Paris, Seuil, p. 158-192.

BARTHOLOMEW, A. (1993). «Democratic citizenship, social rights and the "reflexive continuation of the welfare state"», *Studies in Political Economy*, 42, p. 141-156.

BAUDOIN, J.L., dir. (1996). *Droits de la personne: les bio-droits*, Actes des journées strasbourgeoises de l'Institut canadien d'études juridiques supérieures, Cowansville, Éditions Yvon Blais.

BEAUCHEMIN, J. (1999). «La régression du public», *Éthique publique*, 1(1), p. 91-101.

BENOIT-LAPIERRE N., R. CEVASCO et M. ZAFIROPOULOS (1980). *Vieillesse des pauvres: les chemins de l'hospice*, Paris, Les Éditions ouvrières, coll. «Politique sociale».

BERTEN, P., D.A. SILVIERA et H. POURTOIS, dir. (1997). *Libéraux et communauta-riens*, Paris, Presses universitaires de France.

BLOIS, J.P. (1994). *Histoire de la vieillesse*, Paris, Presses universitaires de France, coll. «Que sais-je?».

BOITTE, P. (1995). *Éthique, justice et santé. Allocation des ressources en soins dans une population vieillissante*, Montréal, Artel-Fides.

BOISVERT, G. (1997). «L'éthique comme suppléance politique: une approche postmoderniste», dans G. Giroux (dir.), *La pratique sociale de l'éthique*, Québec, Bellarmin.

BOURDELAIS, P. (1996). *L'âge de la vieillesse, histoire du vieillissement*, Paris, Odile Jacob.

BOURQUE, L.B. et E.P. FIELDER (1995). *How to conduct self-administrated and mail surveys. The survey kit nᵒ 3*, Californie, Sage Publications.

BRAULT, M.M. (1994). «L'exclusion de la vieillesse», dans F. Dumont, Y. Martin et S. Langlois (dir.), *Traité des problèmes sociaux*, Québec, Institut québécois de recherche sur la culture.

BRAVO, G., M. CHARPENTIER, M.F. DUBOIS, P. DEWALS et A. ÉMOND (1999). «Quality of care in unlicensed homes for the aged in the Eastern Townships of Quebec», *Canadian Medical Association Journal*, 160, p. 1441-1445.

BRAVO, G., M. CHARPENTIER, M.F. DUBOIS, P. DEWALS et A. ÉMOND (1998). « Profile of residents in unlicensed homes for the aged in the Eastern Townships of Quebec », *Canadian Medical Association Journal*, 159, p. 143-148.

BRAVO, G., M. CHARPENTIER, M.F. DUBOIS, P. DEWALS et A. ÉMOND (1997). *La qualité des soins dispensés aux personnes âgées par les ressources d'hébergement avec et sans permis ministériel. Rapport final.* PNRDS. Centre de recherche en gérontologie et gériatrie, Institut universitaire de gériatrie de Sherbrooke.

BRISSETTE, L. (1992a). « Le phénomène de l'hébergement privé pour personnes âgées : Peut-on l'éviter ou devrait-on l'aménager ? », *Service Social*, 41, p. 67-83.

BRISSETTE, L. (1992b). « Le développement du secteur privé de l'hébergement pour personnes âgées au Québec ; entre un processus concret et un "silence permissif" », *Revue canadienne de politique sociale*, 29-30, p. 158-167.

BRUNELLE, Y. (1993). *La qualité des soins et des services : un cadre de référence*, Québec, MSSS, Direction générale de la planification et de l'évaluation.

CANADIAN STUDY OF HEALTH AND AGING (1994). « Patterns of caring for old people with dementia in Canada », *Revue canadienne du vieillissement*, 13, p. 470-487.

CARETTE, J. (1990). « Violence et privatisation clandestine. Pour en finir avec la tolérance des foyers non agréés », dans *Vieillir sans violence*, Sainte-Foy, Presses de l'Université du Québec.

CASTLE, N.G. (1998). « Effects of for-profit and not-for-profit facility status on the quality of care for nursing home residents with mental illness », *Research on Aging*, 20(2), p. 246-263.

CHALLINER Y., S. JULIOS, R. WATSON et I. PHILP (1996). « Quality of care, quality of life and the relation between them in long term care institutions for the elderly », *International Journal of Geriatric Psychiatry*, 11, p. 883-888.

CHAMPAGNE, R. (1996). « Vieillissement de la population et coût de la santé au Québec à l'an 2001 », *Gérontologie M.*, 97, p. 15-21.

CHARPENTIER, M. (2001). *Vulnérabilité des personnes âgées vivant en résidences privées : enjeux éthiques, position des acteurs et pertinence d'une régulation*, Thèse déposée à la Faculté des études supérieures en vue de l'obtention du grade de Ph. D. en service social, Université de Montréal.

CHARPENTIER, M. (2000). « Hébergement et maltraitance : l'après-réforme », *Bien-Vieillir*, 6(3), p. 1-4.

CHARPENTIER, M. (1999a). « L'hébergement des personnes âgées à l'aube de l'an 2000 : tendances et enjeux cliniques », dans R. Hébert et K. Kouri (dir.), *Autonomie et vieillissement*, Saint-Hyacinthe, Édisem, p. 213-219.

CHARPENTIER, M. (1999b). *Le droit et les rapports de dépendance vécus par les aînés : le cas des résidences pour personnes âgées*, Rapport final déposé à la Commission du droit du Canada, Centre de recherche en gérontologie, Sherbrooke.

CHARPENTIER, M. (1995). *Condition féminine et vieillissement*, Montréal, Éditions du Remue-ménage.

CHARPENTIER, M., N. DELLI-COLLI et L. DALPÉ (2000). «L'orientation des personnes âgées en perte d'autonomie dans un contexte de rareté des ressources publiques d'hébergement», *Intervention*, 112, p. 70-78.

CLARK, P.G. (1993). «Moral discourse and public policy in aging: Framing problems, seeking solutions, and public ethics», *Revue canadienne du vieillissement*, 12-4, p. 485-508.

COHEN, M.A. (1998). «Emerging trends in the finance and delivery of long-term care: Public and private opportunities and challenges», *The Gerontologist*, 38(1), p. 80-89.

COHEN, M.J., P. WERNER et M. WEINFIELD (1995). «Autonomy of nursing home residents: The role of regulations», *Behavioral Sciences and the Law*, 13(3), p. 415-423.

CONSTANDRIOPOULOS, A.-P., J.-L. DENIS et C.-A. DUBOIS. *La place et le rôle du secteur privé dans la transformation du système de soins*. Rapport remis au Conseil de la santé et du bien-être, Département d'administration de la santé et Groupe de recherche interdisciplinaire en santé (GRIS), Université McGill, 200 p.

DAY, P. (1998). «The public regulation of private welfare: The case of residential and nursing homes for the elderly», *Political Quarterly*, 59(1), p. 44-55.

DAY, P., R. KLEIN et S. REDMAYNE (1996). *Why regulate? Regulating residential care for elderly people*, Bristol, The Policy Press.

DAY, W.V. (1996). «There oughta be a law to eliminate so many laws», *Nursing Homes Long-Term Care Management*, 45(10), p. 16-18.

DELPÉRÉE, N. (1991). *La protection des droits et libertés des citoyens âgés*, Thèse de doctorat en droit, prix Jean-Toigne, Toulouse, Université des sciences sociales.

DESJARDINS, B. et J. DUMAS (1993). *Caractéristiques démographiques des personnes âgées au Canada*, Statistique Canada.

DHERBEY, B., P. PITAUD et R. VERCAUTEREN (1996). *La dépendance des personnes âgées*, Ramonville, Saint-Agne, Érès, coll. «Pratiques du champ social».

DION, M. (1999). «De l'éthique sociale à l'éthique gouvernementale: voyage au cœur de l'*homo communicans*», *Éthique publique*, 1(1), p. 76-90.

DONABEDIAN, A. (1988). «Quality assessment and assurance: Unity of purpose, diversity of means», *Inquiry*, 25, p. 173-192.

DONABEDIAN, A. (1985). «Criteria and standards for quality assessment and monitoring», *Quality Review Bulletin*, 12(3), p. 99-108.

DRULHE, M. (1981). *Vivre ou survivre? Les centres d'hébergement pour personnes âgées*, Paris, Éditions du CNRS.

DUBOIS, M.F. (1998). *Identification des facteurs associés à la qualité des soins et développement d'un outil de repérage des ressources d'hébergement dispensant des soins inadéquats à leur clientèle en perte d'autonomie*, Thèse de doctorat, programme de sciences cliniques, Faculté de médecine, Université de Sherbrooke.

DUCHARME, M.-N. et Y. VAILLANCOURT (2002). *Portrait des organismes sans but lucratif d'habitation sur l'île de Montréal*, Montréal, Laboratoire de recherche sur les pratiques et les politiques sociales (LAREPPS).

DUMONT, F. (1994). «Approche des problèmes sociaux», dans F. Dumont, S. Langlois et Y. Martin (dir.), *Traité des problèmes sociaux*, Québec, Institut québécois de recherche sur la culture, p. 1-22.

DWORKIN, R. (1997). «Le libéralisme», dans *Libéraux et communautariens*, textes réunis par A. Berten, P. Da Silveira, H. Pourtois, Paris, Presses universitaires de France, p. 51-86.

DWORKIN, R. (1988). «L'Impact de la théorie de Rawls sur la pratique et la philosophie du droit», dans *Individu et justice sociale autour de John Rawls*, Paris, Seuil, p. 37-53.

EISNER, M. (2000). «L'expansion des services privés de sécurité», *Éthique publique*, vol. 2 n° 1, p. 87-92.

FINK, A. (1995). *How to ask survey questions. The survey kit n° 2*, Californie, Sage Publications.

FLYNN, N. (1994). «Control, commitment and contract», dans J. Clark, A. Cochrane, E. McLaughin (dir.), *Managing social policy*, Londres, Sage, p. 210-225.

FORTIN, P. (1997). «Quelques questions d'ordre éthique soulevées par la réforme des services de santé au Québec», *Éthica*, 9(1), p. 31-57.

GAGNON, E. et F. SAILLANT (2001). *De la dépendance et de l'accompagnement : soins à domicile et liens sociaux*, Paris, L'Harmattan.

GAMACHE, B. et S. MILETTE (1987). «La personne âgée et l'exercice des droits reliés à sa personne», dans *Les personnes âgées et le droit*, Prix Charles-Coderre, Cowansville, Éditions Yvon Blais, p. 71-95.

GARANT, P. (1996). «Droits fondamentaux et justice fondamentale», dans G.A. Baudoin et E.D. Mendes (dir.), Charte canadienne des droits et libertés, 2ᵉ éd., Montréal, Wilson et Lafleur.

GEE, E.M. (1995). «Population aging : A contested terrain of social policy», dans E.M. Gee et J. Gudman (dir.), *Rethinking retirement*, Vancouver, Simon Fraser University Press.

GHIGLIONE, R. et B. MATALON (1998). *Les enquêtes sociologiques : théories et pratiques*, Paris, A. Colin.

GIBSON, D., G. TURRELL et A. JENKINS (1993). «Regulation and reform : promoting residents' rights in Australian nursing homes», *Australia and New Zeland Journal of Sociology*, 29(1), p. 73-90.

GIROUX, G. (1997). «La demande sociale d'éthique : autorégulation ou hétérorégulation ?», dans G. Giroux (dir.), *La pratique sociale de l'éthique*, Québec, Bellarmin.

GUBERMAN, N., P. MAHEU et C. MAILLÉ (1991). *Et si l'amour ne suffisait pas ? Femmes, famille et adultes dépendants*, Montréal, Éditions du Remue-ménage.

GUILBEAULT, A. (1997). « *Choisir son lieu de résidence*», Allocution au Vᵉ Congrès annuel du RRRQ (Regroupement des résidences pour retraités du Québec), Sainte-Foy.

HAMEL, P. (1995). «La question du partenariat : de la crise institutionnelle à la redéfinition des rapports entre sphère publique et sphère privée», *Cahiers de recherche sociologique*, 24, p. 87-105.

HANLEY, L. (1996). *Risque et vulnérabilité : concepts prometteurs*, Document de référence. Direction générale de la promotion et des programmes de la santé, Santé Canada.

HARRINGTON, C. (1998). « Nursing home industry : The failure of reform efforts », dans L.C. Estes (dir.), *Critical gerontology : perspectives from political and moral economy*, New York, Baywood, p. 221-232.

HAWES, C, V. MOR, C.D. PHILLIPS, B.E. FRIES, J.N. MORRIS, E. STEELE-FRIEDLOB, A.M. GREENE et M. NENNSTIEL (1997). « The OBRA-87 nursing home regulations and implementation of the Resident Assessment instrument : Effects on process quality », *Journal of the American Geriatrics Society*, 45, p. 977-985.

HEALTY, T.C. (1998). « The complexity of every day ethics in home health care : An analysis of social worker's decision regarding frail elder's autonomy », *Social Work in Health Care*, 27(4), p. 12-15.

HÉBERT, R. (1999). « La perte d'autonomie : définition et épidémiologie », dans R. Hébert et C. Kouri (dir.), *Autonomie et vieillissement*, Saint-Hyacinthe, Édisem.

HÉBERT, R., N. DUBUC, M. BUTEAU, C. ROY, J. DESROSIERS, G. BRAVO, L. TROTTIER et C. ST-HILAIRE (1997). *Services requis par les personnes âgées en perte d'autonomie : évaluation clinique et estimation des coûts selon le milieu de vie*, Ministère de la Santé et des Services sociaux.

HOWARD, P., E. NAKHNIKIAN, P. WILLINGING, S. GOLBERG et E. HOLDER (1995). « Rethinking regulations », *Contemporary Long Term Care*, 18(9), p. 43-50.

JOHNSON, N., S. JENKENSON, J. KENDALL, Y. BRADSHAW et M. BLACKMORE (1998). « Regulating for quality in the voluntary sector », *Journal of Social Policy*, 27(3), p. 307-328.

KENDALL, J. (2001). « Grande-Bretagne : une économie plurielle de soins boulversée par les "quasi-marchés" », dans J.-L. Laville et M. Nyssens (dir.), *Les services sociaux entre associations, État et marché : l'aide aux personnes âgées*, Paris, La Découverte, p. 91-117.

LAJOIE, A. (1994). « Le droit aux services : une réforme en peau de chagrin », dans V. Lemieux *et al.* (dir.), *Le système de santé au Québec : organisations, acteurs et enjeux*, Cowansville, Éditions Yvon Blais, p. 129.

LAJOIE, A., R.A. MACDONALD, R. JANDA et G. ROCHER (dir.) (1998). *Théories et émergence du droit : pluralisme, surdétermination et effectivité*, Montréal/Bruxelles, Thémis.

LALANDE, L., N. MERCIER et D. TREMBLAY (2001). « Brique et éthique : du logement autrement mais comment ? », *Nouvelles pratiques sociales*, Dossier : Le logement social et l'hébergement, 14(2), p. 28-38.

LATIMER, J. (1997-1998). « Essential role of regulation to assure quality in long-term care », *Generations*, 21(4), p. 10-14.

LAVERDIÈRE, M. (1997). *Le cadre juridique canadien et québécois relatif au développement parallèle de services privés de santé et l'article 7 de la Charte canadienne des droits et libertés*, Essai, Maîtrise en droit de la santé, Université de Sherbrooke.

LAVILLE, J.-L. et M. NYSSENS (2001). « États-providence et services sociaux », dans J.-L. Laville et M. Nyssens (dir.), *Les services sociaux entre associations, État et marché : l'aide aux personnes âgées*, Paris, La Découverte, p. 91-117.

LAVOIE, J.-P. (2000). « Les aidantes familiales : de la redécouverte à la prise en compte de leur réalité », *Le Gérontophile*, 22(1), p. 15-19.

LAWTON, M.P. (1994). « A future agenda for congregate housing research », *Journal of Housing for the Elderly*, 9(1-2), p. 167-183.

LEFRANÇOIS, R. (1997). « Sociologie du vieillissement », dans R. Hébert et M. Arcand (dir.), *Précis pratique de gériatrie*, Saint-Hyacinthe, Paris, Edisem-Maloine, p. 48-57.

LEFRANÇOIS, R. (1995). « Pluralisme méthodologique et stratégies multi-méthodes en gérontologie », *Revue canadienne du vieillissement*, 14(1), p. 52-67.

LEFRANÇOIS, R., G. LECLERC, M. DUBÉ et R. HÉBERT (1998). *Actualisation du potentiel et développement de la personne âgée : étude longitudinale multicohorte.* (Résultats de la vague 1), Rapport de recherche déposé au CQRS, Sherbrooke, Institut universitaire de gériatrie de Sherbrooke.

LEGAULT, G.A. (1990). « La responsabilité individuelle et la rareté des ressources en soins de santé », 20 *Revue de droit de l'Université de Sherbrooke*, p. 357-376.

LEMKE, S. et R.H. MOOS (1989). « Ownership and quality of care in residential facilities for the elderly », *The Gerontologist*, 29(2), p. 209-215.

LEONE, C. (1996). « La qualité des soins dans la qualité de vie », *Gérontologie et Société*, 78, p. 65-77.

LESEMANN, F. (2000). « Les nouveaux visages du vieillissement ou l'âge du vieillissement », *Le Gérontophile*, 22(3), p. 9-12.

LESEMANN, F. et C. MARTIN (1993). « Solidarités familiales et politiques sociales », dans F. Lesemann et C. Martin (dir.), *Les personnes âgées : dépendance, soins et solidarités familiales : comparaisons internationales*, Paris, La Documentation française.

LESEMANN, F. et C. CHAUME (1989). *Famille-providence, la part de l'État*, Montréal, Éditions Saint-Martin.

MCDANIEL, S.A. et E.M. GEE (1993). « Social policies regarding caregivers to elders : Canadian contradictions », *Journal of Aging and Social Policy*, 5(1-2), p. 57-72.

MCWILLIAM, C. (1997). « Using participatory research process to make a difference in policy on aging », *Revue canadienne du vieillissement/ Analyse de politiques*, p. 70-89.

MALTAIS, D. (1999a). « Milieux de vie et intégration sociale : caractéristiques des résidences pour aîné(e)s et vie sociale des personnes âgées », *Revue canadienne du vieillissement*, 18(4), p. 466-492.

MALTAIS, D. (1999b). « Vivre en résidence pour aînés : le format est-il la formule ? », *Santé mentale au Québec*, XXIV(1), p. 173-198.

MARCHAND, A., F. BÉLAND et M. RENAUD (1994). « Le fardeau des aidants d'un parent vivant en institution », *Revue canadienne du vieillissement*, 13(1), p. 79-95.

MAREK, K.D. et M. RANTK (1996). «OBRA 1987: Has it resulted in better quality of care?», *Journal of Gerontological Nursing*, 22(10), p. 28-36.

MAYER, R. (2002). *Évolution des pratiques en travail social*, Boucherville, Gaëtan Morin Éditeur.

MAYER, R. et F. OUELLET (1998). «La diversité des approches dans la recherche qualitative au Québec depuis 1970: le cas du champ des services de santé et des services sociaux», dans J. Poupart *et al.* (dir.), *La recherche qualitative: Diversité des champs et des pratiques au Québec*, Boucherville, Gaëtan Morin Éditeur, p. 173-235.

MAYER, R. et E. SHRAGGE (1998). *Développement de la pensée et de la théorie en service social* (SVS 7000), Doctorat conjoint en service social universités de Montréal et McGill (non publié).

MEMMI, A. (1997). «La vieillesse ou la dissolution des pourvoyances», dans F. Kessler (dir.), *La dépendance des personnes âgées*, 2ᵉ éd., Paris, Droit sanitaire et social, p. 11-14.

MEMMI, A. (1979). *La dépendance*, Paris, Gallimard.

MEYER, M. (1984). «Rawls, les fondements de la justice distributive et l'égalité», dans J. Ladrière et P. Van Parijs (dir.), *Fondements d'une théorie de la justice: essais critiques sur la philosophie politique de John Rawls*, Louvain-la-Neuve, Éditions de l'Institut supérieur de philosophie, p. 37-82.

MIKHAIL, M. (1992). «Psychological responses to relocation to a nursing home», *Gerontological Nursing*, 18, p. 35-39.

MILL, J.S. (1968). *L'utilitarisme*, trad. franç., Paris, Garnier-Flammarion.

MIGDAIL, K.L. (1991). «Nursing home reform: Five years later», *Journal of American Health Policy*, 2(5), p. 41-46.

MINEAR, M. et R. CROSE (1996). «Identifying barriers to services for low income frail elders», *Journal of Gerontological Social Work*, 26, p. 57-64.

MOLINARI, P. (1996). «L'accès aux soins de santé: réflexion sur les fondements juridiques de l'exclusion», dans L. Lamarche et P. Bosset, *Les droits de la personne et les enjeux de la médecine moderne*, Québec, Presses de l'Université Laval, p. 42-48.

MONTIGNY, E.A. (1997). «Vieillesse et indigence. À propos des prémisses des historiens de la vieillesse au Canada», *Lien social et politiques–RIAC*, 38, p. 21-29.

MONTMINY, L. (1998). "Pour mieux connaître et comprendre la problématique des mauvais traitements envers les personnes âgées", *Intervention*, 106, p. 8-19.

MOK, B.H. et A. MUI (1996). «Empowerment in residential care for the elders: The case of aged home in Hong Kong», *Journal of Gerontological Social Work*, 27(1-2), p. 23-35.

MYLES, J. (1989). «Une politique dualiste: la politique de la vieillesse au Canada», dans *Le vieillissement au travail: une question de jugement*, Montréal, Institut de recherche appliquée au travail.

NEYSMITH, S. et M. MACADAM (1999). «Controversial concepts», dans S. Neysmith (dir.), *Critical issues for future social work practice with aging persons*, New York, Columbia University Press.

NOZICK, R. (1974). *Anarchy, state, and utopia*, Oxford, Blackwell.

O'NEILL, L. (1998). *Initiation à l'éthique sociale*, Montréal, Fides.

OST, F. (1988). « Théorie de la justice et droit à l'aide sociale », dans *Individu et justice sociale autour de John Rawls*, Paris, Seuil, p. 245-278.

PAILLÉ, P. (1996). « De l'analyse qualitative en générale et de l'analyse thématique en particulier », *Revue de l'association pour la recherche qualitative*, 15, p. 179-195.

PINARD, C. et P. LANDREVILLE (1998). « Stratégies d'adaptation, symptômes dépressifs, anxiété et bien-être au sein des personnes âgées vivant en milieu institutionnel », *Revue canadienne du vieillissement*, 17(1), p. 40-58.

PODNIECKS, E. et K. PILLEMER (1990). *Une enquête nationale sur les mauvais traitements des personnes âgées au Canada*, Ryerson Polytechnical Institute.

POIRIER, D. (1999). Rapport final déposé à la Commission du droit du Canada.

POIRIER, D. (1997). *Au nom de la loi, je vous protège !*, Protection des aînés au Nouveau-Brunswick et au Canada, Moncton, Éditions d'Acadie.

POIRIER, D. (1991). « Protection juridique des personnes âgées et Charte canadienne », *Revue de droit d'Ottawa*, 23, p. 553-579.

PROPPER, C. (1993). « Quasi-markets and regulation », dans J. LeGrand et W. Barlett (dir.), *Quasi-markets and social policy*, Londres, Macmillan, p. 183-201.

PULMAN, D. (1999). « The ethics of autonomy and dignity in long-term care », *Revue canadienne du vieillissement*, 18(1), p. 26-46.

RAWLS, J. (1997). « Les libertés de base et leur priorité », dans *Libéraux et communautariens*, textes réunis par A. Berten, P. Da Silveira et H. Pourtois, Paris, Presses universitaires de France, p. 171-208.

RAWLS, J. (1988). « La théorie de la justice comme équité : une théorie politique et non métaphysique » dans *Individu et justice sociale autour de John Rawls*, Paris, Seuil, p. 279-317.

RAWLS, J. (1987). *A theory of justice*, Cambridge, Havard University Press, 1971. Traduction française de C. Audart : *Théorie de la justice*. Paris, Seuil.

ROCHER, G. (1996). *Études de sociologie du droit et de l'éthique*, Montréal, Éditions Thémis.

ROCHER, G. (1994). « Le défi éthique dans un contexte social et culturel en mutations », *Philosophes*, 16, p. 25-29.

ROSENBERG, M.W. et E.G. MOORE (1997). « The health of Canada elderly population : Current status and future implications », *Can. Med. Assoc. J.*, 157, p. 1025-1032.

ROY, J. (1996). « La prise en charge des aînés(es) au Québec ou l'errance d'un discours officiel », *Le Gérontophile*, 18(4), p. 33-42.

ROWE, J.-W. et R.-L. KAHN (1998). *Successful aging*, Toronto, Random House.

SALANT, P. et D.A. DILLMAN (1994). *How to conduct your own survey*, New York, John Wiley & Sons.

SAILLANT, F. (1998). « Soin familial, lien social et altérité : pour une petite histoire des soins familiaux », Conférence prononcée dans le cadre des Journées de formation du Sanatorium Bégin, p. 15-35.

SALOMON, L.M. (1998). «Partners in public service : The scope and theory of government-non-profit relations», dans W. Walter et Powell (dir.), *The non-profit sector : A research handbook*, Londres, Yale University Press, p. 99-117.

SÉVIGNY, A. et Y. HURTUBISE (1997). «L'évolution des services de santé et des services sociaux : la réaction des groupes d'aînés québécois», *Service social,* 46(1), p. 119-146.

SHRAGGE, E. et K. CHURCH (1998). «None of your business?! Community economic development and the mixed economy of welfare», *Revue canadienne de politique sociale,* 41, p. 33-44.

SIROIS, A. (2000a). «Le début de la fin? La vie en centre d'hébergement et de soins de longue durée», *La Presse*, samedi 9 décembre, p. A6.

SIROIS, A. (2000b). «J'aime mieux aller voir le bon Dieu» et «Choisir le pire pour sa mère», *La Presse*, dimanche 10 décembre, p. A23.

SKELTON, I. (1998). «Welfare pluralism : Perspectives on potentialities», *Revue canadienne de politique sociale,* 41, p. 45-54.

SNELL, J.G. (1996). *The citizen's wage : The stats and the elderly in Canada, 1900-1951*, Toronto, University of Toronto Press.

SODERSTROM, L. (1987). *Privatisation : adopt or adapt ?*, Commission d'enquête sur les services de santé et services sociaux, Synthèse critique no 36, Québec.

SPENCER, C. (1996). *Les aînés à risque : un cadre théorique.* Rapport préparé pour la Division du vieillissement et des aînés, Ottawa, Santé Canada.

SPENCER, C. (1994). *Abuse and neglect of older adults in institutional settings : A discussion paper building from English language resources*, Ottawa, Health Canada.

SPENCER, C. (1994). *Les mauvais traitements et la négligence envers les personnes âgées en milieu institutionne*, Ottawa, Santé Canada.

STODDART, G. et J. LABELLE (1985). *Privatisation du système canadien de santé : assertions, faits, idéologie et options*, Ministère de la Santé nationale et du Bien-être social Canada, octobre.

THOMASMA, M., R. YEAWORTH et B. McCABE (1992). «Moving day : Relocation and anxiety in institutionnalised elderly», *Gerontological Nursing*, 16, p. 18-24.

TREMBLAY, S. (2000). «Des silences qui en disent long : les conditions de vie des femmes âgées seules et pauvres, l'exemple de Chaudière-Appalaches», *Le Gérontophile*, 22(1), p. 21-24.

TURGEON, J. et H. ANCTIL (1994). «Le ministère et le réseau public», dans V. Lemieux, P. Bergeron, C. Bégin et G. Bélanger (dir.), *Le système de santé au Québec. Organisations, acteurs et enjeux*, Québec, Presses de l'Université Laval.

ULYSSE, P.J. et F. LESEMANN (1997). «On ne vieillit plus aujourd'hui de la même façon qu'hier», *Lien social et politiques–RIAC*, 38, p. 31-49.

ULMANN, S.G. (1987). «Ownership, regulation, quality assessment and performance in long term care industry», *The Gerontologist*, 27(2), p. 233-239.

ULZ (1967). *Éthique sociale,* tomes I et II, Fribourg, Éditions universitaires de Fribourg.

VAILLANCOURT, Y. (1997). *Vers un nouveau partage des responsabilités dans les services sociaux et de santé : rôles de l'État, du marché, de l'économie sociale et du secteur informel.* Rapport de recherche, Laboratoire de recherche sur les pratiques et les politiques sociales (LAREPPS), Université du Québec à Montréal.

VAILLANCOURT, Y., D. BOURQUE, F. DAVID et E. OUELLET (1987). *La privatisation des services de santé et services sociaux,* Commission d'enquête sur les services de santé et services sociaux, Annexe n° 36, Québec, Les publications du Québec.

VANDELAC, L. (1999). « Quand l'État confie la "protection de la santé aux entreprises" », *Éthique publique,* 1(1), p. 102-113.

VAN PARIJS, P. (1984). « La double originalité de Rawls », dans J. Ladrière et P. Van Parijs (dir.), *Fondements d'une théorie de la justice : essais critiques sur la philosophie politique de John Rawls,* Louvain-la-Neuve, Éditions de l'Institut supérieur de philosophie, p. 1-36.

VÉZINA, A., D. PELLETIER et J. ROY (1994). *Les résidences privées et les HLM pour personnes âgées de la région de Québec : profils des ressources et clientèles et paramètres d'un cadre de références,* Centre de recherche sur les services communautaires, Faculté des sciences sociales, Université Laval.

VÉZINA, A., J. ROY et D. PELLETIER (1994). « Résidences privées : l'impact d'un véritable réseau parallèle d'hébergement », *CLSC Express,* 8(1), décembre, p. 14.

WALKER, A. et C. WALKER (1998). « Normalisation and "normal" ageing : The social construction of dependency among older people with learning difficulties », *Disability and Society,* 13(1), p. 125-142.

WALZER, M. (1997). « La critique communautarienne du libéralisme », dans *Libéraux et communautariens,* textes réunis par A. Berten, P. Da Silveira et H. Pourtois, Paris, Presses universitaires de France, p. 311-336.

WAKEFIELD, J.C. (1988). « Distributive justice as a conceptual framework for social work », *Social Service Review,* p. 187-210.

WHITE, D. (1994). « La gestion communautaire de l'exclusion », *Revue internationale d'action communautaire,* 32, p. 37-51.

AGMV Marquis

MEMBRE DE SCABRINI MEDIA

Québec, Canada
2002